◎ 本书系株洲市"双名计划"系列成果，由湖南省株洲市教师培训中心资助出版

◎ 本书系湖南省教育科学"十四五"规划课题"城区小学家校教育伙伴关系的构建与实践研究"（课题批准号：XJK21BJC014　课题编号：ND211539）研究成果

办润泽生命的美好学校

文艳云 ◎ 著

湖南大学出版社

·长沙·

图书在版编目（CIP）数据

办润泽生命的美好学校/文艳云著. —长沙：湖南大学
出版社，2024.9
　　ISBN 978-7-5667-3247-7

　　Ⅰ.①办…　Ⅱ.①文…　Ⅲ.①校长—学校管理—研究
Ⅳ.①G471.2

　　中国国家版本馆 CIP 数据核字（2023）第 180542 号

办润泽生命的美好学校
BAN RUNZE SHENGMING DE MEIHAO XUEXIAO

著　　　者：文艳云
责任编辑：吴海燕
印　　装：长沙创峰印务有限公司
开　　本：710 mm×1000 mm　1/16　　印　　张：16　字　　数：268 千字
版　　次：2024 年 9 月第 1 版　　　印　　次：2024 年 9 月第 1 次印刷
书　　号：ISBN 978-7-5667-3247-7
定　　价：58.00 元

出 版 人：李文邦
出版发行：湖南大学出版社
社　　址：湖南·长沙·岳麓山　　　　邮　　编：410082
电　　话：0731-88822559（营销部），88821343（编辑室），88821006（出版部）
传　　真：0731-88822264（总编室）
网　　址：http://press.hnu.edu.cn
电子邮箱：934868581@qq.com

序一

用生命润泽生命

读文艳云校长的《办润泽生命的美好学校》，让我对她的认识又加深了一层。她是一位既严谨又温情、饱含教育情怀和教育智慧的校长。14年间，她先后担任过三所学校的校长，坚持办润泽生命的学校，其核心办学理念是"让每一个生命都幸福绽放"。她爱护每一位师生，支持每一位师生的个性化发展。她紧跟新时代教育发展的步伐，奏响了新时代教育发展的主旋律。

学校文化滋养生命。她带领着团队构建校园生生不息的精神文化、生机盎然的物质文化、生态和谐的制度文化、充满活力的教师文化、生气蓬勃的课程文化、生动活泼的行为文化、生而向上的班级文化。这样生气勃勃的校园文化能够全面提升学校育人效能，让学生在创造中成长、在快乐中长大。

发展教师引领生命。她以促进教师发展为己任，设计教师梯队发展路径，让每一位教师找到自己最近发展区。她以读书活动夯实教师文化底蕴，以课堂改革带动教师专业成长。她通过信息技术与教育教学融合提升教学效益。她精心培养管理团队，设计干部培养流程，定制个性化发展规划，让人人领衔研究项目，创造多种平台促进教师队伍拔节生长，教师队伍的生长自然引领着学生的高质量发展。

活力课堂激扬生命。她扎根于课堂，一直致力于"活力课堂"教学改革，"自主探究、小组合作、民主和谐、快乐有效"十六字方针，充分体现了以人为本、主动建构的教育理念，符合基础教育教学改革的要求与趋势：尊重学生主体地位，倡导"以学生为主体""把课堂真正还给学生"。活力课堂聚焦学生核心素养，激活学生的思维，激发学生的创造力，焕发出生命活力。

魅力校园丰盈生命。"我愿我能在孩子的世界中占一方净土。"文艳云校长一直注意呵护学生的童真，倾听学生的心声，做校园里那个最懂学生的校长。她努力营造书香校园，为学生生命成长打下浓郁的文化底色；积极开展丰富多彩的教育教学活动，让学校成为文化高地，培育"五育并举"德智体美劳全面发展的接班人；策划学生喜爱的接地气活动（如捉泥鳅、玩泥人等），释放孩子的天性，让校园生活充满魅力，使校园真正成为学生们快乐成长的乐园。

家校合作共育生命。她以省规划课题"城区小学家校教育伙伴关系的构建与研究"为抓手，与学生家长达成"家校双方是平等的教育者和亲密的合作者"的共识，构建"学校教育为主体、家庭教育为基础、社会教育为依托"的立体家校联动机制，建立新型家校教育伙伴关系，培育新时代好少年。

文校长从未停止关于学校发展的思考，她心中的一些教育困惑，有的已经找到了答案，有的似乎从未有答案。但她坚信，走入孩子的内心世界中去，就会发现那是一个广阔而又迷人的新天地，许多百思不得其解的教育难题就可能在那里找到答案。她一直躬耕于校园，躬耕于课堂，一直在穿越孩子心灵的道路上旅行，一直在努力让课堂变得深厚起来，让团队变得成熟起来，让校园变得鲜活起来。

文校长用丰盈的生命影响着校园里的每一个生命，她把所有热情倾注给了孩子们，倾注给了她心中润泽生命的美好学校。

杨 敏

2023年4月

序二

追寻润泽生命的教育

1995年，从小就特别喜欢孩童的我走上了教师岗位，成为株洲市高新区白鹤学校的一名人民教师。当时白鹤学校只有学前班至四年级，共五个班，一栋两层的破旧的教学楼，200余名学生在这里上完初小再转校读高小。简陋的环境使我没有了留在市区的庆幸，我在孤独和迷茫中度过了半个月。幸好在简陋的办公室里，我找到了苏霍姆林斯基的《给教师的建议》。这本书像导师一样，指引我观赏了教育"大观园"里的美妙景色。他告诉我，每一位学生都是不同的个体，所走的路都是不一样的，教师要善于为他们制订个性化的发展目标，培养和保护每位学生的自尊感，使每一位学生的能力和可能性都发挥出来，都能享受到脑力劳动的成就心。我照着书里的方法，白天教孩子们学数学和语文、读《小溪流》、做劳动，带孩子们去春游、表演节目、上班队课，晚上一个人在办公室认真备课、写教学后记，总结孩子们一天的进步，至今好多孩子的名字我还记得。初出茅庐的我，参加工作仅两个月时间，就获得了数学公开课区一等奖，年底获评"优秀教案"，下水文《童年趣事》还获得了国家级奖项。一年后，我的学生考试成绩也在全区脱颖而出。

到1999年，我在自由探索中又略感孤独地度过了四年。随后，我被当时新建的泰山小学以优秀青年教师的身份引进，马上投入到热火朝天的高标准新校建设中。新校的一切都在完善中，首先要抓的是环境卫生和学生行为习惯。身为班主任的我，带着学生把厕所的地板刷得干干净净，每天晨会夕会总结点评学生的行为表现。为了让孩子们感受到学习的快乐和成就感，我把游戏引进作文指导中，展开了课前三分钟美文阅读、颁发多种奖项、班会课上让孩子们互相表扬点评等活动。第二年，学校为了快速提升教学能力，承接了全国德育年会的现场展示活动。我被选中上公开课"讲究礼仪"，几乎每周我都要磨一次课，听完改，改完再上，而公开课效果却不理想。在磨课过程中，因听取的意见太多了，我迷失了，远离了学生，使课堂变成了表演，失去了真实学习过程的灵动感。那一次我深切地认识到，上课是为学生上的，必须要站在学生生命成长的角度研究教材、设计教学活动，才会在课堂上看见学生生命的成长。

2001年，新一轮课程改革轰轰烈烈地开始了，此时我已经成为学校的教研主任，要肩负起全体教师关于新课改的培训重任。在彭曦辉和刘江云两位校长的统筹下，我参加了各种培训，回到使用新教材的一年级进行语文教学，用理论联系实际，研究如何落实"以学生中心"，让老师们由知识的灌输者，变成教学环境的设计者、学习活动的组织者和引导者，让学生成为课堂的主角。我在自己摸索的基础上，借鉴《教研主任的必由之路》的经验，以"专家引领—同伴互助—自我反思"的模式，推动全校教师学习新课程改革的理念，研究体现新课程改革理念的课例。几乎每个学科的课我都会去听，还指导科学老师开发了研究性学习课程"菊花的种植"。在大家共同的努力下，经过几年的积累，泰山小学的课堂教学理念越来越先进，学生的学习能力越来越强，学校教学质量越来越高，成为高新区名副其实的名校。2005年，泰山小学与周边三所学校合并，成为一所九年一贯制学校。初中、小学教学内容交错缠绕，几种学校文化相互冲突，此时已经是小学部主管副校长的我，在这种情形下又一次迷茫了。恰逢北京师范大学株洲附小成立，于是我向组织申请以支教老师的身份去了那里。

2006年8月，在北京师范大学株洲附小，我有幸跟随长沙大同小学老校长胡建昭学习。我重返教学一线，接手四年级的班主任工作和语文教学，坚持赏识教育、全面发展、活动育人。开学第一个月，每个学生都申请到了自己的管理岗位，门长、灯长、窗长、水班长都应运而生，月末我用粉红色的A4纸，针对每个学生的学习、服务情况和发展优势写了一份评语和鉴定。孩子们的付出被写出来给家长看，成长的充实和进步的喜悦激励着他们更加努力地各展所长。在学校的六一文艺会演中，一半多的主持人都是由我们班的学生担任，大部分表演节目都是由我们班提供的，在这次汇演中我们班大放异彩。这段时间我还特别研究了《修辞学发凡》《朱光潜谈美谈文学》等，深入研究教材，让课堂充满语言鉴赏和表达的趣味，还带领学生外出观察自然，建立语文学习与生活的联结，激发学生学习兴趣，学生的听说读写的能力得到快速提升。我撰写的论文《于课本之外学语文》还获得国家级二等奖。

2008年我的支教生涯结束。天台小学校长朱育红很有远见，以生命教育理念引领学校发展，我慕名来到这里，担任寄宿部主任、一年级班主任，负责语文教学。六岁多就寄宿的孩子，晚上特别想念爸爸妈妈。第一个晚自习，为了安抚孩子，我给他们讲绘本故事《小兔不怕》：兔妈妈出去找食物，小兔子一个人在家不害怕，还在兔妈妈被狼追赶的时候掩护妈妈。讲完故事后我对学生说："小兔真是勇敢的好孩子啊，我们能不能也做个最勇敢的小朋友，不让爸爸妈妈担心啊？"孩子们对父母的爱促使他们在内心给自己打气，让自己尽量克制情绪。平常我带他们晒太阳、读绘本、表演童话剧，给他们奖励糖果，像个超级妈妈一样用爱和快乐滋养着他们。

2009年，组织上安排我到长岭中心校担任党支部书记。已经在城区优质学校浸润了多年的我，深深地感受到了城乡教育的差距。当时中心校下辖6个点校，青年教师分散在各校，他们因缺乏成长环境而进步迟缓。为此，我组建了"青教协会"，每月进行巡回听课反馈，并结合上级赛事，精心培养有潜力的年轻教师，很快就有几位教师崭露头角。没过几个月，教育局要把其中一个点校创办成第一所公办幼儿园，指派我去做调研。在调研方圆十公里的民办幼儿园的过程中，阴暗逼仄的活动空间、幼儿黯淡的眼神，给了我极大的震撼，让我越发意识到农村孩子的教育环境迫切需要改善。我提交了一份非常细致的调研报告，建议投资建成公办幼儿园，发挥其示范引领作用，整体提升农村幼儿的教育条件。2010年正月二十日，全区第一所公办幼儿园顺利开园。我在幼儿园吃住，为孩子们准备营养餐，开发各种主题游戏课程，组织孩子们每天进行一小时的运动，给他们阅读有趣的绘本故事，让孩子们在明亮温暖的教室里，享受着和城区一样优质的学前教育。

2010年9月，组织上把我调回天台小学担任校长。我一头扎进学校管理工作中，坚持"公正廉洁、业务为先"的原则，殚精竭虑地建设优劳优酬、多劳多得的管理机制，以此激发教师活力，建设书香校园，深化教学改革，落实"珍爱生命、高扬生命"的校训。我借着天元区深化"活力课堂"改革之势，以学生健康快乐成长为中心，进行了两项最主要的改革：一是培育充满生命成长气息的班级和学习小组，二是打造自主探究、小组合作、民主和谐、快乐有效的活力课堂。我们学校曾有个智力残疾的孩子，刚转来学校时，她每天都会对人吐痰。学习小组接纳和帮助她，组长每天进行表扬督促，自己带零食奖励她，让她感受到了爱，习惯也越来越好，最终，她在毕业考试中获得了语文93分、数学67分的成绩，这真是奇迹。学习小组长曾添各方面素质都非常过硬，后来也考上了上海交大。学习小组改变了班级的管理方式，让学生之间实现生命能量的互动和流转，让班级洋溢着生命成长的气息。2013年的毕业季，天台小学以傲人的成绩崛起，一举成名。天台学子课堂上的机锋思辨让人赞叹，课余生活也趣味盎然，呈现出童年生活的美好。同年我以校长的身份，向全市领导专家解说语文教学模式，上小组合作学习模式示范课"村居"并获株洲市一等奖。之后，株洲电视台邀请我讲述课改经验，《湖南教育》也以《燃烧的火把》为题报道了天台小学课改成效，我被评为湖南省教研先进个人。

2015年初，组织上安排我接任银海学校的校长，学校的老师们大气、热情、快乐，敢于表现，乐于分享。如何让这所名校成为强校，我们反复商议，一步步从思想引领、制度重建、价值回归等方面努力实现组织转型，最终建立了金字塔制度文化。底座是常规工作制度，常规管理遵循学习过程的逻辑规律，落实备课、上课、作业、考试、培优辅潜的具体要求，并进行分项考核。塔身是分阶段考核评价制度，有每学期个人业务考核制度、年级组月考核制度、学年或学期优秀团体和个人评价制度等。这些考核结果再运用到塔顶即绩效考核、晋级评职中。每一位老师的绩效评价都建立在日常工作表现的基础上。这样就做到了过程性评价和结果性评价的有机结合，并且能很好地把教师个人目标与团队建设目标、学校发展目标统一起来。我根据学校实际情况主要做了三件事情：一是大力推进书香校园建设，为学生成长打下浓郁的文化底色；二是在继续课堂改革的同时，深化学生社团建设，促进学生"五育"并举；三是抓住全国推进教育信息化建设的浪潮，以省规划课题为抓手，研究信息技术与教育教学的深度融合以及其对育人模式的影响。我打造了"树人研修团"，邀请各界大咖担任导师，助力教师成长。邀请著名儿童文学作家梅子涵等担任阅读导师，在亲近儿童文学的日子里，师生的心灵都变得更加柔软温暖。我上的阅读交流课"'聊聊戴小桥童年那些事儿'课堂实录"也被《湖南教育》刊发。

2015年，银海学校成为全国信息化试点校，我们全面探索让信息技术赋能教育教学的方式，助推银海学校德智体美劳"五育"并举工作的发展。借助信息技术手段，使德育课程可视化、教学技术极简化、体质监测数据化、美育内容多元化、劳育形式拓展化。信息化能助推管理创新，一是元认知重塑管理模式，银海学校推出系列每周"精彩大放送"，再现工作场景，弘扬师德师风，点亮教师善心爱心，让全体教师都能像管理者一样站在全局的高度，体会到每一项工作的意义，这是一种无形的激励和凝聚；二是管理平台重塑管理流程，可视化管理能让管理的流程更加直观化，使学校内部的信息可视，并能得到更有效的传达，从而实现管理的透明化，使管理更有效能。信息化也能助战疫情防控，新冠疫情期间，信息化助力老师们在线上指导学生积极学习，用积极态度进行科学防疫。我在银海学校的六年，学校各项能力大幅提升，获得"全国信息技术试点校""足球教育示范校"和"全国校长培训基地"等国家级、省部级和市级重要荣誉88项，教学质量也一跃成为全区公办学校第一名。这六年也是我进一步成长的六年，我先后成为湖南省"未来教育家"培养对象、全国骨干校长培养对象、省"十四五"规划课题咨询专家、株洲市语文名师班导师、道德与法治名师班优秀代表等。我主持的"信息化时代学生管理策略的创新研究与实践"课题成果，于 2023 年获得第五届湖南省教育科学研究优秀成果奖二等奖，参与研究的"'极简移动微课'在混合式教学中的应用与实践研究"获得第五届湖南省基础教育教学成果奖二等奖。

2021 年初校长轮岗，我选择重回天台小学，因为这里有我并肩奋斗过的兄弟姐妹。我把在银海学校运用得更加纯熟的管理机制带了回来，半年后，我们美丽的天台小学就朝着"同心、质量、现代、幸福"四个目标奋力进发了。

我们全面升级了学校文化，提炼出"每一个生命都幸福绽放"的办学理念，坚持开办以来的校训"珍爱生命、高扬生命"，爱护每一位师生，致力每一位师生的终身幸福，支持每位师生的个性化发展。根据时代需要，培养目标关键词在原有的"健康、文明、聪慧"基础上增加了"担当"。明确了要构建生生不息的精神文化、生机盎然的物质文化、生态和谐的制度文化、充满活力的教师文化、生气蓬勃的课程文化、生动活泼的行为文化、生而向上的班级文化，各要素之间相互呼应、协调一致。我们在坚持小组合作学习教学常态的基础上，构建了"天天向上"课程体系，全面促进学生"五育"并举，建设"养正明德""以礼育德""雅韵美德""力行践德"德育课程体系，积极开展道德与法治教学研究。我和万思涵、陈周岫分别参加赛课和展课均获得市级优秀奖。在落实国家基础课程中生发了拓展课程和个性化课程，我们将其梳理为三级课程图示，进一步擦亮特色课程品牌，如天台书香课程、数学游戏课程、英语趣配音、各类社团、劳动课程、STEAM项目学习等。天台小学非常荣幸地成为中国教育科学研究院STEAM项目研究校，天台学子有机会在全国顶流专家的引导下参与科学探究，这是多么好的机会！我们还开发了劳动教育机制和课程体系，成为株洲市第一批劳动教育示范校。接下来，我们还要抓住新课标颁布的机遇，攻克跨学科项目式教学等难点，全面提升课程育人效能，让孩子们在创造中成长。

我们深入研究了家校教育伙伴关系的构建，立项了省规划课题"城区小学家校教育伙伴关系的构建与研究"，进行了50多万字的文献研读，把课题研究和家校共育工作结合起来。伙伴关系构建可从六个方面进行深入实施：一是建立家校共育机制和沟通渠道，二是商定共育目标，三是明确共育职责，四是建设家长共育小组，五是开展共育活动，六是推广共育经验。通过这些措施营造了良好的合作氛围，家长成了天台小学最好的教育同盟。我们还打造了家校共育品牌，如家校彩虹桥课程、家长教师读书班、"美丽早晨"亲子活动、"润物无声"家庭教育咨询、"'预'见未来的自己"职业启蒙课、智慧家长说等。我们研究摸索出我校低、中、高段学生个性发展规律，撰写了典型家校案例集，总结梳理了家校共育经验，编写了《教育伙伴关系下的家校合作共育实践》一书，为其他学校提供了很好的范例与借鉴作用。我和唐婷老师被选聘为市、区家庭教育讲师，我被评为株洲市"教育管理优秀奖"十佳，今年还被遴选为株洲市小学名校长工作室主持人。

一路走来，一路盘点，我感觉自己非常幸运。我庆幸自己一踏上职业生涯就得到苏霍姆林斯基这样的大师的书籍指引；庆幸自己生在一个教育事业不断发展进步、以人为本的思想深入人心的时代，使追寻润泽生命的教育成为可能；庆幸自己得到了优秀的领导和导师指引；庆幸自己在想干事能干事的年纪拥有各种机会和平台。我看到我的教育理想慢慢变成现实，每一个学生都热爱学习，每一个老师都成为教育教学专家，每一个家长都参与到学习共同体中来，每一个生命都能在学校这个场域中得到润泽。我在努力让每一个生命都幸福绽放的过程中，也在幸福地绽放着自己的生命光彩。

文艳云

2023年3月于株洲

目 录

第三章

活力课堂：激扬生命

第四章
魅力校园：丰盈生命

第五章
家校合作：共育生命

第一章
学校文化：滋养生命

办润泽生命的美好学校，让每一个生命都幸福绽放；爱护每一位师生，支持每一位师生的个性化发展，致力于每一位师生的终身幸福。围绕这一办学理念，建设生生不息的精神文化、生机盎然的物质文化、生态和谐的制度文化、生气蓬勃的课程文化，使之相互呼应、协调一致。

我们要办一所什么样的学校

我们要办什么样的学校？这是一个很难准确形容却又必须给出答案的问题。不同的主体从不同的角度对学校会有不同的要求。国家是义务教育办学的主体，《中华人民共和国教育法》指出："教育必须为社会主义现代化建设服务、为人民服务，必须与生产劳动和社会实践相结合，培养德智体美劳全面发展的社会主义建设者和接班人。"这代表着一种国家意志，关系着国之大计，我们必须坚定不移地执行。企事业单位希望学校能培养出适应社会发展的人才为它们所用；家长是学生的监护人，他们希望学校能让孩子健康快乐成长，同时还有很多现实的期望，希望孩子能学好知识技能，将来通过所学能找到好工作，获得谋生的手段；学生是受教育的主体，是成长中的人，他们希望每天都过得快乐充实，能得到表扬激励，能学有所获，能交朋结友；教师希望学校能营造良好的氛围，让他们快乐地教书育人，能体会到职业的幸福感、成就感。不同主体的诉求最后都是落实到"学生"这一关键要素上。学校存在的价值就在于培养人，因此，要回答"我们要办什么样的学校"，首先要回答"我们的学生应该是什么样的"，然后要回答要培养出这样的学生，我们的教师、课堂、课程、管理、环境和家长应该是什么样的。

一、我们的学生应该是什么样的

我们的学生应该是健康的。他们每天都应有足够的运动和营养，每个人都有强健的体魄，每张笑脸都有童年的样子，每个孩子都有丰富的、多样的生活体验。他们应能够接触大自然，观察自然的奥秘，也能深入社会生活，能在人际交往中对自己的情绪有所感知，并能通过调节使自身保持愉快。

我们的学生应该是善良的。他们应懂得礼仪，对他人有着发自内心的尊重；他们乐于助人并且感恩于别人的帮助；他们能够欣赏和学习身边人的长处，每一个人都能得到友谊，而且珍视这份情谊。

我们的学生应该是好学的。他们能像海绵吸水一样积极主动地吸收有益的知识。他们既有合作意识，又有竞争意识，每个人都能够通过自己的努力和团队的帮助力争上游，使自己越来越优秀、越来越强大。他们都喜欢体验、热爱阅读、见多识广、博学多闻。

我们的学生应该是有实干精神和创造精神的。他们应有很强的学习能力、思考能力、表达能力、动手能力、自主管理能力，能脚踏实地地做好每一件事，勇于挑战困难，勇于战胜自我，敢于发明创造，善于解决实际问题。

我们的学生应该是各有所长、充满自信的。每个孩子的天性禀赋都能被发现，都能受到重视，都能得到发展，每个孩子都有引以为傲的看家本领，敢于表现自己，都能正视自己的不足，并有弥补的办法，遇事能沉着应对。

我们的学生应该有着中国灵魂、国际视野。他们应既传承中国文化，有民族自豪感，为实现民族复兴的中国梦而学习；又能放眼四海，学习其他民族的优秀文化和先进科技，兼收并蓄为我所用。

我们的学生应该是有担当的。他们应能担当起对自己的责任，也能承担相应的家庭责任和集体责任，将来能担当起民族复兴的大任。

二、我们的教师应该是什么样的

我们的教师应该是有坚定的理想信念的。他们应能坚守国家大义，积极主动地传承优秀的传统文化，落实党的教育方针，为国育人，为党育才。

我们的教师应该是充满爱心的。每位教师都是身心和谐的，对生活充满热爱，非常理解教育事业的价值，爱人爱己。面对工作的压力，能主动通过多种途径调节，化压力为动力。

我们的教师应该是深深懂得学生的。他们用更多的精力研究学生，心中装着每个学生，了解学生的喜怒哀乐、成就动机、人际关系等，能唤醒、发现、激励学生。

我们的教师应该是善于沟通的。他们用诗意的表达、善意的沟通来呵护成长中的生命。面对成长中的生命，能强化优点，淡化不足，促进学生扬长补短。

我们的教师应该是博学的。他们应该精通学科知识和教育学、心理学相关知识，能体会到本学科知识的精妙并热爱它，带领学生步入学科的殿堂，领略它的美妙。他们还拥有多方面的素养，能进行跨学科教学。

我们的教师应该是有共同的价值取向，互相关爱，相互之间充满温情，能为了共同的目标而分工合作、取长补短。

我们的教师应该是见多识广的。他们应读万卷书，行万里路，交万行友，有见识，有眼光，能把最好的教育带给孩子。

三、我们的课堂应该是什么样的

我们的课堂应该是学生自己的课堂。课堂中应做到教让位于学，将课堂重心下移，以学生为主体，让学生在教师"智导"下自主探究、合作分享，把课堂的时间和空间都还给学生。

我们的课堂应该是合作学习的课堂。合作学习的过程，要成为全体学生思维碰撞、智慧集聚、观点生成、目标达成、情感交融的过程。

我们的课堂应该是民主和谐的课堂。要坚决摒弃教师"一言堂"，适当削弱教师对课堂的控制权力，减小教师在课堂上的话语比例。把课堂的话语权、质疑权、探究权、评价权真正还给学生，让课堂充满浓浓的人文情怀，让师生之间充满民主和谐的氛围。

我们的课堂应该是快乐投入的课堂。要有学生真正动脑、动手和发现、创造的实践过程，要全方位地调动学生，使他们以饱满的热情参与学习。要让学生在快乐、和谐的课堂氛围中，释放他们的天性，抒发他们的情感，展现他们的创意。这样的课堂洋溢着生命成长的气息，充满了快乐幸福的生命体验。

我们的课堂应该是有效的课堂。应能有效激发学生的学习兴趣，培养学生自信豁达的品质、合作意识和解决实际问题的能力，让课堂成为师生生命拔节成长的地方。

四、我们的课程应该是什么样的

我们的课程应该是立体多元、丰富多样的。要摒弃以教材为中心的思想，根据学生的需要，落实国家课程，因地制宜开发校本课程，满足学生全面发展和个性化发展的需要。

我们的课程应该是精选学科关键知识和核心概念的。知识无穷无尽，生有涯而学无涯，我们要珍惜学生宝贵的学习时光，教给他们最关键的知识结构，让他们能在此基础上举一反三、自主学习。

我们的课程应该是紧密联系生活的。教学内容应该来源于生活，让学生能通过生活体验来理解和运用。要教活的课程，教有用的课程，教能解决学生生活困惑、让生活更美好的课程。

我们的课程应该是多学科融合的。要唤醒和保护学生对各学科知识的热爱，要培养学生运用多学科知识、在真实情境中解决具体问题的能力，使学生将来能突破学科边界，进行创造性劳动。

我们的课程应该是不断推陈出新的。信息化时代知识的更新迭代越来越快，我们要以育人目标为指导，不断吸收人类新的智慧，融合创新课程内容。

五、我们的管理应该是什么样的

我们的管理应该是激励所有的人成为更好的自己的。应能引导每个人通过自己的努力，使自己的思想、能力和行动符合社会的期待，有更优秀的表现，做一个更和谐的人。

我们的管理应该是能树立正确的价值观的。人性趋利避害的特点，决定了我们不能把标准定为做好做坏一个样，必须把工作表现和考核评价相结合，使责权利对等，确保一分耕耘一分收获。

我们的管理应该是能更好地分工协作达到效益最大化的。要把学校发展的总目标，化作每个人的具体目标，使每个人为自己努力的同时，也在为学校发展、学生成长做贡献，使教师、学生、家长、社会的需求尽量同步。

我们的管理应该是能让大家同心同德的。要让所有与学生成长相关的群体都目标一致、理念相通、功能互补、行动落实，共同建设健康绿色的学习共同体。

我们的管理应该是紧跟现代社会发展的步伐的。在新时代科教兴国思想指导下，要以现代先进的管理理念，激发每一位师生的潜能；要顺应信息化时代的需求，建设智慧校园，增强教育实效。

六、我们的环境应该是什么样的

我们学校的硬件建设和配备应该是科学合理的。学校要规划布局合理，建筑风格彰显特色；教育教学设备要齐全，分区科学，文体设备和学生安全基础设施要完善；信息化装备要能满足教育教学需要，并能良好运转及时升级。

我们学校的环境应该是美丽和谐的。学校绿化、美化、亮化水平要高，成效要好，能启迪和熏陶师生的精神世界，学生绿色教育要扎实有效，使师生环保意识强，具有良好的文明素养和体育锻炼习惯。

我们学校的环境应该是具有人文美的。要能基于学校办学传统和特色建设学校文化，深入开展快乐德育、人文智育和阳光体育，使平安校园、快乐校园、书香校园创建工作有所成效，给学校打下浓浓的文化底色。

七、我们的家长应该是什么样的

我们的家长应该是有爱的。能爱孩子，承担养育孩子的责任，并为孩子树立良好的榜样；培养孩子的责任感，帮助他们成为优秀的公民；对孩子所做的事情充满兴趣，以表达对他们的关心和关注。

我们的家长应该是平和的。能够不被外界裹挟，坚持初心，不焦虑，情绪稳定，理性温和，做孩子稳定的大后方。

我们的家长应该是智慧的。他们应乐于学习，掌握科学育儿知识，以积极的眼光看待成长中的问题，智慧地引导孩子解决问题，培养孩子正确的价值取向。

我们的家长应该是合作共赢的。他们应尽自己所能支持学校的教育工作，与老师相互配合教育好孩子，家长之间也能互帮互学抱团成长，并感受到友谊与成就感。

总之，我们的学校要把学生发展放在最中央，以学生的生命成长为中心，融合各种力量，办一所滋养生命的学校。我们要建设生生不息的精神文化、生机盎然的物质文化、生态和谐的制度文化、生动活泼的行为文化、生气蓬勃的课程文化、充满活力的教师文化、生而向上的班级文化，让每一位学生都能持续热爱学习，每一位老师都能成为教育教学专家，每一位家长都能参与到学习共同体中来，让学生、老师、家长的生命都能得到润泽并幸福绽放。

润泽生命：学校的文化使命

无意中听到转学过来的家长评价学校的老师非常有耐心有爱心，对学生像对自己的孩子一样悉心指导，又很有方法，班级氛围又温暖又上进，同学之间关系融洽，家长之间交流顺畅，学生在这里非常开心，进步明显。其实，这种现象已经成为学校的常态，也是我们多年努力办润泽生命的学校的成果。

润泽生命的学校，能关心爱护每一位师生，支持每一位师生的个性化发展，致力于每一位师生的终身幸福。学校努力追求学生的自主发展、教师的专业发展和学校的特色发展，让每一位学生持续热爱学习，每一位教师成为教育教学专家，每一位家长都参与到学习共同体中。我们希望每个人都能发挥自己的优势，得到认同，把生命中的爱和亮点全部展现出来，为社会焕发出自己独有的美丽光彩，从而使学校更具特色之美、内涵之美。

办好润泽生命的学校，首先要弘扬生命教育的理念，其次要在制度建设、教师研修、课程建设和家校共育等方面创新赋能，最后是要营造愉快的校园氛围，释放每一个生命的创造活力。

一、文化养心

学校的人文氛围滋养着每一个生命，像空气一样让人无所觉察却又影响深远。学校文化是需要有意识的培育的，需要对国家教育方针进行校本化解读，旗帜鲜明地提出教育理念，并以此为核心进行学校各方面的文化建设，同时加强书香校园建设，为学校营造浓浓的文化氛围。

弘扬生命教育理念。不管提法如何，学校的办学理念都要体现出对生命的滋养、呵护和培养。如青竹湖学校的"把孩子放在心上"、银海学校的"为美好人生奠基"、天台小学的"每一个生命都幸福绽放"等，都是着眼于人的健康发展，从理念层面确立学校精神文化的基石，让大家眼中都有人有生命，并以生命影响生命的方式来教育学生，使学校有爱、有温度、有情怀。

文化建设一脉相承。有精神文化统领，还需要具体载体来实现。我们要明确提出学校各方面各战线的口号和追求，如天台小学明确了要建设生生不息的精神文化、生机盎然的物质文化、生态和谐的制度文化、生动活泼的行为文化、生气蓬勃的课程文化、充满活力的教师文化、生而向上的班级文化，各要素之间相互呼应、协调一致，校园显得非常和谐宜人。

精心培育书香校园。最是书香能致远，腹有诗书气自华。优秀经典书籍是人类文明和智慧的结晶，读一本好书就像聆听一位大师的教诲，读一本好书就像交一个优秀的朋友。读书是最好的自主研修的方式，我们要大力倡导书香建设，树立终身学习的理念，培养爱智文化，建设学习型组织，让大家主动吸收优秀文化。优秀文化经过日积月累成为学校深厚的人文底蕴，滋养着学校的每一个人。比如学校长期进行家长、老师、孩子的儿童文学共读活动，这些活动能让成人更加了解孩子，接受成长中孩子的本来样子，更懂得怎样与孩子相处；孩子也能在书中找到与自己相似的人物形象，感受到被理解并认同，从而释放童年的天性，感受到生命的快乐。这样更利于形成良好的师生关系、亲子关系和家校关系，生命之间更能相互理解、包容，相互认同、接纳，生命能量才能同频共振，生命光彩才能交相辉映。

二、创新赋能

学校的支柱性工作主要有四个方面：制度导行、研修创品、课堂启智、家校共育。

（一）制度导行

学校制度是以明确的条款提出工作要求、约束相关行为、做出一些规定、约定分配机制等。它是以教育理念为指导，用以具体规定、引导师生和家长行为的文件。表面上是约束行为，底层逻辑却是指向于学校的价值追求。

制度要引导出让学校更卓越、老师更优秀的行为，就要做到过程性评价与结果性评价相统一，个人发展目标与学校发展目标相融合，激励老师内在动力。比较理想的是金字塔式制度文化。底座是常规工作制度，是告诉大家一件事情该怎么做，有些什么流程，做到什么标准。常规管理遵循学习过程的逻辑规律，落实备课、上课、作业、考试、培优辅潜的具体要求。塔身是分阶段考核评价制度，有每学期个人业务考核制度、年级组月考核制度、学年或学期优秀团体和个人评价制度等。这些制度的考核结果，再运用到塔顶——第三层次绩效考核和晋级评职制度中，做到过程性评价和结果性评价的有机关联。个人综合考核，既参照个人业务表现，也兼顾团队集体表现。学校制度生成的原则，一是以人为本，二是开放民主，三是与时俱进，在动态调整中不断完善。

（二）研修创品

根据诺尔斯成人学习理论，成人比儿童能够更好地理解新鲜事物及掌握它的认知结构。要搭建同伴研修平台，创造学习需求，在愉快的环境和氛围中，让老师理论联系实际进行大量的练习，让他们的经验能够得到认可并获得新的经验，更好地创新创造成果，提炼工作品牌。

1. 学科研修平台

打造学科研修平台，是激发老师发展的内在动力、整体提升老师能力素质的最佳途径。成熟的学科团队，能让各梯队老师在自己的最近发展区，依托组织获得成长动力、专业指导、展示平台、自我实现机会，使能力素质得到最大提升。打造学科研修平台一般要经历四个阶段：建模推模，保底课堂质量——专题研讨，夯实学科根基——课题研究，提高发展上限——课程创生，教学生态升级。建设学科研修平台还要把握几个关键因素：（1）重视关键事件、关键人物、关键书籍在团队培育中的重要作用。（2）梯队培养让每个老师都处于最近发展区，对不同梯队的老师进行不同阶梯的目标规划和培养措施。（3）依靠学校管理制度提供动力和保障。

2. 综合研修平台

"美好教师说"分享教育故事，感受教育人生命的温度，体会教育生活的美好；"斜杠青年论坛"，让老师们分享业余爱好和自己工作之外的专长，提升老师们多方面的素养，增添生活的缤纷色彩；"吐槽大会"让老师们以自嘲的心态释放工作压力。

3. 干部研修平台

行政会议是重要的研修平台，我们要改革行政会议形式，采用工作汇报协商和重点主题头脑风暴等多种方式，让大家都有发言的机会和任务；结合分管工作领衔研究项目，组织小团队进行小课题研究；同一部门的干部组成研修团队，分享经验，诉说困惑，共解难题；同时以读书自修、讲座、沙龙、跟班学习等方式，培养主人翁担当意识、热情主动的工作作风、人际组织协调能力、演讲写作能力等。另外，还要积极送培、积极参赛，如行知计划、名师工作室、学科带头人等，让他们有更宽广的平台和更便捷的成长途径。

（三）课堂启智

课堂教学是培养学生的主阵地。课程实施体系是学校最重要的产品和核心竞争力。

1. 大力推进合作学习落地

课堂教学中，我们秉承"自主探究、小组合作、民主和谐、快乐有效"的原则，总结出《小组合作学习培训指南》和各学科合作学习模式，创建了小组合作学习新生态，并且对课堂进行验收过关，大幅增强教学效果。与魏书生"培养自学能力、培养自我教育能力、让学生学会学习"等教育思想遥相呼应。

2. 信息技术与教育教学深度融合

积极探索信息技术与教育教学的融合，助力五育并举。让德育课程可视化、教学技术极简化、体质监测数据化、美育内容多元化、劳育形式拓展化。

3. 建设丰富有层次的课程

构建"养正明德""以礼育德""雅韵美德""力行践德"德育课程体系。构建"基础—拓展—个性化"三级课程。先把握课程方案和课程标准，落实好国家课程；然后在国家课程校本化的基础上开发拓展型课程，如书香课程、STEAM课程等；并根据学生实际情况，提供水平—课程、领袖课程、心理课程等个性化课程。

（四）家校共育

家庭教育与学校教育密不可分，家长是学生成长过程中至关重要的力量。通过问卷调查、文献研究，我们发现普遍存在的问题：家长和学校之间双向互动不足，家庭互动方式和平台较单一，家长和学校对家校共育没有达成深度共识，教师和家长共育能力不足。针对这些问题，确定了如下解决策略。

1. 互动策略：良性互动，坦诚沟通

（1）进一步完善家长委员会员网络体系。纵向设立"校级—年级—班级"三级家委会，横向设置组织、信息及宣传、志愿服务、家长课堂、膳食管理、家长读书等分会，形成网络化的家长组织。（2）在家校共育活动中拉近彼此距离。家长走进校园，深入参与学校的活动与管理；学校带动家庭开展活动如亲子阅读、美丽早晨、亲子运动、亲子劳动等；家校走向社会，如开展研学活动、主题教育活动等。（3）家长入校共商共建。家委代表参与议事和决策，比如学生校服、研学路线、食堂菜系品种等的确定。

2. 技术策略：创建平台，促进共育

既要配足并用好线下空间、时间及相关设施设备，还要积极运用现代信息技术，通过视频号、抖音号、公众号、班级群、家委群等与家长建立沟通，还可利用企业微信建立家校共育平台，家长能快捷地从平台上获取孩子在校情况、学校活动资讯、最新家教理念，做到家校有效沟通。

3. 强本策略：遵循规律，达成共识

（1）共育文化，促"心灵契约"形成。家校协同制定和签订"家校伙伴关系协议书"，建立看得见的、有形的"心灵契约"。（2）内涵发展，教育魅力聚人心。学校以小组合作课堂改革，落实"双减"，注重学校内涵式发展，不断提升学校软实力，使得学校在社会、家长中的满意度、美誉度更高，家长与老师配合度、默契度更高，自然就有着无形的"心灵契约"，牢牢地稳定着家校教育伙伴关系。（3）家校共同读书，精神纽带紧联结。结合书香校园建设开展了家长老师读书班活动。通过老师、家长、孩子一起开展线上线下读书活动，构建共育共读家校阅读模式。校级开展了"什么是最好的教育""解码青春期"等共读一本书活动。年级组开展如"亲子共读交流会""小组家庭读书漂流"等一系列读书活动。刘利平老师创办了家校读书班"幸福书屋"，目前发展到社区四个站点，已举办了30多期，带动了更多家庭参与到阅读中来。"幸福书屋"荣获"最美她课堂"，并经层层评选至全国"终身学习品牌项目"参赛。

4. 建制策略：携手接力，行动支持

（1）建章立制，提高共育效率。一是建立家校双方合作共育的有效运行机制，二是建立教职工履行家校共育职责的管理、考核、评价等制度，三是建立激励、督促全校学生家长积极参与家校共育的制度。（2）赋能支持，提升教育能力。其一，为教师赋能，校内开展系列化培训课程，并选派有经验的中层干部、班主任、任课教师，参加北师大家庭教育指导师培训。其二，为家长赋能，办好家长学校，开展各种形式的家长培训，开发合适的学习课程，组建学校家庭教育讲师团落实课程的实施。其三，切实解决家庭教养难题。学校分类组建帮扶小组，以行政加个案小组，多对一的形式，针对性地制订帮扶计划进行帮扶。对单亲家庭学生、残疾学生、有心理问题的学生、厌学的学生进行针对性地帮扶，切实解决教养难题。

三、快乐融情

教育是用生命影响生命的事业，情绪的相互感染更是直接影响着教育的效果和生命体验。如今我们的社会已经基本摆脱了物质匮乏的局面，而如何让精神饱满、心灵愉悦成了世界难题，坦普顿奖获得者芭芭拉·弗雷德里克森发现"我们就像玉簪花，积极情绪就像阳光"，我们对快乐的渴望就像植物对阳光的渴望一样。

教师的工作是繁忙而细致的，也是很容易让人紧张的。学校要用心培育快乐因子，让工作和学习的氛围轻松愉悦。正如上文所说，制度的制定和执行都要以人为本，既有刚性的原则，又有人文的关怀，顺应人性又扬善弃恶，培养人而非禁锢人。

校园文化活动是最容易传播快乐因子的，可以创造如迪士尼乐园一样的欢快气氛。如三八妇女节举行拔河比赛，现场气氛热烈，观赛的学生们好像每个细胞都兴奋起来了，有节奏的呐喊声和毫无保留的欢笑声让场上气氛激烈又充满着爱；教师节为老师们准备仪式感满满的祝福，校门缓缓打开，祝福款款而来，校长和书记早早在校门口等候所有老师的到来，并送上节日祝福；当明媚热烈的春意中曼妙而至，工会推出"舌尖上的天台"系列美食荟萃暨庆女神节活动，让老师们从讲台移步灶台，在一蔬一饭中品生活真味，在欢声笑语中享同事温情；春天里，绿荫下，我们整装登山，一路欢声笑语，鸟语花香，山林中风景如画，山顶远眺，风光一览无余。

学生的活动有更多的创新空间。地板上贴上几张消防等主题的迷宫图，课间学生们玩得嗨翻天，各种节庆日设置主题打卡点，增添新鲜的情趣。天台小学"雅韵"秀场是专为学生打造的锻炼和展示的平台，每次一布置秀场，学生们就像期待盛会开场。1802班焦泽皓同学个人音乐会大气首秀，动听的音乐，就像空中的蝴蝶翩翩起舞，吸引了众多小粉丝；1801班吴明轩个人街舞秀在学校操场霸气开演，学生们争相观看才艺小明星。"六一"儿童节，学校在操场搭建水池，举行"捉泥鳅"体验活动，让远离农村的学生也能感受到接触大自然的乐趣。小泥鳅滑溜溜，东钻钻西窜窜，机灵一转脚边游，学生们的嬉笑声、加油声、踢水声、欢呼声不绝于耳，在水池里和着水花重叠荡漾开来……

快乐让我们感觉良好，让我们向他人打开心扉。开放带来更多的创意，创意带来更好的解决方案，好的方案让人有更多快乐，快乐又带来更大的开放，彼此正向影响，螺旋式上升，欣欣向荣。

润泽生命的校园让人如沐春风，让每个生命都拔节生长，让每个生命不断突破，都能创造更多可能性。培育出润泽生命的校园，就是我们教育工作者的生命价值的绽放。

每一个生命都幸福绽放

——天台小学学校文化建设实践

学校文化是学校长期发展过程中形成的特殊文化，是由全体师生在学校长期的教育实践过程中积淀和创造出来的，并为师生认同和遵循的价值观、精神、行为准则及规章制度、行为方式、物质设施等的一种整合和结晶。

学校文化有三个方面的重要功能。一是形成学校凝聚力。学校成员所认同和追求的价值，会渗透于学校的一切教育、教学活动之中，成为学校成员一种自觉的生活方式，促使师生员工形成使命感、归属感和自豪感，会形成强大的精神凝聚力。这种内部思想统一、同心同德的文化氛围的形成，有助于学校发展和学校改革。二是生成学校的特色。学校文化是一所学校区别于其他学校的重要标志，进入这所学校的成员会形成与学校文化价值取向一致的言行，并会不断地强化，从而推进学校特色的形成；学校成员所具有的个性化的东西，也会被学校文化吸纳、融合，促进学校文化的不断丰富和发展，从而使得学校的特色更加鲜明。三是促进师生的共同发展。学校文化是一种重要的教育资源，从某种意义上说，文化才是真正的学校，因为是文化在发挥教育的作用，一种进步的、开放的、持续创新的学校文化的形成，可以为师生的发展创造出良好的教育环境，从而促进学校和师生的共同发展。

2005年创办天台小学时，首任校长朱育红采纳华东师范大学叶澜教授的生命教育理念作为学校的办学理念，提出"珍爱生命、高扬生命"的校训。当时以高规格建设的校园环境精致优雅、布局合理，育人氛围浓郁，有"岁寒三友""撬动地球"等校园八景。新校的教师青春洋溢、性格活泼，表现非常亮眼。在生命教育理念的指导下，教师尊重学生童年本来的样子，对学生特别有耐心、有爱心，这成为天台小学最重要的文化特质。但是年轻教师比较多，年老的教师主要来自周边撤并的几所村小，如何提升教师队伍的教育教学能力、更好地呵护学生生命成长，成为学校发展的重要课题。

2010年9月，我成为天台小学的第二任校长，为了进一步弘扬生命教育理念，激发师生内在发展活力，提出了"科学人文和而不同"的发展理念，激励每位老师发展自己的优势，支持师生的个性化发展。我开展了深度的书香校园、书香班级建设行动，建构了优劳优酬、多劳多得的激励性制度体系，建设了充满生命成长气息的班级文化和小组文化、"自主探究、小组合作、民主和谐、快乐有效"的课堂文化，进一步丰实了天台小学充满生命活力的校园文化。

学校文化是一个不断建设、反思、提高的整体工程，是学校可持续发展的动力，是学校综合办学水平的重要体现，也是学校个性魅力与办学特色的体现，更是全面推动学生、教师和学校三位一体的和谐发展，提高教育质量的内在需要。2022年，我们整理了天台小学创办17年以来积累的文化财富，系统梳理了学校在精神、物质、制度、行为、课程、教师、班级等各方面的文化建设成果，提炼了"每一个生命都幸福绽放"的办学理念，形成了2022年版《天台小学学校文化建设方案》，进一步将生命教育发扬光大。

一、指导思想

学校秉承"生命教育"思想，以发展学校内涵为重点，以服务教育教学为目标，从校情出发，通过学校文化建设活动，促进校园文化基础设施建设，创新校园文化活动内容，拓展校园文化活动领域，让教育回归自然，让师生健康成长，全面落实"双减"政策，全面实施"五育"并举，使学校成为师生身心愉悦的学园、乐园、家园，凸显浓郁的校园文化和办学特色。

二、基本目标

（一）总体目标

（1）建设同心天台：使所有与学生成长相关的群体都保持目标一致、理念相通、功能互补、行动落实。我们的愿景是建设健康绿色的学习共同体：每一位老师都成为教育教学专家、每一位学生都持续热爱学习、每一位家长都参与学习共同体。

（2）建设现代天台：在新时代科教兴国思想指导下，以现代先进的管理理念，激发每一位师生的潜能；顺应信息化时代的需求，建设智慧校园，增强教育实效。

（3）建设质量天台：学校落实五育并举，在德智体美劳等方面保持优质的教育教学质量，让每一位学生都能得更好的发展。

（4）建设幸福天台：让学生健康快乐成长，让教师获得职业幸福感与归属感。

（二）具体目标

（1）以先进的办学理念为指导，整合学校已有的教育资源，形成扣合时代要求、激励学校发展的"一理念"（办学理念）、"一目标"（育人目标）、"一训"（校训）、"二风"（教风和学风），确立富有天台个性的、为全校师生所认同的学校核心价值观。

（2）进一步加强学校制度文化的建设，根据目前教育的新形势和面临的新问题，梳理学校的各项规章制度，对已有的制度加以继承、扬弃和发展，追求制度与文化的完美结合，真正让学校制度对全校师生起到约束、导向、整合、激励和教育的作用。

（3）不断加强学校行为文化的建设，树立正确的、全面的、科学的教育观、质量观和人才观，办让人民满意的学校，进一步打响学校品牌。

（4）本着"整体规划，分步实施；追求品味，重在育人"的宗旨，按照"科学规范，讲究实效"的原则，努力创设悦目恰心、充满生机的校园育人环境，彰显学校文化特色。

三、主要内容及具体措施

"每一个生命都幸福绽放"思维导图见图1-1。

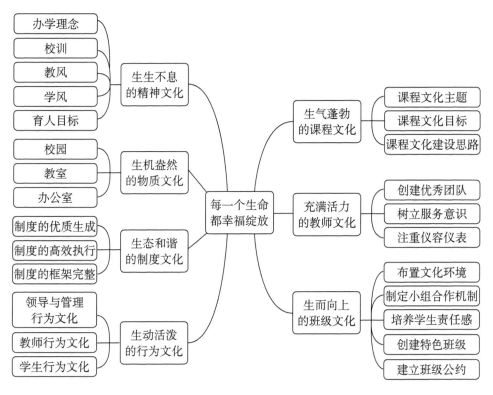

图1-1 "每一个生命都幸福绽放"思维导图

（一）生生不息的精神文化

1. 办学理念：每一个生命都幸福绽放

小学教育是给人生打底色的，既要关注学生的全面发展，让每一个孩子享有完整快乐的童年，又要尊重每一个生命个体的差异性，采取与之相适应的教育措施。而"每一个生命都幸福绽放"这一理念则完美契合了我们对优质教育的理解和追求。

我们所理解的"幸福绽放"有三大内涵：第一，保护儿童天性；第二，尊重学生个性和差异；第三，培养人的社会性。在此基础之上，我们努力追求学生的自主发展、教师的专业发展和学校的特色发展，让每一位学生、每一位教师都能发挥自己的优势，得到认同，绽放自己最美的状态，做最好的自己，从而使学校更具特色之美、内涵之美。

2. 校训：关爱生命、高扬生命

珍爱生命：生命教育要教会学生珍爱生命，更要启发学生完整理解生命的意义，积极创造生命的价值；生命教育要告诉学生关注自身生命，更要让学生关注、尊重、热爱他人的生命；生命教育是惠泽人类的教育，还应该让学生明白要让其他物种的生命与我们和谐地生活在同一片蓝天下；生命教育既要让学生关心今日生命之享用，还应该让学生关怀明日生命之发展。

高扬生命：通过生命管理，让每一位师生都能最终实现"我之为我"的生命价值，即把生命中的爱和亮点全部展现出来，在社会、在人间焕发出自己独有的美丽光彩。

3. 教风：博学善导，以心育心

博学善导："博学"就是广泛涉猎各种书籍，提高教师专业水平，掌握教学技艺；既要有扎实的专业功底，又要有广博的知识视野。"善导"就是要因材施教，指导学生学习的方法，疏导学生的困惑，对学生循循善诱。

以心育心：教育是一个生命影响另一个生命。教师要用爱心、真心、决心、信心、善心、关心、细心、耐心去引导呵护学生的身心成长和人格养成。

4. 学风：乐学善思，合作共生

乐学善思：让学生精于学习，乐于学习，勤于思考，善于思考。要让学生追求自主学习、愉快学习的学习风尚，追求自主探究的思维惯性。有思考才有可能成为具有独立思想、独立人格、全面发展的人。

合作共生：让学生在良好的教育生态中合作学习、共同探讨、相互促进、共同提高，实现生命之间相互辉映、相互激励、相互影响的深层次能量交换。

5. 育人目标：健康、文明、聪慧、担当

健康：处事乐观、态度积极，始终保持一种进取向上的状态。

文明：自尊自信、自立自强、诚实谦虚、乐于助人，做天台文明形象代言人。

聪慧：头脑聪明、处事智慧，完成任务的过程中，既能脚踏实地又有个体的探究思考与创新举措。

担当：胸有大志，心有大我，肩有大任，行有大德，担复兴大任，做时代新人。

（二）生机盎然的物质文化

1. 整体构思，逐步推进，建设生机盎然的校园

（1）在校园内用多种方式呈现学校办学理念、办学目标、办学宗旨、校训、校徽、校风、教风、学风，让师生每天耳濡目染，将其内化为自身的观念和需求，对内引领师生的教育行为，对外彰显天台人的教育品质。

（2）规划校园文化基础设施建设，聘请有关专业人员对校园园林整体布局进行规划与设计，努力给孩子们一个"四季有色、三季有花、两季有果"，充满生机的天然花园。

（3）利用好教学楼走廊墙壁，以主题引领，精心布置科技特色长廊、德育特色长廊、书香校园特色长廊，展示学生在科技教育活动、德育活动以及阅读活动中的风采与成果，处处彰显学校特色。

（4）努力构建数字校园。进一步完善并发挥运动场大电子屏、校园智能广播系统、"天台之声"广播站的作用，用轻松的音乐、欢快的校园歌曲、美妙的主播时光、可视化的德育视频等素材，让师生得到美的享受，润物细无声，让学生受教育于无形之中。充分发挥校园网、微信公众号的作用，精心设计，及时更新，为学校、教师、学生、家长、社会搭建展示和交流的平台。

2. 师生协力，精心布置，建设生机盎然的教室

着眼于班级的和谐发展，规划布置教室环境，凸显"生命"理念。开展"绿植装点教室"活动，使教室因绿色植物而变得温馨有活力，让学生富有爱心又乐于担当。让每一块黑板报都成为孩子们的天地，通过科技天地、合作小明星的故事，孩子们变得更加勇于想象、敢于创造。让每个班的班主任协同语文老师带领孩子们积极建设班级读书角，随手可得的图书让阅读与孩子们走得更近。

3. 简约设计，追求大气，建设生机盎然的办公室

各办公室教师发挥集体的智慧，精心美化办公环境。一是要干净整洁，无论是教师办公的桌椅，还是橱柜窗台，都要定期擦拭，地板每天或者隔天清扫一次。二是办公桌椅和书籍等物品要摆放有序。三是要有适当的装饰点缀，统一制作办公室门牌、办公室事务栏（包含办公室人员名单、职责、值日表、作息时间表等），征集布置在办公室墙上的标语并选择录用张贴，桌上窗台摆放几盆花草，适当修饰办公桌橱柜等。

（三）生态和谐的制度文化

1. 确保制度的优质生成

（1）学校制度生成的原则有三：一是以人的发展为本，二是公开平等，三是不断优化改进。

（2）学校制度生成的程序有五点：一是广集意见，广选样板；二是整体构思，形成体系；三是考量旧制，选准方向；四是分工负责，完善制度；五是实践检验，动态更新。

2. 确保制度的高效执行

制度执行，是静态的"文本化"制度文化向动态的"人化"制度文化迁移的关键环节，学校制度文化建设能否到位，主要取决于制度执行是否落实。

（1）加强教育培训，宣传造势，营造氛围，进一步提高学校成员乃至社会各界对学校制度文化的认同感和理解力。

（2）树立制度权威，规范公正高效地执行制度。

（3）刚性执行与柔性执行相结合，约束与激励相结合，执行与教育相结合，以增强执行实效，提高师生自我执行、自我管理的水平。

（4）领导带头执行制度，同时大力表彰执行制度的先进典型，以增强对师生的说服力和感染力。

3. 确保制度的框架完整

学校制度构建的基本框架已经形成，但制度的进一步细化与完善，还需逐步进行。

（1）学校章程。

（2）教师管理制度：岗位职责、民主管理、奖惩制度、党支部管理、教学工作管理。

（3）学生管理制度。

（4）常规工作管理制度：舆情宣传、用室管理、寄宿管理、后勤管理、财务管理、安全工作管理。

（四）生动活泼的行为文化

1. 领导与管理行为文化

（1）练就好校长。

人常说：一个好校长就是一所好学校。确实，一个好校长可以领导出一所好学校，可以培养出一批好干部，可以培育出一批好学生，而一所好学校更能练就一个好校长。校长既是领导者，也是服务者；既是管理者，也是执行者；既是组织者，也是协调者；既要做一校之长，也要做师生的朋友，达己，达人，达校。

（2）培养好干部。

校长手下需要一批精兵强将，团结一心办教育，因此需要培养好管理干部。

一是树立强意识。要求管理干部树立责任意识（立足岗位、不辱使命）、服务意识（善待同事、不负众托）、合作意识（认真工作、凝聚师生）、创新意识（推陈出新、不断发展）、品牌意识（珍惜荣誉、不负厚望）。

二是提升强能力。鼓励管理干部走上讲台上示范课、给老师们做专题讲座，做管理的佼佼者、业务的引领者。

三是增长强内涵。要求和组织管理干部多读书，读好书，积极撰写论文，主持或参与课题研究。

2. 教师行为文化

邓小平同志说过：善于发现人才，团结人才，使用人才，是领导者成熟的主要标志。学校管理的首要任务就是把人放在"中心"位置，人是管理的重心，人才是创建学校文化的主要因素，学校应鼓励教师追求卓越的想法，敢于追求卓越。优秀的教师团队是学校发展最强大的软实力。

（1）真情交往，铸造爱的家园。

心中有教师，为教师着想，让教师感受到集体的温暖，获得归属感、成就感、幸福感。积极发挥行政管理和工会组织的力量，尽可能地做好能为教师们做的事：提供温馨舒适的办公环境和条件；切实关心每位教师的身心健康、生活状况、工作情况、福利待遇；关心单身教师的个人婚姻问题；组织好教师节、老年节以及其他传统节日等送问候的活动；对新入职教师、退休教师群体做好心理和情感上的交流；对教师家里的婚丧大事、生育大事给予关心和问候。

（2）搭建平台，助力专业提升。

一是搭建学习启思的舞台。组织"走出去开眼界、请专家进来指导、同伴交流互助"等相结合的学习培训。创建"学习型组织"，营造静心学习的校园氛围，组织读书活动，让读书成为教师的习惯。

二是搭建研究提升的舞台。建设校内导师引领制度、教研组共同体、青蓝结对工程、青年教师协会、项目课题驱动等，鼓励做研究型教师。

三是搭建展示成才的舞台。鼓励教师追求卓越，有当名师的想法和干劲；

鼓励与支持教师参加各级各类教学竞赛、展示活动；鼓励教师参加各类教育学术组织活动；激励教师撰写并在校内外发表论文或经验总结，著书立说；鼓励教师参加本科以上学历教育；积极运用各种媒体推介教育理论、传播各项荣誉成果。

四是搭建激励发展的舞台。依据公正、公平、公开、高效等原则，完善教职工业务考核制度、评职晋级制度、评优评先制度、绩效评估制度，注重教师的德、能、勤、绩，激励教师长远发展。

3. 学生行为文化

（1）以团体文化建设促整体发展。

建设光荣自豪、积极进取的少先队文化；建设团结向上、班级自治的各班级文化；建设小组合作、互帮共进的班内学习小组文化；建设丰富多彩、全面发展的课内外各活动社团的文化，让学生在不同的团队中取得应有的发展。

（2）以"五自"能力培养促进学生主动发展。

遵循小学生的身心发展规律，在"双减"背景下，从实际出发，坚持教育与社会相结合、理论与实际相结合，以学生"五自"能力培养为依托，分年段设立培养目标、实施方法、评价方法，培养学生的独立性、自主性、创造性，让每一位学生学会自主管理、自主教育，能够自主健康成长。

一是开展生活及劳动技能学习和比赛活动，让学生在自我体验、自我感悟、自我完善中养成良好的自主生活习惯，做到生活自理。

二是在学习中培养学生自主探究、自主合作、自主交流等精神和能力，使学生养成良好的学习习惯，学会合作，学会创新，做到学习自主。

三是在校园以及班集体中开展系列文明行为养成教育活动，使学生形成良好的行为习惯和礼仪，举止文雅，做到行为自律。

四是开展各种安全知识宣传活动、安全主题教育活动、安全演练活动，使学生有良好的安全意识，掌握生存的本领，做到安全自护。

五是开展丰富多彩的体育活动、综合实践活动、心理健康教育活动，使学生养成自主健体、自主个性发展的习惯，让学生身心健康，做到健康自强。

（3）以德育课程建设促进学生健康发展。

"双减"给德育工作提出了更高要求。在此背景下，为进一步提升学校德育水平，对德育课程优化进行了积极探索和实践。近年国家用道德与法治课程实现了对原有思想品德课程的迭代升级，学校则积极探索校本德育课程一体化迭代升级，积极探索构建"养正明德课程""以礼育德课程""雅韵美德课程""力行践德课程"四大德育课程体系并进行深入实施，以丰富德育内容拓展德育途径，积极践行社会主义核心价值观，落实"立德树人"。

（4）以科学公正评价促进学生全面发展。

好的评价方法应对学生成长起到引导、诊断、改进、激励的作用。为及时诊断课程实施效果与学校文化建设效果，促进学生全面与个性化发展，必须实行能体现表现性、发展性、过程性等现代评价理念的学生评价。

不断完善五星评比的指标维度，与《义务教育质量评价指南》中关于学生发展质量评价的五个维度相吻合。礼仪之星对应品德发展，学习之星对应学业发展，健康之星对应身心发展，艺术之星对应审美素养，劳动之星对应劳动与实践。

建立科学合理的评价方式，既要有综合性的五星评价，又要设立单项评价。要注重将小组评价、班级民主产生、年级审核推荐、学校集中表彰相结合，在民主与集中、定性与定量相结合的程序中完成对学生发展的公平公正评价。

（五）生气蓬勃的课程文化

1. 课程文化主题

课程文化主题为"天天向上"。

2. 课程文化目标

（1）通过国家课程的校本化实施与校本课程的开发，创设丰富的课程资源，使学校课程结构更合理，学校特色更鲜明。

（2）使教师的教学理念进一步更新，教学手段进一步优化，跟上时代发展的步伐。

（3）使每一位独具个性的学生在德智体美劳等方面得到充分发展，为在多样化社会中做一个终身学习者和负责任的公民做好准备。

3. 课程文化建设思路

（1）"天天向上"课程规划。

依据国家课程标准依法依规开足、开好基础课程，确保教学质量达标，学生学有所得。

以校为本开发具有学校特色的校本课程，如三分钟口才秀、思维训练、英语趣配音、校园戏剧等培养学生综合素养。

以生为本开发建设个性课程，如心理辅导课程、二胡社团、击剑社团等，培养学生特长特色。

（2）"天天向上"课程评价。

制定"校本课程评价量表"，对开设的校本课程的目标达成度、课程内容的设计、学生对课程实施的满意度等方面制定评价指标体系与评价标准。通过评价，能有效推进学校的课程建设，推进优质课程的发展。

（六）充满活力的教师文化

1. 发挥激励效应，创建优秀团队

以合作型团队建设为平台，以"青蓝"工程和"名师"工程为抓手，名师、骨干教师领头，在不同的团队中形成共创优秀团队的良好氛围。

（1）抓好学科教师的梯队建设。学校要针对不同层次的教师需求为每一位教师提供平等的发展机会，创设展现自我的舞台。

（2）抓好教研组的常态教研。各教研组日常教学工作要体现团队研究性地备课、研究性地上课、研究性地说课、研究性地观课、研究性地评课。

（3）充分发挥骨干教师作用，充分放大他们的引领辐射作用。

（4）注重青年教师的培养，构建奋发有为的学习型团队。

2. 完善规范机制，树立服务意识

以奉献型团队建设为载体，不断完善机制，丰富规范形式，引导每一个教师团队树立为学生终身发展服务的意识。

（1）选好"点"：树立典型，心中有榜样，学习有目标。

（2）画好"线"：树立群体典型，引导广大教师发现自己身上的闪光点，通过一个个闪光点的牵动，逐步形成闪光的群体。

（3）整好"面"：树立集体典型，让每位教师都能切身感受到自己的工作与集体的荣誉息息相关，从而提高教师队伍的整体素质。

3. 注重仪容仪表，谨记为人师表

注重教师的仪表、语言，要从小处着眼，处处严于律己，站有站样，坐有坐姿，穿着能够体现职业美感的着装，以饱满的情怀和亲切、准确、精辟的语言给人以美的感受。

（七）生而向上的班级文化

1. 布置文化环境，营造班级和谐气氛

在前后墙上书写或张贴有激励性的名人名言，鼓励学生不断求知、进取；布置英语角、图书角、光荣榜等专栏，营造良好的学习氛围；还利用黑板报这一宣传阵地让学生在潜移默化中受到教育。

2. 制定小组合作机制，激励学生竞赛意识

以活力课堂小组合作为班级争优方式，墙上张贴小组合作积分表，各个小组在上面标上组名、口号、学习目标等，让学生在竞赛中养成竞争意识。

3. 培养学生责任感，鼓励发挥主人翁精神

教育学生具有民主与法制的观念，使其有责任感、有礼貌，教育学生学会关心他人、关心班级、关心学校、关心国家的强盛和民族的兴旺。教育学生以班级为家，用心主动地布置并维护清新整洁的学习环境，创设良好的文化氛围。每人为教室里的布置捐赠花草，请班长做好详细的记录，明确分工。设置图书角，制定班级借书制度让每位学生能主动为班级准备缺少的东西，如美化环境的绿色植物、垃圾袋等，让学生更有家的感觉，增强学生的主人翁意识。

4. 创建特色班级，激发班级创造兴趣

特色班级要做到班级环境有特色，班级活动有特色，班级管理有特色，班级活动有成效。

5. 建立班级公约，约束学生一言一行

班级文化建设在环境中提升，在学生行动中体现，在教育中灌输，在管理中强化，在日常中养成。

四、保障措施

校园文化建设是一项系统工程，只有进一步提高师生认识，齐抓共管，采取切实措施，才能全面推进实施。

（一）加强领导，明确职责

成立学校文化建设领导小组。

组长：校长。

副组长：书记、副校长。

成员：行政人员、各年级组长、各办公室负责人、各班主任。

（二）全员参与，营造氛围

学校文化建设工作由学校统一领导和部署，文化建设领导小组进行组织、分工、协调。每位教师都是文化建设的责任人，要动员广大师生发挥主体作用，积极投入到活动中去，让学校文化建设真正达到求真务实、以美育人的效果。

（三）健全机制，宣扬典范

注重发挥市场机制的作用，努力形成文化建设的良性运行机制。建立健全文化建设的目标管理、考核评价和激励机制，将文化建设作为学校重要内容列入考核指标，对为文化建设做出突出贡献者进行奖励。要建立健全监督检查机制，加强监督指导，及时发现和总结推广好做法、好经验，充分发挥典型示范效应，以点带面，推动全校文化建设跨上新台阶。

（四）多方筹措，经费保障

将文化建设所需经费列入学校财务的开支计划，做到应支尽支，及时、优先划拨。学校应努力扩大文化建设资金的筹措渠道，加强对文化建设的投入，保证正常活动的经费，确保各项工作的有序开展。

（本文撰写于2022年1月）

构建"天天向上"课程
促进学生"五育"并举

天台小学的"生命教育"办学思想主张保护儿童天性，尊重学生个性和差异，追求学生的自主发展、教师的专业发展和学校的特色发展，让每一位学生、每一位教师都能发挥自己的优势，使自己得到认同，绽放自己最美的状态，做最好的自己。

在这一办学思想的引领下，学校把"天天向上"课程作为打造学校品牌的落脚点。"天天向上"课程以"每一个生命都幸福绽放"为课程理念，让每一个孩子在学习中体验快乐，在多元丰富的课程滋养下共享成长的幸福。在这里，课程即生命场景，课程即个性张扬，课程即幸福寻绎，课程即快乐享受。学校以立体多元的课程实施与学习方式，使师生能自由、主动地发展，共享成长的幸福旅程。

一、学校课程目标

"天天向上"课程目标的设置基于发展学生核心素养，服务于达成学校育人目标，天台小学着眼于未来的人才培养标准，确定了学校育人目标。

（一）学校育人目标

依据国家教育方针，我们结合学校办学理念，将育人目标确定为培养健康、文明、聪慧、有担当的好少年。

（二）学校课程目标

1. 总目标

通过国家课程的校本化实施与校本课程的开发为师生提供丰富而适用的

课程，使学校课程结构更合理，学校特色更鲜明；使教师的教学理念进一步更新，教学手段进一步优化，跟上时代发展的步伐；使每一位独具个性的学生在德智体美劳等方面得到充分发展，为在多样化社会中做一个终身学习者和负责任的公民做好准备。

2. 学生培养目标

以"八个一"为课程目标，让学生在学习活动中学会做人、学会学习、学会合作、学会创造，使学生的文化知识水平、学习技能、意志品质、创造能力等方面得到进一步的提升。

一颗阳光心：有正确的价值取向和思维方式，能明辨是非；

一个好习惯：有良好的生活习惯和学习习惯；

一手好书法：能谱写出中华文化和自己人生的华美篇章；

一副好口才：能大胆表达，做到有效交流；

一篇好文章：能传播思想，做到辨明真理；

一种创新力：培养学生创新思维，突出数理思辨，鼓励创造发明；

一项体艺特长：学生具备一项艺体专长，能做到强身健体、修身养性，丰富学生生活；

一种大视野：能关心时事，博览群书，关注古今中外人类文明。

3. 教师成长目标

加强课程团队建设，发展教师课程开发能力；使学校课程建设目标、学校教育理念在教学行为中能自觉体现，提升教师的课程执行力；以培养"八个一"为目标，促使教师不断反思，提升教师科研能力，促进教师由经验型的合格教师成长为科研型的优秀教师。

二、学校课程体系

（一）课程体系建设思路

1. "天天向上"课程规划

基础性课程：以国家课程为主，包括道德与法治、语文、数学、英语、音乐、体育、美术、科学、信息技术等。

拓展性课程：基于国家课程的学科拓展和补充性课程，包括书法、诗文、课外阅读、思维拓展、口才秀、学科活动等。

个性化课程：培养学生兴趣爱好、发展学生个性特长的课程，主要以特色社团课程为主。

2. "天天向上"课程开发

（1）丰富校本德育课程，探索德育新途径，内容包括养成教育、主题活动、心理健康教育。

（2）丰富校园文化活动，拓展学生活动渠道。以体验教育为基本途径，包括学科节、重大节日、纪念日等体验活动。

（3）探索特色拓展课程，促进学生个性发展。通过学科特色、有序组织、定点定人，广泛开展各类选修科目（兴趣社团），使活动形式多样、生动活泼，实现学生德智体美劳全面发展。

（二）学校课程设置

天台小学"天天向上"学科课程结构图见图1-2。

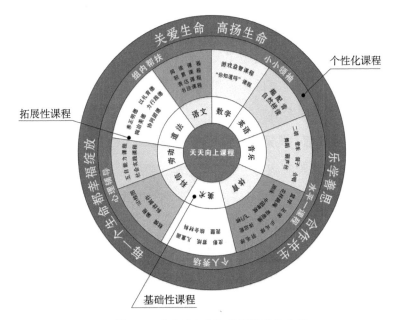

图1-2 "天天向上"学科课程结构图

"天天向上"德育课程体系图见图1-3。

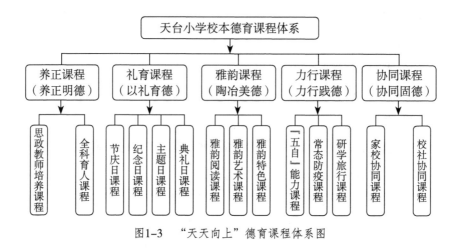

图1-3 "天天向上"德育课程体系图

三、学校课程实施

学校建构立体多元的课程实施与学习方式，通过课堂、学科节、节日、仪式、社团、项目学习六条路径实施"天天向上"课程，并依据不同的实施路径进行适当的评价设计。以丰富的课程和学生喜欢的实施方式，使师生能活泼、主动地发展，共享成长的幸福。

（一）落实国家课程，构建"合作学习"模式

课堂是推进国家课程实施的主要途径。学校遵循生命教育的理念，在长期的基础课程课堂教学实践中，构建了"合作学习"模式。

1. "合作学习"的定义

小组合作学习是以班级授课制为背景的一种教学方式，即在课堂教学为基本教学组织形式的前提下，教师以学生学习小组为重要的教学组织手段，通过指导小组成员展开合作，发挥群体的积极功能，提高个体的学习动力和能力，达到完成特定的教学任务的目的。在传统集体教学的师生单维交流中，教师垄

断了整体课堂的信息源而使学生处于十分被动的局面，小组合作改变了这种局面，学生的主动性、创造性也因此得以充分发挥。依据"合作学习"的定义，学校倡导在课堂上体现"探究、合作、民主、快乐"四大文化核心。教学中教师尊重学生，营造自由、平等、和谐的氛围，在师生平等的对话、交流分享中逐步进入真情交融的境界，引发学生的好奇心，唤起学生思考，让学生在质疑、对话、探究、合作、分享、创新中学会学习，有效地促进学生学科能力和学科素养的提升和发展，使学生能享受知识带来的快乐，从而实现学生爱学与教师乐教的统一。

2. "合作学习"的教学要素

在实践中，"合作学习"的课堂模式实施形成以下基本流程。

（1）导学先行，自主探究。学生根据课堂问题，充分利用已有的学习方法和学习资源进行自主学习、思考探究，教师还学生学习的自主权，调动学生自学的热情。

（2）小组合作，质疑补充。学生在教师和组长的组织和引导下讨论、交流，与同伴进行互动，学生在交流对话中，互相质疑，共享集体思维成果，完成对所学知识的建构。

（3）展示研讨，快乐分享。在交流互动之后，学生将已习得的知识在全班进行展示分享，自我纠正，自我提高，体验分享的快乐。

（4）拓展延伸，共同成长。这是对师生学习成效的延展，也是对教学目标的监测。寻求评价更是对学习内容的扩展与应用，它真正体现了师生的教学相长，共同成长。以学生的生成作为"蓝本"，在独立建构的基础上，使师生思维相互碰撞，逐步对知识进行完善。学生通过交流展示，在师生的思辨中逐渐明晰、建构知识网络。

3. 基础课程评价要求

（1）对学科课程方案的制定进行评价。学校课程中心通过对各学科"1+X"课程建设方案的整体科学性进行评价和审议，具备清晰的课程理念、有逻辑的课程体系、有丰富的课程内容、有高效的实施路径等的方案才能通过评价审议，审议通过的课程方案方可进入实施阶段。

（2）对课程实施过程进行质量监控。学校课程中心通过对课程实施过程中的课程纲要、教学设计、作业情况等静态成果的检查和对学科课堂的观摩进行过程性评价。

（3）对课程团队进行评价。学校课程中心通过对各课程团队提供的静态资料的检查和团队的课程实施情况汇报进行综合的考评，评选出优秀课程团队。

（4）对学生学习效果进行评价。过程性评价，主要依据授课教师对学生出勤情况，学生的参与热情、团队合作意识、能力锻炼、学习体会及测试等的数据记录实施评价。阶段性评价采用学期末的测试或过程性学习成果的综合评定。

（二）研发"拓展性课程"，丰富学校课程

学校通过学科建设，构建了各学科的课程群。通过实施课程群，提升学科教学品质。

1. "拓展课程"建设路径

根据学科特点、学校师资力量，结合教师自身特长，以所授科目为原点，按照"1+X"模型组建学科课程群。"1"是指整合后的基础性课程，"X"是指基础性课程的拓宽与延伸。课程群的实施基于各学科课程标准，是对基础课程的强化和夯实，是一个主题明晰的内容系列，是采用形式多样的与时间相对固定的"微课程"。通过这些课程的实施，能激发学生的兴趣爱好和学习潜能，促进学生基础课程学习效能的提升。

（1）德育特色课程。

近年国家用道德与法治课程实现了对原有思想品德课程的迭代升级，我们则积极探索了以"养正明德、以礼育德、雅韵美德、力行践德"为主线的校本德育课程一体化迭代升级，以丰富德育内容、拓展德育途径，积极践行社会主义核心价值观，落实"立德树人"，具体见表1–1、表1–2。

表1-1 天台小学德育课程解读及内容

课程设置	课程解读	课程内容
养正课程	"养正"即培养端正的心性及行为，6—12岁这个阶段的主要任务是发展道德信念，以提高道德行为的思想境界。	1.思政教师培养课程。 2.提升各学科课程的育人水平。
礼育课程	"礼"是"德"在生活中的具体体现，通俗地说就是"道德的生活化"。学校构建了多样化的、旨在以"礼"育"德"的礼育课程，并不断提升教学水平，引导学生在真实的生活中通过各种节庆日、纪念日、主题日的礼仪活动，感悟与践行"德"，达到春风化雨、润物无声的效果。	1.节庆日课程弘扬传统文化。 2.纪念日课程激发高远情怀。 3.主题日课程拓展道德认知。 4.典礼日课程润泽美好心灵。
雅韵课程	"雅韵"，指学生的精神与言行不止于谨言慎行、中规中矩，而是高尚文雅、美好大方。我们的希望是：让每个孩子都能修得高雅的气质，做健康美丽的天使。	1."雅韵"阅读活动，充盈精神。 2."雅韵"特色课程，拓展资源。 3."雅韵"艺术活动，熏陶情操。
力行课程	《礼记·中庸》中说："好学近乎知，力行近乎仁。"我国著名哲学家王阳明则提出须"知行合一"，我们不仅要认识（知），更要实践（行），"知"与"行"的统一才是"善"。因此，我校大力开发了力行课程。	1."五自"课程，自主行动。 2.研学旅行，增长阅历。
家校社协同课程	开展省"十四五"规划课题"城区小学家校伙伴关系的构建策略研究"；成立信息收集委员会、家长课堂委员会、家长读书委员会、志愿服务委员会、膳食委员会、活动组织委员会等，线上线下家校联动共育，汇集家校双方各类教育资源；建立专家、学者、劳模、革命老兵、教育文化活动场所等优质资源库，为家校双方提供科学、实用的德育指导。	1.智慧教师课程。 2.家长理手课程。 3.职业启蒙课程。 4.家校共育课程。

表1–2　天台小学"五自"能力培养课程

	生活自理	学习自主	行为自律	安全自护	健康自强
低年级段（一、二年级）	1. 自助用餐，自己洗漱、洗澡、穿脱衣服、系红领巾、系鞋带，正确洗手。 2. 自己整理学习用品及书包，及时整理课桌。 3. 做一些力所能及的家务或班务，比如摘洗蔬菜、搓洗抹布、扫地、倒垃圾等。	1. 学习有兴趣，倾听认真，先举手再发言，积极参与小组学习。 2. 自觉登记并完成作业，无须家长提醒和陪伴。 3. 借助拼音或生字阅读课外注音读物。	1. 自觉遵守《小学生手册》规范要求、遵守校规校纪、班规班纪。 2. 自己行为举止高雅文明，还能勇敢向身边的不文明行为说"不"。 3. 积极参与班级、学校组织的各项活动。 4. 在各项活动中大方、自信，争当先锋榜样。 5. 积极参与小领袖干部值日、小小志愿者服务活动、爱心捐助活动，有爱心，有公益心，有公德心。	1. 有安全意识，学习掌握校园安全、交通安全、防溺水、防性侵、防霸凌、防疫病等各种安全知识。 2. 知道一些基本的应急求助电话，如匪警电话110、火警电话119、急救电话120。	1. 认真上体育课、心理健康教育课，了解体育知识、基本体育技能、心理健康知识。 2. 在老师和或家长的带领下参加体育锻炼、体育活动、实践活动、研学活动等。
中年级段（三、四年级）	1. 修剪指甲、洗自己的简单衣服、会简单包扎，女生自己扎头发。 2. 整理自己的房间，比如打扫、整理书桌书柜、叠被子。 3. 做一些力所能及的家务或班务，比如晾晒衣服、折叠衣服、洗碗筷，会安全使用炉灶做凉菜、下面条、煮饺子或馄饨、热包子馒头，学炒一个热菜，会拖地等。	1. 热爱学习，思维活跃，能参与小组合作管理。 2. 主动完成作业，有自主预习的习惯。 3. 喜爱阅读课外书籍，并能与同学进行分享。		1. 熟知各类安全知识，并能对身边的同学、家人宣讲。 2. 自己遇到险情能大胆勇敢地求助，并想办法脱离险境。看到别人遇险，在保证自身安全的前提下，能机智、冷静地向大人、110求助。	1. 通过课堂学习，充分掌握体育知识、基本体育技能、心理健康知识。 2. 主动参与体育锻炼、体育活动、实践活动、研学活动等。

续 表

	生活自理	学习自主	行为自律	安全自护	健康自强
高年级段（五、六年级）	1. 会洗衣服、使用针线钉纽扣。 2. 会装扮、美化自己的房间。 3. 会做一些力所能及的家务或班务，比如安全使用炉灶煮饭、做蛋炒饭、包饺子或馄饨、做一个汤、做一个热菜，能干净打扫教室卫生等。	1. 持续热爱学习，学习有方法，爱探究。 2. 自觉主动做好作业，作业质量高。 3. 课外阅读面广、阅读量大，有作读书批注、写读书笔记的习惯，能写读书心得或读后感。		1. 能正确分辨当前的环境是否安全，能及时机智地从不安全的环境抽身，看到不安全的行为能及时勇敢地制止。 2. 学习简单的急救措施，关键时刻不慌张，能冷静应对。	1. 体育课堂、心理健康课堂活跃，能积极运用所学知识。 2. 热爱体育运动，养成健体习惯，有团结拼搏的精神和坚毅的品质。

（2）语文书香课程。

书香课程以语文学科知识为基础，带领学生进入语言文字的世界，使学生通过了解汉字故事、练习汉字书法，感受中国传统文化的魅力，增进对传统文化的热爱。学生还通过诵读，读出感情、读出氛围，在与书籍的对话中，产生更加浓厚的学习兴趣。该课程依据语文学习的规律分不同的年级进行梯度设计，除基础课程之外，语文书香课程具体内容设置见表1-3。

表1-3　天台小学语文书香课程具体内容一览表

	积累		表达		综合（整本书阅读、跨学科实践）	
	字韵	诗韵	声韵	文韵	书韵	研韵
一年级上	铅/毛笔	日积月累（一上）	我爱上学	自由	绘本童话	我爱拼音宝宝
一年级下	铅/毛笔	日积月累（一下）	我爱同学	自由	绘本童话	我爱中国汉字
二年级上	铅/毛笔	日积月累（二上）	我爱学校	自由	寓言科普	我爱中国传统节

续 表

	积累		表达		综合（整本书阅读、跨学科实践）	
二年级下	铅/毛笔	日积月累（二下）	成语故事	自由	儿童文学	我爱中国古诗
三年级上	钢/毛笔	日积月累（三上）	寓言故事	自由	儿童文学	蚕宝宝生长记
三年级下	钢/毛笔	日积月累（三下）	神话故事	自由	儿童文学	教师节献礼
四年级上	钢/毛笔	日积月累（四上）	聊自然	自由	儿童文学	关于零花钱使用的调查
四年级下	钢/毛笔	日积月累（四下）	聊科学	自由	儿童文学	探寻炎帝文化
五年级上	钢/毛笔	日积月累（五上）	聊历史	自由	经典名著	我爱你，中国历史
五年级下	钢/毛笔	日积月累（五下）	聊生命	自由	经典名著	关于学习动力的调查
六年级上	钢/毛笔	日积月累（六上）	演说家	自由	经典名著	星空的变化/中国航空前沿
六年级下	钢/毛笔	日积月累（六下）	焦点访谈	自由	经典名著	关于本地食物链探究
展示平台	社团书写比赛	班级朗诵比赛	课前三分钟	红领巾广播站	家长教师读书班	社团国旗下展示班队
载体		微视频	微视频	公众号、周报等	周报、微视频等	微视频、公众号等

（3）天台"数韵"课程。

"天台数韵，数你最会"课程是基于国家课程、根据学生年段特点及认知规律开发的，能激发学生学习兴趣，培养学生数学核心素养，让学生学会用数学的眼光观察现实世界，会用数学的思维思考现实世界，会用数学的语言表达现实世界，体现数学课程育人价值，实现多学科融合的系列组合课程。除基础课程之外，天台小学"数韵"课程具体内容设置见表1-4。

表1–4 天台小学"数韵"课程具体内容一览表

	趣味计算	动手操作	探究实践	数学讲师	课外阅读	益智游戏
一年级上	易加易减	快乐拼搭（一）	家中数学	自由	《数学帮帮忙》	七巧板
一年级下	百数能手	快乐拼搭（二）	购物小达人	自由	《数学真奇妙》	四宫数独
二年级上	巧算百以内加减法	量一量，比一比	制作活动角	自由	《最有趣的50个数学故事》	魔尺
二年级下	易乘易除（一）	拼贴美丽的图形	制作统计表	自由	《全世界孩子都爱玩的700个数学游戏》	数字华容道
三年级上	巧算万以内加减法	校园中的测量	自制计时器	自由	《数学真美妙》	九宫数独
三年级下	易乘易除（二）	绘制校园地图	制作年历	自由	《数学百草园》	24点
四年级上	易乘易除（三）	制作平面图形	感受公顷和平方千米的大小	自由	《马小跳玩数学》	孔明锁、五子棋
四年级下	巧算、速算	制作条形统计表	探秘内角和	自由	《奇妙的数学》	汉诺塔
五年级上	小数乘除法	掷一掷	生活中的分段计费	自由	《数学真奇妙》	孔明锁
五年级下	分数加减法	画正方体的展开图	巧手包装	自由	《我超喜欢的趣味数学书》	知乎者也
六年级上	分数乘除法	美妙的圆	确定起跑线	自由	《十万个为什么：数学卷》	华容道
六年级下	玩转数学	制作圆柱、圆锥	揭秘生活中的折扣问题	自由	《数学家的故事》	魔方

（4）天台英语特色课程。

英语特色课程是基于英语学科的基础知识，以培养小学生英语综合语言的运用能力为宗旨，从语言技能、语言知识、情感态度、学习策略、文化意识五个方面进行学科学习和拓展，以贴近学生生活实际，让学生能够快乐地学英语、说英语，使学生在生活中能用简单的英语去交流，培养学生良好的语音、语感及较强的阅读能力和表达能力。英语特色课程遵循学生年龄特点，按照各年级学生所学英语知识和培养技能层层递进，通过听、看、读、唱、演等方面提升学生英语学科素养。除基础课程之外，英语特色课程具体内容设置见表1-5。

表1-5　天台小学英语特色课程具体内容一览表

学期	课程名称	课程内容
三年级上	Phonics（自然拼读）	学习26个字母的字母名（letter name）和字母音（letter sound）
三年级上	Phonics（自然拼读）	学习26个字母在单词发音中的普遍规律
四年级上	English songs（英语歌谣）	学唱英语歌曲，获取简单的中外文化信息
四年级下	English songs（英语歌谣）	学唱英语歌曲，获取简单的中外文化信息
五年级上	English fun dubbing（英语趣配音）	对英文动画电影片段进行配音，大胆表达
五年级下	English fun dubbing（英语趣配音）	对英文动画电影片段进行配音，大胆表达
六年级上	Story acting（故事表演）	进行角色合作表演
六年级下	Writing（书面表达）	围绕真实情境进行完整的情境表达

（5）音乐特色课程。

音乐特色课程群围绕音乐教材的基础知识，依据校情和学生本身的需求，延展出小乐器、舞蹈（律动）和合唱（声乐）课程。除基础课程之外，音乐特色课程设置见表1-6。

表1-6　天台小学音乐特色课程设置一览表

校级社团	课程地点	实施年级	课程目标
竖笛	远志楼304	三至六年级	在快乐的气氛中学习，通过吹奏竖笛激发学生对音乐的学习兴趣，以游戏的形式进行竖笛教学，变"要我吹"为"我要吹"。通过学习吹奏竖笛，学生能建立相对的音高概念、了解音乐源自生活的道理，学会在生活中探索音乐，用音乐表现生活，在合作学习中体验成功与快乐，感受学习音乐的乐趣。
吉他	远志楼304	一至五年级	培养零基础的学员对吉他的兴趣，让他们通过接触不同类型的音乐来提高对音乐的兴趣。让学员掌握吉他不同类型的弹奏技巧，最后让学员以自选的歌曲为主，在限定的时间内达到目标。

续　表

校级社团	课程地点	实施年级	课程目标
葫芦丝	远志楼304	一至五年级	通过教授如何吹奏葫芦丝，提高学生的整体艺术修养，达到增加肺活量、锻炼身体的效果。培养学生对音乐的理解和领悟能力，使学生对陌生乐曲有简单的试奏能力，逐步形成自己的演奏风格。培养学生克服困难的信心和决心，提高学生团结协作的能力。丰富学生课余生活，培养学生特长，力使每个学生在兴趣活动方面有自己的一技之长。
笛子	远志楼304	一至五年级	通过竹笛校本课程体系构建，本校的每一位学生都能够对竹笛音乐的发展有所了解，同时能掌握竹笛吹奏的基本技能，自信、自然、有表情地吹奏，使它成为学习音乐的一种工具，帮助更好地掌握音准。激发学生对民乐的热爱之情，培养学生审美能力，提高学生音乐素养，培养深厚的艺术文化素养。
民乐	远志楼102	一至五年级	通过民乐社团活动，激起学生对民乐的兴趣爱好，丰富学生课外生活，陶冶他们的情操，促进他们身心健康发展，拓宽他们的音乐视野，丰富他们的音乐知识，提高他们的音乐技能技巧。对具有民乐特长的学生进行重点培养，充分发挥他们的才能，展示他们的才艺。
舞蹈	远志楼102	一至五年级	使学生掌握舞蹈基本要领，知道基本的动作并能准确展现，发展学生的柔韧性和协调性，树立学生大胆自信的个性，塑造学生灵活的形体，提高学生对音乐的节奏感及音乐的感受力，要求学生有初步的舞台表现能力，增强他们的表现欲。
啦啦操	艺体厅	一至六年级	通过啦啦操课程的教学，帮助学生较全面地掌握啦啦操的基本理论、基本技能，掌握动作编排的基本原则，培养学生的表演能力和编排能力；帮助学生科学地进行体育锻炼，提高自己的运动能力，并掌握常见的运动创伤的处置方法。
合唱	音乐室五楼	二至六年级	使学生初步建立合唱概念，提高学生的音乐修养和自身素质，通过不同的发声练习来规范声音，进一步提高学生的演唱水平和演唱技巧。对学生的气息把握进行训练，规范发声方法。
二胡	音乐室五楼	三至六年级	使学生掌握二胡演奏基础理论知识和基本技能，使学生具备舞台演奏技能和表现能力。培养学生良好的乐感，自学能力，分析作品、处理作品的能力。

（6）美术特色课程。

美术特色课程基于美术学科学习，以培养小学生综合美术素养为宗旨，让学生了解美术语言及其表达方式和方法，学习美术欣赏和评述的方法，提高学生审美能力，丰富学生视觉、触觉和审美经验，使学生获得对美术学习的持久兴趣，形成基本的美术素养。除基础课程之外，美术特色课程设置具体见表1-7。

表1-7　天台小学美术特色课程设置一览表

校园社团	课程地点	实施年级	课程目标
神奇画笔	致远楼101	一至三年级	神奇画笔社团，是主要围绕水彩笔、水墨、马克笔等绘画工具为主的绘画社团，在培养学生基本功的基础上，让其体验创作的乐趣和热情。
小小画家	致远楼101	一至三年级	绘画主题社团，每期开展不同主题的儿童画创作。让学生学会用画笔表现所思所想，体验不同画材的质感，提高学生的想象能力。
手工与绘画	致远楼101	四至六年级	通过动手和绘画多种形式拓展学生的艺术表达力，帮助学生建立自信心，帮助学生发展自身天赋。
手工与绘画	致远楼101	四至六年级	通过体验多种材料与多种艺术表达形式的艺术探索，培养学生的探究精神、创新意识，为祖国培养创造型人才打下基础。

（7）体育特色课程。

体育特色课程是基于体育学科的基础知识，遵循学生年龄特点，按梯度设计的体育学习课程，积极倡导学生在参与、实践、提高、创新中亲身经历，以培养学生的锻炼习惯，从而提升其体育学科素养。除基础课程之外，体育特色课程设置具体见表1-8。

表1-8　天台小学体育特色课程设置一览表

校级社团	课程地点	实施年级	课程目标
低段田径	操场	二至四年级	发展学生的速度、耐力、灵敏等运动素质和有氧耐力、肌肉力量、肌肉耐力等健康素质。使学生掌握跑、跳跃、投掷的基本技术和技能，安全地进行田径锻炼，以积极进取的态度和行为参与田径锻炼，增强学生自尊和自信，培养其不怕挫折的精神和坚强的意志品质。

校级社团	课程地点	实施年级	课程目标
高段田径	操场	四至六年级	增强队员体质，提高队员体能，培养锻炼意识，使其形成自觉锻炼习惯。巩固提高队员的运动强项，不断改善其运动能力。形成社团梯队，不断补充新鲜血液，以形成社团活动的良性循环，使社团蓬勃发展。
乒乓球	远志楼204	一至六年级	1. 学习乒乓球的正确握拍方法和准备姿势，为后边学习乒乓球基本技术打下基础。 2. 70%—80%的学生能够用正确的握拍方法将球托在球拍上，并停留一定的时间，通过让学生学习体验球拍与球接触时的肌肉感觉，提高其控制球的能力，通过游戏练习，发展学生腿部力量、移动速度、体能和协调能力。 3. 通过本兴趣班的学习，培养学生冷静沉着、机智果断的心理素质，培养其团结协作、积极进取的优良品质，以及听从指挥的思想作风。
羽毛球	艺体厅	一至六年级	1. 培养学生树立"健康第一"的思想，使学生积极参加体育锻炼，在体育学习中培养运动兴趣，养成运动习惯。 2. 帮助学生掌握羽毛球基本技术、战术、竞赛规则与裁判规则，学会必要的健身手段与方法，养成自觉健身的习惯，为终身体育打下坚实的基础。 3. 提高学生的组织能力、欣赏水平等综合素质，培养其勇于竞争、顽强拼搏的意志品质，促进其身心协同发展，推进素质教育实施。
篮球	篮球场	一至六年级	1. 切实推行"全民健身计划"，提高小学生身体素质。 2. 营造学生顽强拼搏、团结互助、共同提高的良好风气，让更多的学生学有所长，获得自信心。 3. 以技术训练为重点，同时抓战术配合意识并将其运用到实战当中去，树立新的队伍形象，争取获得更大的进步。 4. 有目的、有针对性地提高学生的技术、战术能力。 5. 全队战术训练的过程中，重视个人战术训练以及全队的默契配合。

续 表

校级社团	课程地点	实施年级	课程目标
足球	足球场	三至五年级	1. 培养巩固学生对足球运动的兴趣和爱好，通过训练发展学生的身体素质，增强其体能，促进身体的正常生长发育。 2. 掌握足球的基本技术，了解足球比赛的规则，并能够自己组织比赛。 3. 让学生在学习中充分展现自我，增强学生自信心和意志品质，使其得到成功的喜悦。培养学生集体主义观念和良好的团结协作精神。 4. 通过对学生的足球技术技能水平训练，为学校足球梯队建设打好基础。
啦啦操	艺体厅	一至六年级	掌握啦啦操基本知识、动作特点及动作技能。掌握组合动作，在完成动作的基础上创编队形，增强学生协调性，培养学生良好的身体姿态。激发学生学习啦啦操的兴趣，使其敢于充分展示自己，培养学生自主学习能力，培养其自信和团结协作的精神。
象棋	食堂四楼	三至五年级	开发学生智力，全面提高学生文化素质。使学生思维受到反复、有效的锻炼，从而增强思维的灵活性、敏捷性，使学生智力水平得到提高。
跳绳	操场	一至六年级	1. 发展学生腿部力量及动作的灵敏性、协调性、准确性，提高平衡能力。 2. 通过活动锻炼学生的跳跃能力，让他们的身体得到锻炼。

（8）科信特色课程。

科信特色课程是基于科学学科的基础知识，以培养小学生科学素养为宗旨的。《义务教育小学科学课程标准》将科学学科教学内容划分为物质科学、生命科学、工程与技术、地球与宇宙四个部分，并根据小学科学学科核心素养、小学生的发展特点以及学校学生的特质及国家课程开设现状，确定了拓展课程的框架，积极倡导学生在观察、实验、制作、创新中亲身经历，培养好奇心和探究欲。除基础课程之外，科信特色课程设置具体见表1–9。

表1-9 天台小学科信特色课程设置一览表

校园社团	课程地点	实施年级	课程目标
科技制作	科学实验室	三至五年级	联系现实生活中各式各样的具体模型，使学生们发挥创造性，在无限创意过程中体验乐趣，提高学生动手动脑能力，促进综合素质和创新能力的发展，激发学生创新意识。
无人机	宿舍楼四楼	三至六年级	1.活跃校内科技气氛。以在全校营造浓厚的学术氛围为目的，以无人机社团活动为基础，建立一套层级清晰、结构分明且行之有效的学生科技创新工作的组织机制，领导校内学生的科技创新活动。 2.培养学生的科技创新意识，提高学生动手能力。引导学生将所学知识应用于实践，为学生成长为具有创新精神的人才创造条件。 3.在校内广泛开展科普宣传活动。向全校学生宣传航天航空知识，使全校逐渐形成爱科学、用科学的氛围。
信息创客	三楼计算机室	四至六年级	1.发展学生计算思维。通过趣味程序的创作领会算法的价值，培养学生有意识地完善、优化程序的习惯。 2.提升学生对数字美的感受力。板绘中流畅的线条、神奇的图片上色效果既丰富学生的想象力又能激发学生的创作欲。
STEAM	科学实验室	五年级	以STEAM教育理论为指导，全面贯彻落实《中小学综合实践活动课程指导纲要》要求，以实践为核心，以活动为载体，组织各种研究性活动，让学生自主参与实践，激发学生的学习兴趣，提高学生观察、分析和解决实际问题的能力。重点培养学生的科学、工程、技术与数学四种素养，把全面提高学生的综合素质放在工作首位。

2. 拓展性课程评价要求

拓展性课程主要从教师活动组织效果和学生学习效果两个方面进行评价。

（1）从内容和方法两个维度对教师活动组织效果进行评价。

评价内容包括发展学生兴趣特长的合理性，活动内容的科学性、时代性和综合性，活动组织的有效性，社团活动目标的达成度等方面。

评价方法从学校、教师、学生三方面进行。学校成立评价小组，通过听课、听取学生的反馈意见、检查课程开发与建设的情况、查看教学目标的达成程度和教学安排情况等对教师做出一定的评价。教师在课程开发与建设以及教学活动的过程中，进行自我评价。学生评价是通过问卷调查、座谈、个别调查等方法了解学生对教师的评价，并以此了解学生的需求，使课程更加适合学生发展的需要。

（2）从内容、目标和形式三个维度对学生学习效果进行评价。

评价内容主要为学生出勤情况、学习小组的记录、学生参与热情、团队合作意识、能力锻炼、学习体会以及测试等。

评价目标主要有五点：在知识或技能的某些方面获得进一步的拓展或提高，在兴趣爱好和潜能上得到进一步开发和发展，在综合实践能力方面得到提高，合作能力及发现问题、分析问题和解决问题的能力等方面得到增强，勇于探索、积极创新、自觉钻研、进取向上的精神得到培养。

评价形式主要为师评和生评。每个社团根据学习活动的特点设计包含师评和生评两个维度的评价量表，借助评价量表实施评价。

（三）创设"个性化课程"，助力全面发展

学校针对学生的个性差异和智力发展情况，因材施教，对不同层次的学生进行不同程度的思维能力和创造能力的培养，对不同层次的学生也会有不同的评价标准，会提出不同的目标要求。

水平一课程：教师根据学生情况，实施个性化互动教学，保证学生充分理解课堂教学内容，能查漏补缺。

组内帮扶：依托小组合作的开展，以小组为单位，组成"生生帮扶"小队，让能力强的学生带动需要帮扶的学生一起进步。

小小领袖：培养领袖基本素质与能力，加强对学生演讲能力的训练，提升学生的管理能力，锻炼团队合作、解决问题等多维能力。我们有组长培训、合作能力层级培养、小小主持人、大队干部培训班等课程。

个人秀场：学校组织"雅韵"学生才艺专场秀，充分给孩子们提供锻炼展示的平台，发掘学生潜力，激发学生兴趣爱好，促进学生个性化发展。

心理辅导：学校设有心理教师、心理咨询室，引进了觉知力心理课程。我们通过培训教师、年级试点的方式，培养了一批心理课程教师，心理课程的开设让学生身心受益。在课程体验中，学生学会了接纳自我情绪、放松心灵、与自己和解的方法。

以劳启智　砺身立心

——天台小学劳动教育的实践探索

　　劳动教育有着重要的意义和价值。劳动教育有利于学生形成正确的价值观念，对于引导学生践行社会主义核心价值观具有重要意义。当今演艺圈乱象丛生，天价片酬和阴阳合同频频出现、娱乐选秀节目批量造星、"流量小生"一夜暴富、网络红人靠打赏日进斗金，这些社会不良风气如同雾霾一般无孔不入，侵蚀学生的心灵，扭曲其价值观念，助长其好逸恶劳、拜金主义、享乐主义和极端个人主义的思想。我们应当通过劳动教育，让学生热爱劳动、尊重劳动，尊重每一位劳动者，使他们真正认识到劳动是财富的源泉，幸福是奋斗出来的；让他们相信劳动是推动人类社会进步的根本力量，社会发展中的各种难题可以通过创造性劳动来破解；让他们自觉将日常生活与理想追求紧密结合，在劳动创造中实现个人目标和远大理想，树立依靠辛勤劳动、诚实劳动获取财富、实现人生价值的正确思想观念。

　　劳动教育是"五育"并举重要的一环，与德育、智育、体育、美育紧密相连。劳动教育与德育密不可分，劳动教育能使学生树立正确的劳动观念和劳动态度，抵制贪图享受、好逸恶劳、奢侈浪费、不劳而获等不良习气的影响，在劳动中磨砺意志品质。劳动教育能促进智育，陶铸曾说过："劳动是一切知识的源泉。"劳动能直接为学生某些知识的学习、观念和情感的体悟提供真实情境。课堂上学习的书本知识、理论知识，都需要通过实践锻炼才能内化和升华。劳动与体育相辅相成，体育就是在劳动的过程中产生的，劳动不能代替体育锻炼，但是劳动可以促进人体消化吸收，使人体魄强健，为体育锻炼打好基础。劳动涵养美育，劳动创造了世界，也创造了美。劳动美是人们在生产劳动中形成和表现出的美，是社会美的基本内容。苏霍姆林斯基曾说："人在自己的劳动中创造自己并理解劳动的美。"劳动教育可以引导学生树立正确的价值观、审美观，使学生在各种所谓时尚风潮中坚持自己健康的审美和独立的认知。劳动教育虽然在五育中排行最末，却是构建德智体美劳全面培养的教育体系、形成更高水平的人才培养体系不可或缺的一环，在当前更是亟待补齐的短板。那么这块短板要怎么补？看看天台小学的实践探索吧。

为了贯彻落实习近平总书记针对劳动教育提出的"劳动最光荣、劳动最崇高、劳动最伟大、劳动最美丽"的"四最"劳动精神，天台小学结合"珍爱生命、高扬生命"的校训与现阶段劳动教育的基础，确立劳动教育目标，梳理劳动教育内容，整体规划学校劳动课程与实施途径，完善劳动教育保障，探索劳动教育评价体系。

一、健全机制，规范劳动教育开展

我校积极创建劳动教育组织实施机构，设立岗位并进行明确的职责分工，对目标任务、建设内容及人员配备进行整体规划，制定了劳动教育中长期规划。

二、创新课程，培养学生劳动技能

为激发学生的劳动热情，积极促进家长、学校、社会的联合育人，助力学生全面健康发展，天台小学打造了学校、家庭、社会三位一体的劳动教育课程体系，梳理并形成了劳动教育课程框架，根据课程的特点，采取不同的实施路径。

（一）劳动教育"功"在课程、"落"在课堂

（1）学校按照要求把劳动教育纳入课表，每班每周设有一节劳动课。

（2）课内劳动课程：通过一到六年级的劳动教育课程增强了学生的劳动意识，培养了其基本的劳动技能。

（3）"五自"劳动实践课程：依据《大中小学劳动教育指导纲要（试行）》，依托劳动教材，学校自主开发"五自"劳动课程，培养学生自理、自立、自律、自信、自强的品格。

学校通过组织丰富多彩的劳动教育实践活动，使学生树立正确的劳动观

念，激发学生的劳动热情，不断提高学生的劳动技能水平，全面提升了学生的综合素质。我们分低、中、高三个学段，以年级为单位，将"五自"劳动课程分学段实施。如二年级首选实践能力点为穿系鞋带，能充分发展学生手指协调能力，使学生养成独立完成事情的好习惯；三年级首选实践能力点为叠被子；四年级首选实践能力点为包饺子，培养学生小组合作、动手操作的能力。除此以外，我们还有"小小志愿者""小小美食家"等活动课程。

（4）审美创造课程。以课程建设为抓手，举办"天天向上"课程系列之审美创造课程展，为全校师生提供了一个展示、锻炼的平台，培养学生审美创造、劳动实践的能力。课程的内容包括经典传承、黏土创意、废物新用、纸伞彩绘。在动手的过程中，孩子们通过缤纷的色彩、多样的道具、奇妙的构思，勾勒出对艺术的认知和创想。

（5）植物栽培课程。由学校后勤部将学校绿化带划分板块，让学生认领养护任务，定期除草浇水、实践栽种，使学生了解不同树木的种植养护知识。

（二）"三个一"让劳动教育"融"在家庭

1. 一次会议，达成共识，建立家庭生活课程

2021年，学校召开家长委员会会议，学校与家长代表共商如何推动家庭劳动教育。30多位家长委员会成员分成6个研究小组参与商讨，各抒己见，规划设计家庭劳动课程内容，该课程分为共性课程和个性课程。

2. 一个活动，共同行动，坚持美丽早晨活动

从2016年开始，"美丽早晨"活动在我校形成惯例，一直坚持开展，学校倡导学生每天早晨自主整理床铺和房间、收拾书包、参与早餐制作，与家长一起共享美丽早晨、营养早餐。活动从设计到实施全部由学校家长委员会和年级组共同组织，学校德育部支持配合，这样能最大限度发挥家长、学生的主观能动性。

3. 一种课堂，参与其中，向工匠型家长学习

学校还与家长共同建立了以"和孩子一起成长"为主题的"家长课堂"，将劳动教育作为重点开展讲座，或手把手地教孩子开展劳动，或与孩子们分享自己的劳动职业技能，让学生了解到科研领域劳动者的贡献，了解到科研劳动者是怎样推动科学技术进步从而为人类谋福利的，促使学生对各行各业的劳动者充满敬意。

一次会议、一个活动、一种课堂架起了家庭和学校之间德、智、体、美、劳五育的彩虹桥。

（三）用好身边资源，让劳动教育"育"在社会

劳动教育离不开社会的支持。我们学校是一所典型的社区学校，学校充分利用社区、社会资源开展劳动教育，让少先队员定期到社区参加公益劳动、职业体验活动、担任志愿者等活动。同时，利用校外劳动基地，开展各种劳动体验活动，如野炊、烘焙、农耕观摩体验活动等。

三、创造条件，保障劳动教育实施

（1）劳动教育经费足额保障：设施设备配备到位，工具、耗材等能及时补充，满足劳动教育需求。

（2）人员保障：我校劳动教育师资数量充足、队伍稳定、专兼结合。

（3）场地设施保障：校内基础设施建设满足劳动教育课程需求，有劳动创造屋、劳动探索坊、美食制作站；校外依托青少年活动中心建立实践基地。

（4）安全保障：在必要处设置防护栏、防护网，通过行政值班、巡查等方式及时发现、排除劳动教育实践活动中的各类安全隐患。

四、文化熏陶，培育学生劳动情怀

我校从制度文化、物质文化、行为文化三个维度对学生进行文化熏陶，以培养学生的劳动情怀。

（1）制度文化方面：我校规范了学校内的劳动卫生制度，并设立一定的奖惩制度。每一个班级内的卫生清理以及学校公共区域内的卫生清理，都有具体的分工。德育部展开检查，从而督促师生们营造干净、整洁的校园环境。

（2）物质文化方面：我们利用校园文化宣传栏、黑板报、学校公众号、校刊、班刊等渠道进行劳动教育宣传活动报道，营造良好的劳动文化氛围。

（3）行为文化方面：利用国旗下展示的机会，歌颂劳模；借助传统节日文化，落实劳动实践课程；开展劳动周系列活动，比如劳动教育主题班会、学农实践课程捉泥鳅、"我是小小劳动者"记录劳动感受的活动、"最美模范家长""最美模范教师"评选活动等。

五、以评促建，强化学生劳动意识

为了进一步推进素质教育，大力加强学生的劳动意识，学校建立了家庭、学校、社区三位一体的学生过程性评价模式，以及低、中、高年级段的阶段性评价，培养学生良好的劳动习惯和劳动能力。劳动素养综合评价以过程性评价和结果性评价相结合的方式，通过收集填写各项劳动清单、综合评价表，建立学生个人劳动档案。期末评选"星级少年""劳动之星"以个人劳动档案上的星级评价为依据。

总而言之，我校通过多渠道，开展多样化的实践活动，结合学科教学内容渗透劳动教育，营造了良好的劳动文化氛围，努力让每一个学生都能意识到劳动的重要价值，并让他们热爱劳动。

激扬生命成长的五星评价

——天台小学学生综合素质评价的实践与思考

学生评价要以"学生为本"、"五育"并举理念为指导，以发展核心素养为导向，对学生进行多元发展性评价，激励、引导他们正确认识自我，主动发展自我，为他们的终身发展、全面发展、个性化发展奠定坚实基础。天台小学依托学习小组，进行了表现性评价的初步探索和实践，这对学生的成长有着很好的导向和激励作用。

一、评价维度

天台小学采用五星评比的方法，与《义务教育质量评价指南》中学生发展质量评价的五个维度正好吻合。礼仪之星对应品德发展，学习之星对应学业发展，健康之星对应身心发展，艺术之星对应审美素养，劳动之星对应劳动与实践。《义务教育质量评价指南》提出的五个维度、关键指标和考查要点给了"培养什么样的人"一个具体的答案，我们非常有必要再一次好好学习消化这一重要文件。

二、评价原则

（1）通过评价让每一个班级都洋溢着生命成长的气息。
（2）通过评价让每一个孩子都持续热爱学习。

三、评价方法

评价要对学生成长起到引导、诊断、改进、激励的作用。传统的评价方式有几个痛点：一是大部分由班主任一个人对学生进行评价，班主任精力不够，导致评价往往流于平常的印象，缺乏具体情境。二是评价一般是教师对学生的单维度的评价，没有让学生进行自我评价、自我教育和自我改进。三是评价往往是学期末进行的一次性的结论性评价，没有在学生成长过程中进行及时评价，诊断功能和激励功能不足，难以促进学生不断自我完善。

天台小学的学生评价方法与传统的方法有明显的不同，传统的学生评价方法是首先对整个班级进行班级考核评价，然后再具体对每一个学生进行个人评价；我们在班级评价和个人评价中间加入了一个小组评价，进行四人学习小组捆绑评价考核。

（一）评价方法的具体操作

1. 按不同的年龄段制定不同的评价标准

比如"健康之星"就是综合运用体质健康检测数据，按照不同年龄段的要求进行考核。"学习之星"是对不同年龄段的学生的学习习惯、学习方法、合作能力提出不同的要求，再对应评价。"劳动之星"的要求更具体，在生活自理方面，对低年级段的要求是：①自助用餐，自己洗漱、洗澡、穿脱衣服、系红领巾、系鞋带，正确洗手；②整理自己的学习用品及书包，会整理课桌；③做一些力所能及的家务或班务，比如摘洗蔬菜、搓洗抹布、扫地、倒垃圾等。"劳动之星"对中年级段的要求是：①修剪指甲、洗自己的简单衣服，比如内裤、袜子等，女生能自己扎头发，会简单包扎；②整理自己的房间，比如打扫、整理书桌书柜、叠被子；③做一些力所能及的家务或班务，比如晾晒衣服、折叠衣服、洗碗筷，会安全使用炉灶做凉菜、下面条、煮饺子或馄饨、热包子馒头、学炒至少一个热菜，会拖地等。对高年级段的要求：①洗衣服，使用针线钉纽扣；②装扮、美化自己房间；③会做一些力所能及的家务或班务，比如安全使用炉灶煮饭、炒蛋炒饭、包饺子或馄饨、做汤、做热菜，干净打扫教室卫生等。"劳动之星"可以超越要求，但不能低于要求。

2. 扎实进行过程性评价

小组合作捆绑考核评价分为四个阶段：

一是全年级的各学科任课老师在每节课要根据本年级的捆绑考核细则，对学生的课堂、课后学习等方面的表现进行评分，填在黑板上的评分表里。每天下午有20分钟的德育小课堂，班主任就当天的每个小组评分以及个人评分情况进行小结，激励表现好的孩子，对分数落后的孩子进行诊断和帮助，引领整个班级向良好方向发展。

二是每周进行小组自评。这是对每个学生一周来的各方面表现进行语言描述性的评价，比如说这一周谁在哪些方面表现特别突出，加几分，谁对组内的贡献很大，表现在哪些方面，谁在完成某个任务时没有按质按量完成等。组员们会用充满感情的语言对组内成员进行中肯的评价，并且给每个成员一个具体的分数。这样的同伴评价反馈的信息往往更细致、更真实，更有情境性，也更有利于激励孩子。这种评价方法具有全面性、生成性、成长性，深受学生的重视和欢迎。

三是每月学校会表彰一批优秀小组，每个班上评选出本月小组评分靠前的三个组报送到德育部，学校会给这些组颁发优秀小组的荣誉奖状，并安排优秀代表在国旗下进行小组风采展示。同时还有优秀班级的评奖以及班级文化展等相关的活动。

四是每个学期依据每月的评分，给每个学生一个学期综合评价，评出五个类别的"优秀之星""四星少年""五星少年"，还有"小小领袖"等荣誉称号。将过程性评价与阶段性评价相结合，定量评价与定性评价相结合。

（二）评价方法的优势

一是这种评价方法紧密联系每天的学习生活，能给学生非常及时的反馈和评价，有利于形成生机盎然的学习氛围，营造生动活泼的校园氛围，给学生提供生生不息的发展动力。

二是这种评价方法的评价主体和评价角度丰富多样，既有教师评价，也有学生之间的互评，还有学生的自评。这种方法尊重孩子发展的主体性，能充分唤起学生的主动性，充分利用同伴之间的影响力，使评价的结果更加具有客观性、现场性、个性化，评价不再是冷冰冰的一个等级或者一个分数，而是充满同伴情感、充满互动趣味的生命之间相互辉映、相互激励、相互影响的深层次能量交换。

三是这种评价是在生活学习的具体场景中即时进行，对学生具体问题的诊断会更准确，能根据具体问题提出非常有针对性的改进措施，对学生做得好的方面的表扬激励也非常有情境性。评价是在全班同学共同所在的场域里进行的，对全体同学的导向性更有效。此评价方法能真正实现评价的引导、诊断、改进、激励的功能。

（三）评价方法推广中的困惑

1. 过程资料难以固化和系统留存

此评价方法以学生发展为核心要务，评价与每天的学习生活紧密相连、如影随形。它的效果主要体现在被评价的学生的成长和变化上，难以把评价的过程、结果以具体资料的形式固化或者系列呈现。如果都要以具体的资料或电子成长记录册的方式留存下来，工作量会非常大。

2. 对教师队伍要求较高

首先，要在课堂学习上进行全员评价，课堂就应该变成活动式、合作式、反思式的课堂，让每一个孩子能够在具体的学习活动中得到表现的机会，亲历学习的过程，并且把自己的学习成果表现出来，这样老师才能给每个孩子以合适的评价。这样的课堂教学改革是对学生非常有利的，但要做到却是艰难的。其次，进行小组合作学习和评价考核，这在课堂活动设计、合作学习方法培训、小组长培养、各种学习活动的实施跟进等方面都对老师有较高的技能要求，要求老师对学生做到心中有图谱、手中有策略、眼中有温情。

3. 对学校课程的丰富性要求较高

对学生发展质量在五个维度进行具体的评价，要以课程为载体，以学生在这些课程学习中的表现作为评价依据，不能把评价内容所涉及的课程外挂，不能让家长组织学生进行过多的校外课程。绝大部分课程内容应该在学校设置的课程中得以实现。其实评价的目的是促进培养目标的落实，评价的维度就是对应了培养目标的相关维度，学校应该根据评价维度进一步完善学校的课程设置和实施策略，以实现培养目标。目前我们学校正在构建和完善课程设置。最核心的课程当然是国家课程，在这个基础上，我们进行的小专题研究、拓展性阅读、社团活动、德育活动、学科节活动等都属于拓展课程。我们还为一部分学生开设了个性化的课程，比如说为有艺术特长的孩子专门开设了雅韵才艺秀课程。

第二章
教师发展：引领生命

教师是学校改革发展宝贵的力量，学校应尊重、信任、团结和赏识每一位教师。我们致力于建设科学机制，激发教师自我发展动力，形成科学的梯队培训体系，培养师德高尚、热爱学习、精于教学、善于写作、长于合作的学习型教师团队。

树立新时代"四有"教师形象

教育兴则国家兴，教育强则国家强，教育事业是国家百年发展大计。时至今日，特别是在中国共产党领导中国发展的百年历程中，师德成为师者的核心要义。2014年9月9日，习近平同北京师范大学师生代表座谈时，对做好老师提出四点要求：有理想信念、有道德情操、有扎实知识、有仁爱之心。

一、职业环境的要求

1. 学生期待：温暖有爱、支持有心、好玩有趣

正如一棵树摇动另一棵树，一朵云推动另一朵云，教育就是一个灵魂唤醒另一个灵魂。教育就是用童心理解学生，用爱心温暖学生，用耐心期待学生，用公心赢得学生。学生身上发生的许多问题，都是他们成长过程中必然会经历的。学生的对错许多时候是由成人进行评判、分析、猜测的，这些判断往往会影响学生处理问题的能力。从某种意义上说，教育其实就是对学生的宽容与尊重。我们要学会接纳孩子的不良情绪，这是对生命的尊重与理解。学会欣赏与等待，用爱心与耐心去等待孩子的成长，我们用爱去期待，才会收获温暖。

2. 家长支持：温暖有爱、引导有方、结果有效

好的教育是家长支持老师，老师引导孩子。要获得家长的支持，我们需要做一个有"心"的老师。开好每一次家长会，通过讲解我们的规划和学科要求，来展现自己的专业能力，让家长放心。在每一次和家长的交谈中，展现平时细致的观察、对孩子中肯的评价，让家长感受到我们为孩子着想的真心。当家长遇到教育问题，我们应在给予合理建议的同时，还要在能力范围内帮助他们一起解决问题，让家长看到孩子的变化。

3. 同事喜欢：合作有力、沟通有度、生活有料

一人行速，众人行远。在一个人的成长过程中，集体的作用是巨大的，教师要提高专业素养，除了外出学习，更多的是靠校本教研。校本教研主要有三种形式，分别为自我反思、同伴互助、专家引领，同伴互助是最常用的形式。在集体中要学会交流、资源共享、通力合作，通过集体的力量可以有效地解决很多问题。教师应把志同道合的同伴发展成自己的朋友，让生活更多姿多彩。

4. 社会需要：遵纪守法、为人师表、稳定发展

教师是社会公共人物，为人师表是教师最本质的形象特征。"表"就是表率，在社会生活的方方面面做表率，如仪容仪表得体，言谈举止文雅，带头遵纪守法，力行公平正义，积极践行公德良俗，坚守职业操守，无有偿补课行为，无强制、诱导学生订购教辅资料行为。表率要时时刻刻落实在学校、家里、公共场所等地。

这个时代所需要的绝不仅仅是教师"职业"，也不仅仅是教师"专业"，而是需要教师能够把自己的职业、专业当成一项终身的"事业"。

当教师作为一种职业的时候，仅仅需要学生的配合；当教师作为一种专业的时候，就要有专业的标准；当教师作为一项事业的时候，就需要有明确的目标。古人讲："士志于道，明道济世。"做教师的人心中要有"理想社会"，"士志于道"中的"道"就是真理，"明道济世"就是用真理来解决社会的问题、来完成自己的人生使命。我们要在以上需求中找到共性，要发掘自己的优势，形成自己的风格，扬长避短。

二、教师形象的误区

1. 随意型

时间随意、穿搭随意、言行随意、朋友圈随意——要从外而内打造符合社会期待的职业人设。

2. 固执型

以自我为中心，不懂变通——要从传统权威形象转变为平等中的首席。

3. 无力型

拈轻怕重、充满负能量、解决不了问题——要从不被信任、不可依靠的人转变成积极解决问题的主人。

三、树立良好形象的路径

1. 树立坚定的理想信念

我们应该树立为党育人、为国育才的理想信念，胸怀天下，有大格局。坚定的理想信念的外在表现为言行举止得体、生活态度积极、朋友圈散发正能量。我们要充满热情，发掘幸福因子。在精神面貌上我们要有乐观主义精神，可以每天写写成功日记，记录自己每天的亮点工作。

2. 修炼高尚的道德情操

教师应该是道德高尚的、情趣高雅的人。道德情操具体包括教师对学生的态度，教师的性格、气质、兴趣等。教师的人格形象是学生亲近或疏远教师的首要因素。理想教师的人格包括善于理解学生、富有耐心、性格开朗、情绪乐观、意志力强、有幽默感等，有人格魅力的教师最能赢得学生的尊重。

3. 积累扎实的学识功底

文化资源的丰富、大众传媒的迅猛发展，使教师的传统形象受到了时代的严峻挑战，所以教师要终身学习，否则在知识的广度和深度上、知识的灵活运用上可能满足不了学生的求知欲望。教师必须改变"教书匠"的刻板形象，自觉、主动坚持学习，提高自身业务能力。

4. 永葆宽厚的仁爱之心

能给人带来幸福的重要因素是有良好的人际关系。爱出者爱返，福往者福来。赠人玫瑰，手有余香。我们要树立合作共赢思维。有价值就有意义，有意义就有幸福感，有什么样的形象就有什么样的价值。让我们努力成为"四有"好教师！

阅读的力量

——在青年教师读书会上交流我的读书故事

今天这个读书分享会，我非常开心能够参加，也欣然与大家分享我的读书故事，这会是一次快乐的生活回忆，将会增进大家对我的了解，我也将收获更多的友情，真好！

我的函授中文教授刘德辉先生曾经对我说过："你能和一般的教师有所不同，很大的原因是因为你爱读书。"

其实小时候我不见得有多爱读书，因为那时候大家都没有书可读。我印象最深的是一本《巧算》，相当于我们现在的奥数类书籍，不过非常有趣，还有就是半本金庸的武侠小说《倚天屠龙记》。

爱读书成为我的一个特点，我想是源于读师范期间。那时候，我一个农村的孩子进了城，只擅长文化学习，而学校更注重音、体、美等特长培养，我在学校的学习中找不到成就感。再加上母亲刚去世，我在伤心状态中无法自拔，身边的同学们还都不懂这种痛苦，我只有在书籍中寻找慰藉和平静。那时候我是阅览室常客，到图书室借书也比较勤快。当时没有人指点，遇到什么就读什么，《简爱》是当时印象最深的一本书。主人公简朴的生活和倔强的性格让我产生共鸣，而且她有一个美好的爱情故事，让花季少女的我向往不已。我也读了很多文学方面的书，但收获不多，青春期的迷茫一直伴随着我。

刚参加工作的前四年，我任职于一所只有四个年级和一个学前班的农科所子弟学校，就是现在白鹤学校的前身。当时学校只有8位教师，我居然在学校找到一本苏霍姆林斯基的《给教师的100条建议》。现在回想起来，非常庆幸当时学校居然有这么一本经典教育著作。白纸是最好画画的，他的教育思想在那时候就在我的心里扎了根。现在记忆最深的是这么几个观点：阅读是帮助后进学生缩短与其他同学差距的最佳办法；儿童的智慧就在他们的手指尖上；让学生走进大自然，用他们的眼睛去观察昆虫，用他们的鼻子去闻闻花的清香……遇到这本书，是我教育生涯幸运的开始。

然后我读了函授中文，印象最深的是逻辑学。对于文科生而言，逻辑学是比较难的，我却考了100分，所以我觉得我的智能结构是理科占优势的。古汉语也比较难，尤其是其中的一些句式、一些词法，但我也学得津津有味，深受教授赏识。我对这些科目虽然没有进一步深造，但还是为我的语言表达能力打下了一点基础。

之后的日子里我全部身心都扑在工作上。那时候初来乍到，同校老师本来就少，年龄差距也很大，每天晚上我就在办公室写教案。我常常想，如果我那时候遇到一个像刘利平老师或彭新花老师这样的导师，拥有那么有吸收力的心灵，那我一定不会那么孤独和迷茫。

那段时间对我影响比较大的书有几本。我要特别推荐的是《营销人的自我营销》，我觉得这本书对我影响巨大。书中的细节我已经不太记得了，但它的核心内容是如何通过各种机会展现自己，让别人了解你，给自己寻求机会。我们那个年代的人，大多数是很内敛的，我其实也属于这样的人。书籍对年轻心灵的影响是巨大的，也有可能我属于主动型人格，求知欲望很强烈，也算是有培养前途的年轻人，又没有家庭的依靠和牵绊，工作是我拓宽活动范围唯一的渠道。所以那时我接受了书中的观点，采用了书中的一些做法，比如勇敢地在公众场合上台发表意见，比如永远都坐第一排，比如主动向优秀的人学习、主动报名参加各类比赛……我就是在一次一次的学习、展示中，不断地磨炼自己、提升自己。虽然承受了很多压力，在没人指导、没有学习渠道的情况下也不可避免地遭遇一些失败，但是失败只是表面结果，我扎扎实实经历了过程，各方面能力得到了锻炼，也因此看到了自己的不足而更努力地学习。同时我展现了自己的勇气与热情，让同事领导们看到一个积极上进、热情肯干、愿意投身大局洪流的我，从而使我获得好评和各种机会，因此，后来我作为骨干老师调入了当时最好的学校泰山学校。

今天我重点给大家分享这一段特别的经历，是因为现在的形势更加需要大家多展现自我，为自己争取机会。现在内卷形势越来越严重，给大家讲一个事例，早两年部属师范类定向招生带编制、免学费，每月还有1500元生活津贴，但在社会上还不被看好。2020年我一个朋友的女儿以611分进了西南大学这个计划，2021年它的分数涨到了640多分。换算全省位次，大约相当于2020年的650多分，涨了约40分。这是为什么？在疫情和"双减"形势下，体制内工作岗位、教师编制成了香饽饽，更多的优秀人才会想要进入教师这个队伍。大家看看今年我们招的年轻人有多优秀就知道了。再讲一个事例，现在很多有教师资格证后来进入公务员编制的人才，其中也有一些想走优秀人才引进的渠道，回到教师队伍。因为教师的退休工资比公务员高，8级就相当于正科级别。还有，根据人口情况预测，再过几年小学入学人数将大幅减少，需要的老师数量也会减少。综上所述，教师队伍的内卷将会越来越严重，这是不争的事实。要守住岗位、扛住内卷，一是我们要成为"四有"老师，二是我们的优秀得让别人看见。这两点其实也是相辅相成的，你被看见自然就会得到更多的成长机会。我们那个年代，满足于做好自己的事情、两耳不听窗外事，也不会有人动你的蛋糕，因为那是一个蛋糕越来越大的年代，而现在的形势却要艰难得多。

第二本印象深刻的书是《人性的优点与弱点》。我接受的更多是关于人性的优点的内容，因为从小父母就教导我要与人为善。所以我对孩子的行为表现会更多地从正面解读。关于人性的弱点的阐述让我在有些难过的时候能得到释怀，不会把所有原因归结于自己，而是会安慰自己：人性本来就是这样。最近我读李希贵的《面向个体的教育》，他就提到这本书是最好的教育学著作。我也认同，我们的服务对象是人，只有了解了人性，我们才能坦然面对孩子和家长的各种表现。

《教研主任修炼之路》是我在26岁当上教研主任之后，对我帮助最大的一本专业书籍。书中提出"专业引领、同伴互助、自我反思"的教师成长三驾马车，我现在仍然是这样践行的。书里还有很多培训教师的好做法，如制定成长规划、写好计划总结等。

在学校合并之后，我无法接受落差，为追寻更合适的平台，我去了北师大株洲附校小学部，在胡校长身上学到了很多管理经验。既要读有字之书也要读无字之书。不爱读书的人更要多交爱读书又工作认真的朋友，身边优秀的人就是一本本神奇的好书。种种原因，两年后我又回到天台小学，带了一个寄宿班。心理落差还是有的，当时让我在谷底获得力量、给我勇气的是余华的《活着》。那是一个特别悲伤的故事。富贵一生先后遭遇破产，被抓壮丁去打仗，父母黯然离世，女儿变哑，儿子抽血出事早夭，妻子遭受打击去世，女儿难产去世，女婿工伤离世，孙子被豆子撑死……最后只剩下一头老牛陪伴着他，他在夕阳下牵着老牛回家。我建议在大家遇到重大挫折的时候看看这本书，你一定会庆幸这些事情没有发生在自己身上，感叹我们的生活其实是相对幸福的。

之后我去农村学校当党支部书记兼工会主席，创办了一所幼儿园，于2010年10月回到天台小学当校长。那个时期对我影响最大的书是《领导关系协调艺术》，它充分补充了我对外协调的不足，《如何调动和激励教师》让我学到要看见教师的付出，要经常找教师商量工作对策，要给教师能力范围内最大的支持，要给教师鼓励和赞赏，要让教师得到公平公正的评价……我据此提出"公正廉洁，业务为先"的管理理念，建构了一系列有效的制度。我还读了《中国式管理》《卓有成效的管理》《松下幸之助管理全集》，把中西方管理思想进行对比糅合，找到了比较好的管理模式。在业务能力方面，我阅读了一系列关于高效课堂、新基础教育的书籍，我们全校教师探索教学模式，探索出了正确的课改和德育的路子。那段时间，教师们都被激发起来了，人人都在研究课堂，我自己也上课请教育局长听。教育、教学、教研的热情像大海涨潮一样，使学校声名鹊起，那真是一段激情燃烧的岁月。

我也不知道是什么原因，经常会感到孤独并为此而焦虑，所以我喜欢看一些讨论"人生为何物、怎样过好人生、人为什么而活"的书籍。《培根论人生》比较适合年轻人读，那格言式的论断是我们需要的指路明灯。《浮士德》是一本讨论"人为什么活着"的书，浮士德的一生，追求了爱情，追求了政治，追求了纯粹的美，追求了事业，但全都幻灭了，最后却被天使带入了天堂。你有幻灭之感时可以读读这本书。

后来我到了银海学校，要适应一个完全不同于天台小学的文化，工作的压力很大，再加上之前活力课堂时期的透支，又遇到新常态，我的身体出现了问题。稍微冷一点就头痛欲裂，耳垂鼻尖经常无故破皮出血，体检亮红灯。为了缓解管理工作带来的压力和对身体造成的损伤，我阅读了《幸福女人的六堂课》《心有欢喜过生活》《心经》《道德经》这些修身养性的书籍，听了很多瑜伽音乐，看了很多心理学著作。这些书籍让我放松下来，放慢了脚步。人是不能长期像上紧了的发条一样轮轴转的，需要沉淀、净化、慢下来。

李中莹的《身心简快疗法》《亲子关系全面技巧》对我帮助很大，让我学会自我觉察，学会从当前的困境中抽离出来，很积极也很有效，特别推荐给有身心压力感到难以承受的人读。辅以各方面的锻炼调理，我的身心终于恢复了过来。

有段时间，我想给学生奠基文化底蕴，专门研究了儿童文学，读了《阅读儿童文学》《相信童话》这类书籍，阅读了一系列绘本和儿童文学著作，自己也尝试上儿童文学课，对语文教学、文学作品有了更深的体悟。

在专业上，我专门研读了几本关于学习方法的书籍——《如何阅读一本书》《如何高效学习》《破解高效学习的密码》，学习了阅读和记笔记的方法、学习流程及方法，了解了影响学习的各方面因素等，这些对于提高我的学习能力很有帮助，我也对遵循学习过程规律展开教育教学有了更理性的思考。

2020年疫情期间，我系统地补充阅读了历史类、财经类、政治类书籍。如《李光耀论中国》《财务是个真实的谎言》《中国工业革命》《误判心理学》《格鲁夫给经理人的第一堂课》《斯坦福极简经济学》《穷查理宝典》等。这类书籍，让我跳出教育的小圈子，站在历史的角度、社会的角度，综合多方面知识，来理解我所处的世界、我的祖国、我投身的教育事业、我们这一代人、我们国家的政策以及各种社会现象。我还读了《历史的教训》，它让我理解了人性才是决定历史走向的核心要素；《今日简史》《量子力学》让我放弃刻板思维，以未来之眼判断今日局势和潮流……

医生说，人的身体经过两年时间所有细胞就会全都更换一遍。我想说，只要你多读一些好书，你的思想就能够不断升级，你思想的疆界将不断扩大，你就会变得越来越通透、广阔、自由、无所不达。如果你有一个想要超越的灵魂，你就读书吧！

教师写作，路在笔下

2018年暑假，我们一行十人参加湖南教育报刊社举办的"首届教师写作夏令营"，听了9场报告，内容涵盖文学语言艺术、散文创作、材料作文、教育新闻、教师"下水文"、教育评论、教育随笔、教师公文、论文写作与专著出版等，感觉内容开阔而深刻、高远又实用，含金量非常高，听得我们仿佛被注满了新鲜能量，马上就要写起来，随时可以飞起来。

对于教师，写作的意义非常重大。写作是一种自我抒发：你的青春暗恋，可以化成诗词；你的怀疑不满，可以写成评论；你的思考洞悉，可以变成论文；你的研究成就，可以写成专著。你的一切心理能量，都是写作的动力和源泉。同时，写作更是一种自我修炼，通过对工作对生活的反思和表达，把自己头脑中的财富呈现出来，这个过程也是自我提炼、去芜存菁的过程。写作还是一种很好的交朋结友、提高影响力的方式，教师的工作是比较个人化的，但你把自己的所见所闻、所思所想通过文字呈现出来，茫茫人海中，会有那么一群人和你产生共鸣。写着写着，你的知音越来越多，你就会感受到语言和思想的力量，会强烈感受到自己的存在。写的时间从哪里来？它来自你对精神愉悦的向往，对生活品质的追求。

听了专家们的讲座，我觉得对于老师，写作其实并非那么高不可攀。我们每天有很多东西可以写："下水文"、高考作文、总结、反思、随笔、散文、小说、教育专著……你能写什么、爱写什么，就写什么。每天与年轻生命打交道的我们，随时可以找到自己有话可说的题材。如果我们写小学教育题材的话，关注人群非常多。截至2022年，全国有1.07亿的小学在校学生，家长更不会少，还有600多万小学教师。只要你写得好，如此庞大的受众等着你，如果你能帮助这些孩子、教师和家长们，那你对社会的贡献将是巨大的。

　　实际上我们只剩下一个疑问了：你写的东西人家爱看吗？换句话说，大家喜欢看什么样的文章呢？

　　我一直觉得文字表达的趣味是吸引的开始。像婴儿纯亮的笑眼，像春天嫩叶的光泽。文字表达的趣味，总是最先征服眼睛，直抵心灵。作家们总是用毕生的才情寻找合适的句子。比如著名作家梅子涵教授的梅式语言，他的《春天》开篇是这样："我已经坐在了春天里，可是我必须在这春天里去看几个人，在他们的身边坐坐。我坐到了外婆的身边，这是在浩浩的长江边上。遍野的菜花金黄地散放着暖和，散发着乡下诗意，让我不需要有伤感……"诗化的语言，浪漫的意象，没有明说的哀伤反而更加细腻绵长，就这么一点一点弥漫上来，笼罩着你。

　　阎真教授和谢宗玉老师都特别强调最有性格表现力的语言才是艺术的语言。比如《骆驼祥子》里写刘四很厉害的这句话："刘四自幼就是个放屁崩坑的人。"又比如《红楼梦》里林黛玉说："也亏你倒听她的话。我平日和你说的，全当耳边风，怎么她说了你就依，比圣旨还快些。"通过对人物语言的生动描写使人物形象呼之欲出，让人忍俊不禁。

　　怎样找到自己的写作密码，用自己的表达方式来书写呢？办法只有一个，不断地写，不停地试，并且在文友的圈子中不断地交流学习，艺术地组合你的语词和句子，寻找一种表达的新鲜感，让你的思想披上闪亮的外衣。有一本《金字塔原理》，介绍了清晰地展现自己思路的有效方法。掌握金字塔原理，就能做到写作重点突出、逻辑清晰，能使表达呈现出逻辑性，能帮助你想清楚、说明白，知道说什么、怎么说。

　　内容具有价值是作品能产生影响的最大原因。你的选题是否是大家关注的热点话题、难点问题？你的研究是否找到了问题的关键并真能解决存在的问题？你的观点和情感是否能引起阅读者的共鸣？我十多年前看过的《教研工作是怎样炼成的》《管理实务》至今还依稀记得，因为它们能回答我当初的问题。教师经常面对孩子的问题、家长的问题，如果你能在实践中摸索出解决办法，你的专业威望绝对会令人佩服。这次活动中李阳春教授、刘良初博士、姜野军校长、辛晓明校长的论述非常吸引人，就是抓住了难点问题，经过深入研究，找到了令人信服的有效路径。

　　思想的穿透力是让人崇敬与震撼的高远星空。思想的深度、宽度和高度，来自阅读，来自对问题的琢磨、实践与反思，来自对自己的不断锤炼。如果你能站在俯视人性的高度，很好地引导心灵、慰藉情感、揭示真理，那你就很有可能成为大师。比如罗琳的《哈利波特》，很多地方都借人物之口，表达出对青少年的智慧引导："你最恐惧的是恐惧本身""你会成为什么人，也许有其他因素，但你自己愿意成为什么人才是决定性的"。这些思想在编排得很好的情节冲突和人物形象中看似不经意地出现，使青少年还不那么敏锐的心灵被击中，深受震撼。

也许，我们永远写不出像大师们那样让人仰望的作品，但是我们只管写、写、写，开始写，不停歇，不放弃，不断锤炼自己的思想和文笔，我们就会像恩德的犟龟那样，总能遇到下一次盛典。

建设专业序列课程　推进队伍素质提升

——答"队伍素质提升年"问卷调查

2012年株洲市天元区教育局提出的工作主题为"队伍素质提升"，这一举措非常正确及时，把握了当前工作发展中的主要矛盾，理由如下。

第一，切中时弊，抓住了教学队伍目前重点要改进的方面。经过"校园文化建设年""教育质量年""精细化管理年"，天元区的硬件建设和常规管理已经达到了较高水平。在"活力课堂"建设中，暴露出来的最大的问题是师资队伍不能适应课堂教学改革。历史原因，天元区师资力量相对薄弱，近几年引进的新教师成为区教育的生力军，但大部分年轻教师还需要积累经验，整个队伍中还需要不断涌现骨干教师和学科建设领军人物，以研究、推动课堂教学改革。

第二，真正作用于具体每个学生的，是我们每一个具体的老师，是每一堂具体的课或每一次具体的教育活动。政策和思路再好，都需要有能力的教师落实。因此，提升整体队伍素质是天元区教育品牌内涵发展、教育质量全面提升的必由之路。

那么，要把这一思想落实到工作中，并收到实效，应该采取怎样的工作策略呢？

提高队伍素质的出发点是天元区教育的内涵发展和品质提升，因此我们的工作策略应该是服务于队伍的可持续发展的。人才成长的规律也告诉我们，优秀人才的能力、素质都是全面、系统的，是需要长期积累的，因此我们首先要认识到这是一项长期的系统工程，需要长期的培训和投入，一次两次的活动无济于事。在这个认识的基础上要寻找一条尽量科学便捷的路径，以提高效率。

我们都知道结构决定功能，寻找科学路径的重点就在于研究优秀教师应该具备的知识结构和能力结构，并把这一目标转化为专业培训序列课程。学校和教师要以此为依据，制定教师专业发展规划，通过送培、区级培训竞赛、校本研训、组本教研、个人研修等方式落实。学校还要配套进行培训管理和能级考核，并将考核结果应用于教师聘任、职级晋升等方面，将刚性管理和弹性研修相结合，最终大面积、分层次地提升教师整体素质。

一、构筑合宜的知识结构

朱永新的新教育研究成果认为，教师的知识结构应该包括三个方面，即本体性知识、教育专业知识和人类基本知识，所占比例明细见表2-1。

表2-1　教师的知识结构

类别	比例
本体性知识	50%
教育专业知识	30%
人类基本知识	20%

本体性知识即所教学科专业知识，是教师所必须具备的核心知识。例如对语文教育而言，包括汉语知识、文本解读、学科实践及理论、文学作品等；对数学教育而言，包括数学史、数学与数学教育、数学心理、数学课程与教学、数学文化及数学哲学、数学科普等。

教育专业知识，包括教育学、实践教育学、课程理论、教育视野、文艺类教育学素材、教育管理、职业认同、心理学等。

人类基本知识，包括历史、哲学、宗教、社会学、科学、经济学、艺术（含文艺电影作品）等，不是专门针对教师，而是构成一个人的知识体系的广阔背景。

而学校的管理人才的知识结构与教师有所区别，具体见表2-2。

表2-2　学校管理人才的知识结构

类别	比例
学科本体性知识	30%
教育专业知识	30%
人类基本知识、管理本体性知识	40%

以上每一门类的知识都存在着一条由浅入深的路径，在学习中应该要有循序渐进的能级目标。这些知识的获得，主要靠深入地阅读与思考。新教育研究已经描绘出教师专业阅读地图，推荐出可供不同层级的语数教师阅读的书目。我校对此已经有所涉猎，书籍都非常经典，每个方面的书目都根据专业发展程度分为三个阶梯，确实非常有利于教师构筑合宜的知识结构。如支撑语文学科本体性知识的第一阶梯系列书籍中，《唐宋词十七讲》侧重词的品读与鉴赏，《名作细读》注重名作赏析与解读，《听王荣生教授评课》则从教学内容的角度研究近几十年语文教育名师名课……这些都是名家写的可读性很强的书籍，并且构成了一个有机的序列，完全不同于平常充斥于各类书架的零散的、片面的商业书籍。我们在学科专业知识的研修上，可以此为框架，大力推广读书会，营造读书氛围，并进行知识能级考核，让阅读成为每位教师的一种生活方式。在评价上，要注重教师的知识底蕴和学识修养，让每位教师都逐渐爱读书、乐读书，以做读书人为荣。

二、建立必备的能力结构

教师应该具备的基本技能包括教学基本功和管理基本功两个方面，具体内容见表2-3。

表2-3 教师应具备的基本技能

基本技能	具体内容
教学基本功	三笔字（钢笔、毛笔、粉笔）、普通话、简笔画
	信息技术
	语言表达（口头表达、书面表达）
	钻研教材、备课、作业设计、教学反思
管理基本功	了解学生、家长，并与之良好沟通
	课堂组织与引导、评价
	班集体培育、社团培育
	学科活动策划与组织

学校行政管理人员的管理基本功应该还包括：规划学校中长期发展、明确近期工作目标、制订工作计划、制定执行制度、落实常规管理、评价考核教

师、沟通反馈等。

教学基本功前三项以个人练习为基础，以考核竞赛来推动；而钻研教材、备课、作业设计等就与管理基本功一样，要以长期真实的实践为基础，以区级竞赛展示、校本教研为学习交流平台，以总结、反思、阅读、交流为基本改进措施，不断磨炼，不断提高，挑战不同层级的能级目标，最终才可修成正果。这需要激发教师自身的积极性，营造浓厚的学校教研氛围，并要有学术权威的引领。

值得一提的是，知识结构和能力结构不是相互割裂的，而是在一个具体的人身上互相依存、相互融合和渗透的。教师群体有共性，每位教师又有个性，因此操作时有以下几点建议。

第一，对培训的目标、培训内容载体、培训方式、能级考核设计、考核结果运用等要有整体科学的系统设计，保证环环相扣且有实效。

第二，立足教师的真实发展阶段，加强针对性，营造氛围，加强管理考核，充分调动教师积极性和能动性。

第三，结合人事制度改革，把培训课程考核结果作为教师职称评定的重要依据，以制度激发教师积极性，促进教师主动提升自身素质。

以上思考偏向于系统性与长期性，但是只要沉下心来，高度重视，抓好细节，一年半载就能够初见成效；长期坚持，稳步推进，两三年之后一定会出现出人才丛生、百舸争流、百花齐放的喜人局面。

拾级而上　渐入佳境

——银海学校教师梯队培养思路

一支优秀的教师队伍是学校最重要的财富，师资队伍建设是学校发展的永恒主题。实践证明，将不同梯队的教师按实际能力和需求进行有针对性地培养是行之有效的方法。

杰出的心理学家维果斯基提出"最近发展区"理论。他将学习者借助他人的帮助所能达到解决问题的水平与在独立活动中所达到的解决问题的水平之间的差异称为"最近发展区"。教师的优秀素质是循序渐进形成的，最有效的培养也是在最近发展区内发生的。

从教师成长周期来看，我们把教师的成长过程分为三个阶段：适应期、发展期、创造期。每个阶段的教师所需要的培训资源是不一样的。青年教师处于适应期，知识结构新，精力充沛，但对于自身建设与发展定位十分模糊，设定个人发展规划、实现规划的能力还不具备，这些都需要学校提供强大的支持与帮助。大部分中年教师处于发展期，他们是学校的中坚力量，是学校教育教学工作的"顶梁柱"，承担着繁重的教育教学任务，但由于时间或精力的限制，常常感觉力不从心，失去了自我发展的冲劲。如果没有适合他们发展的平台和机会，他们很容易进入职业疲倦期。

诺尔斯提出的成人学习理论认为，成人学习是认知结构的组织与再组织，成人学习遵从以下四个法则：效果法则——他们的学习需要在愉快的环境和氛围中进行；练习法则——他们的学习需要通过大量的练习来加深印象；联想法则——理论联系实际有利于成人对认知对象的掌握；有备法则——他们往往是在有需求的时候才选择学习，有一定的目的性。成人学习理论认为，成人培训要为他们创造安全感、尊重感、参与感和拥有感。由于成人具有独立的人格，渴望在学习中得到别人的尊重和理解，所以培训者一定要注重让成人在学习环境和过程中获得安全感。让成人有安全感的途径之一就是学习任务、学习小组及学习材料和教室环境的设计都要让成人感到这种学习经历对他们来说是合适的、有用的，是有利于他们个人职业发展的。所以我们要区别对待不同发展阶段的教师，以不同的培养方法满足他们不同的成长需求，以解决他们工作和生活中面临的问题。

为提高人才培养质量，打造银海学校办学品牌，学校遵循骨干教师成长规律，依据教师发展基础、个人发展规划以及自我发展诉求，建立教师专业发展梯队，以培养一批市、区级骨干教师和本土名教师为目标，努力构建一支研究型教师团队，形成梯队"长链式"的发展模式，促进学校的可持续发展。

一、培养原则

1. 师德修养与专业修炼相结合

教师专业成长，必须牢牢把握德才兼备的方向，做到师德修养与专业修炼并重，使师德修养成为专业修炼的不竭动力，专业修炼成为师德修养的坚实基础。

2. 广泛发动与严格评选相结合

认真组织宣传发动工作，使全体教师对教师梯队建设实施的意义有全面正确的认识，了解教师梯队建设的具体要求，增强教师对自我发展的信心，充分展示"教师梯队建设"挖掘每一位教师潜能的调动功能，把他们的注意力引导到专业发展上来。同时，要组织专门、有权威的评审队伍，严格规定标准和程序，体现考核评选的公开性、公平性和公正性，做到宁缺毋滥，绝不走过场。

3. 全面提升与形成特色相结合

教师专业发展，既要着眼于教师自身全面素养的提高，使教师在职业道德、专业文化、教学技能、教育科研方面均得到和谐发展；又要充分尊重和发掘每位教师的禀赋和潜能，使其逐步形成各自的教学个性和风格。学校通过校本培训等活动设法尽快、尽早地帮助教师熟悉教育教学业务，提高教师教育教学水平，以适应教育教学之需。倡导教师自学、跟班学习、师徒结对、校本培训、外出学习、专题讲座、名师传经等多样的学习方式，有的放矢地为教师提供行之有效的学习与发展平台。

4. 滚动选拔和动态鞭策相结合

教师梯队每两年申报和考核一次，形成一种阶梯上升、逐级超越的竞争机制。要通过目标导向、任务驱动、考核激励等手段，不断促进教师的自我完善和发展。学校对追求上进的青年教师，根据其特长，适当加以培养；对青年教师在教书育人中做出一定成绩的，及时表彰、充分肯定、适度奖励；对群众基础好，有培养前途，具有真才实学，且德才兼备，在教书育人上做出了一定贡献的青年教师，选聘他们到学校领导岗位上锻炼成长。这样，方可让青年教师深感有为有位，有位更能有为，学校也才能收到用好一人、带动一批之功效。

二、培养对象及目标

1. 培养对象

将全校教师分成四个不同梯队（新教师、入职2—5年的青年教师、骨干教师和名优教师）。

2. 培养目标

通过1—3年时间，使各梯队教师达成如下目标。

新教师：能站稳讲台，能把握学科课程标准，进入有效教研工作，逐步找准并形成自己的教学特色。

入职2—5年的青年教师：形成教学风格和特长，由"经验–技术型"向"实践–反思型"转变，以成长为天元区教学能手为目标。

骨干教师：有自己的教学特色，能发挥带头和示范作用，向高一层次发展，完成由"实践–反思型"向"学科专家型"的角色转变，以成长为株洲市学科带头人为目标。

名优教师：形成学科特色，有一定的学科成果（名师工作室）；能发挥引领辐射作用，在市内有一定的知名度。

力争市级及以上骨干教师占教师总数的20%，在各学科领域有影响力的教师占教师总数的50%，其中区级学科带头人6人，教学能手语文、数学各6人，英语1人，科学1人，美术1人，体育1人，音乐1人，信息技术1人，教坛新秀6人。

三、具体措施和要求

（一）新教师

针对新教师，主要可采取五个方面的措施来快速培养。

1. 岗前培训

以新教师必须具备的师德修养和掌握的基本技能为基础，着重围绕师德修养和教师专业发展，从新课程下教师课堂技能指导、课件制作、班主任工作新探等几个方面进行重点培训，促进新教师更快适应教育教学工作。

2. 校本培训

立足校情，采用线上学习、互学互助、专题讲座、青蓝工程、新教师见面课、推门课、青年教师赛课等教学实践方式，促进新教师思想道德素质、教学业务水平、班级管理能力和现代教育技术能力等综合素质快速提高，使其尽快适应学校教育教学工作，并引导新教师做好职业规划，走教师专业化发展道路。

3. 盟校教研

通过盟校主题教研活动（集体备课、课例研修、赛课、研讨交流等）为新教师提供学习或展示的机会，促进新教师专业成长。要求新教师每学期至少参加一次盟校教研活动。

4. 区级研培

立足组本教研，借助区教研员下校督查、跟踪指导的机会，鼓励新教师积极参加校、区、市级各类竞赛活动，站稳讲台，使其能初步进行有效教研工作，逐步找准并形成自己的教学特色。

5. 汇报考核

以银海盟校为单位进行新教师汇报课展评。对本盟校新教师的汇报课进行集中安排，确定活动时间、地点，并将方案提前交区教研室，由教研室组织评委到活动地点进行考评。

新教师提交汇报课教案、阅读专业书籍后的读书笔记、一篇教育教学论文或教学反思的纸质稿，并装袋交给班主任。

（二）入职2—5年的青年教师

针对入职2—5年的青年教师，可采取如下具体措施进行培训：

（1）组内相互听课、磨课，提高课堂教学能力。

（2）每月一次教学沙龙活动，通过交流解决教学中的困惑，使其向成熟型教师转变。

（3）通过省、市、区各级、各类培训，提高其专业素养，争取让每位教师每年至少外出学习一次，并提交2000字左右的学习心得。

（4）在各种教学活动中尽量提供展示平台。

（5）要求青年教师每年提交一份读书心得、教学论文或经验反思。

（三）骨干教师

对骨干教师的要求有以下几点：

（1）优先参加国家、省、市相关的骨干教师培训，每位教师每年至少外出学习一次，并提交2000字左右的学习心得。

（2）在本学科领域发挥示范带头作用，每个学期上一堂示范课，帮助本组内的新教师迅速成长。

（3）每年上传一堂优质的课堂资源（教学设计、教学反思、课件、录像课等）。

（4）每学期读几本教育专著，并上交一篇读书随笔，撰写一篇高质量的论文或教学反思。

（5）争取2年内成为区、市级骨干教师或学科带头人。

（四）名优教师

对名优教师的要求有以下几点：

（1）优先参加国家、省、市相关的骨干教师培训，每位教师每年至少外出学习一次，并提交2000字左右的学习心得。

（2）在本学科领域发挥示范带头作用，每个学期上一堂示范课，帮助本组内的新教师迅速成长。

（3）参与教育教学改革试验和教育教学研究。

（4）在区、市教研员指导下，每学期在区内做一次经验分享。

（5）每学期读几本教育专著，并上交一篇读书随笔，发表一篇论文或教学反思。

四、保障措施

（一）组织保障

成立银海学校教师培训工作领导小组。教师培训工作领导小组办公室设在教学部，由教研主任任办公室主任，负责组织协调教师培训工作。

（二）制度保障

学校要明确各梯队教师要履行的职责，保障梯队建设顺利健康实施。

1. 考核评价制度

教师专业发展梯队的考核主要由领导小组负责，主要从思想品德、理论知识、教育教学能力、研究能力、技能水平等方面考查其是否达到学期计划目标，并将考核结果与绩效工资挂钩。对于市、区级骨干教师的推荐，要相应地从校内的梯队教师中选拔产生，在年终评优及今后的职称评定、职务晋升、外出考察学习等方面优先考虑梯队教师。

2. 档案管理制度

对梯队教师建立教师专业成长发展档案，教师要填写"银海学校教师专业发展三年规划"和"银海学校教师年度发展计划"，建立"骨干教师成长档案袋"，将自己的教育教学业绩逐一放入档案袋，定期进行对比、整理、反思、完善，确保自己年度计划的顺利实现。

（三）经费保障

学校将梯队建设实施过程所需经费纳入年初经费预算，保证整个梯队建设实施过程的必要经费支出。提供给梯队建设足够的人力、物力、财力及教材开发所需要的充足的、可自由支配的时间，必要的活动地点等。

依托学科建设　培育教师团队

——天台小学数学教师团队成长路径探索

"大楼不如大师"，教师是学校改革发展中宝贵的人力资源，学校是教师实现专业发展的主阵地，应该尊重、信任、团结和赏识每一位教师。建设学习型教师团队，是激发教师发展的内在动力、整体提升教师能力素质的最佳途径。

一、教师团队状态不同层次

比较松散的教师团队组织缺乏张力，创新火花星星点点、转瞬即逝，教师之间专业发展无交集、无碰撞、无合作、无迭代，这样的团队不具备实质上的团队意识和组织结构。导致的结果必然是教师成长缓慢，学科建设缺乏整体规划和阶段性推进，课堂改革难以推进，教学质量难以大幅度提升。

成熟且有效率的教师团队，学科组内有灵魂人物引领，整体士气高，各梯队教师都得到最好的发展，在本学科领域内专业威望高。有这样的教师团队，课堂质量高，常规工作扎实，课程内容丰实，科研成果丰富，学科建设持续高走。

更高的愿景是，学科组的精神内核不依附于某个具体的人而存在，组织有着自动新陈代谢的生命力。如果灵魂人物被调动，另一个灵魂人物又会出现，如果有一两个骨干出去带领新的团队，新的骨干就自动补位，新教师来到这样的团队，能够在既定的培养模式中快速成长，这是我们追求的美好愿景。

十余年来，天台小学的数学学科团队，经历了一个从无到有、从有到优的历程。我们的主要经验是依托学科建设培育教师团队。

二、学科建设和团队培养关系

小学学科建设是学校根据基础教育目标和学科内在本质，结合学校及学科实际，采取各种措施和手段促进学科教育教学水平发展与提高的一种实践活动。主要目的在于人才培养，尤其是学生基本素质培养和教师教学能力培养，这是中小学学科建设的特殊性。学科建设主要包括基于学科本质的学科功能定位、课程设置与开发、教学改革、校本教研、教师专业发展及学科组织创新等六个层面。

教师团队培养，就是要形成团队合作文化，建设具有张力的学习型组织，让各梯队教师在自己的最近发展区，依托组织获得成长动力、专业指导、展示平台、自我实现的机会，获得能力素质的最大提升。

学科建设的过程与教师团队培育的过程高度吻合，学科建设和教师团队培育是一体两面、相辅相成的。优质的学科组织建设是优秀教师的孵化器，学科建设是成就事业，教师培育是成就人才，在成事中成人，成人又反过来促进成事。

三、具体实施路径

我们的路径主要经历了四个阶段：建模推模，保底课堂质量；专题研讨，夯实学科根基；课题研究，提高发展上限；课程创生，升级教学生态。在这个过程中，教学管理自始至终为路径探索提供动力和保障。

（一）建模推模，保底课堂质量

教学模式创建过程经历了一个"自上而下，又自下而上"的循环过程。首先由学校数学骨干教师根据自己的教学经验提出模式的初步文本，由市教研员谭志俐老师亲自提出改进意见，并通过具体课例进行集体研讨，再回头修改模式文本。经过反复学习、研究、思考、实践、研讨、修改、提炼，集思广益，几次易稿，凝结了专家、骨干和全体数学老师的心血，具有天台小学数学组特色的"合作探索"数学课堂教学模式诞生了。基本环节是：情境导入—主题探索—巩固实践—拓展应用。

教学模式探索经历了试水、引领、示范、推广四个阶段。这里要特别感谢株洲市教研员谭志俐老师的倾情指导，她在一年的时间里，前前后后到校20多次，听遍了每一位数学老师的课。数学组每一位老师至少要上两节推模课，最多的骨干老师上了五六节。领军教师彭新花上的课例最多，有"负数的认识""百分数的意义""圆的周长""分数乘分数""分数乘法解决问题""用替换的策略解决问题"等。

这个模式的最大亮点是把教学目标分解成一个一个有逻辑联系的学生学习活动，学生在任务驱动下主动探究、亲历思维过程，并把自己的探究成果在小组内发表、优化，再进行全班交流、组际互动，老师相机推进、梳理、建构，学生数学语言、思维、能力的成长是看得见的。此模式推出后，得到多方认可，被收入株洲市成形性资料汇编中。

2013年肖娜老师代表株洲市参加了湖南省的教师素养大赛，肖老师的课例"分数的意义"，因运用"合作探究"教学模式，被评为特等奖；彭新花老师的《合作探索教学模式解读》一文被评为省一等奖。

（二）专题研讨，夯实学科根基

教学模式的运用有效规范了课堂教学。随着学生探究意识不断增强，倒逼着老师们开始了对数学学科知识内涵的深度思考，展开对数学教材、数学知识、数学教学进行更深入的专题研究。从2013年开始，数学组就开启了专题序列化的研究之路，通过有层次有顺序的研究方式，把小学数学教学内容分为三个层次共六个专题，进行全面梳理研究，即计算教学（2013年）、概念教学（2014年）、图形与几何专题（2015—2016年），这是最基础、最重要，也是占课时比重最大的部分，为第一层次；解决问题和数学广角（2017—2018年）是教学的难点，为第二个层次；最后是最有挑战性的"你知道吗"专题（2019—2021年），也是第三个层次。每一个研究过程都经历了内容梳理、课例研究、经验形成三个环节。

记得做第一个专题（计算教学）的时候，我们也很茫然，不知从何做起，不知道怎么做专题。通过向专家请教和根据学校校长的指导策略，我们制定了大致的研究过程。从课例研究开始，我们做了几个课例之后发现了其中共性的问题。再请谭老师做专题讲座，她推介大量文章让我们进行专题学习。理论学习使专题研究更有质量，更有学术味道，更能促进教师的专业发展，回头我们再做课例研究的时候就有很大的提升。从这个活动中我们找到了做专题的基本路径：内容梳理—课例研究—专业阅读—经验梳理。专题研究其实很简单，但要做得行之有效。

专题研究对于提升教师的数学教学专业素养意义重大。它使教师对教学内容、教学目标、教学方法的研究与理解有了一个系统的认知，还促进了教师对数学本体知识的掌握。加上之前规范了课堂教学模式，学校数学学科的教学质量得到显著提升。2014年我们学校在全区统考中名列前茅，从第二梯队跨进第一梯队，在教学品质上实现了飞跃。

（三）课题研究，提高发展上限

专业提升尽管已经取得一定的成效，但是我们一直行走在研究的路上。我们不满足于现状，因为我们觉得还有可以提升的空间。我们希望能出名师，虽然我们学生的考试平均分已经冲在了前面，但我们还希望让不同的学生都有更大发展的可能。这时候我们开始做小课题研究——"人教版小学数学高年级段'你知道吗'教学案例研究"。

通过研究，老师们全面地了解数学文化、数学知识与数学教育的关系。片面强调数学文化而忽视数学本体知识，是行不通的，也是走不远的；但是只有数学知识、缺乏数学文化浸润的数学教育，不仅是苍白的，也是肤浅的。历时三年时间，我们研究了5个课例，每个课例都有设计、解读、磨课案例及相关论文等，都成为精品课例，在市区获奖，获得了专家和同行的高度赞赏。5个精品课例可以填补这个板块参考资料的一些空白。通过对课例研究的提炼梳理，我们发现这个板块的教学具有共性，于是顺势建立了这个板块内容的课堂教学基本模式：质疑—举例—推理—延伸。为这个板块的教学提供了切实可行可操作的教学模式。

教师的专业成长实现了质的突破。在课题研究之前，我们更注重自己的课堂教学和对学生的培养，现在我们逐步走向更深入的专业研究，而且越做越有兴趣，也越有成就感。我们由经验型教师向专家型教师迈进，学生的能力和素养也显著提升。通过三年的时间，学生的面貌焕然一新，学习习惯不断优化，学习能力不断加强，思维品质显著提升。数学倾听、表达、质疑、鉴赏等能力也明显增强。学生会用数学的眼光观察世界，会用数学的语言表达世界，会用数学的思维思考世界，这刚好与2022年版的数学课程标准高度吻合。

（四）课程创生，升级教学生态

天台小学的"天天向上课程"分为三个层次：核心课程、拓展型课程、个性化课程。我们数学组扎实推进核心课程，也就是国家课程，利用两年时间，将小学数学全12册的教学设计和课件进行重建，一节课一节课地审批过关，形成了完整的教学资源体系。我们还开展了拓展性课程"天台数韵，'数'你最会"、四个序列"'数'你最会算""'数'你最会讲""'数'你最会玩""'数'你最会学"等。我们也开发了数学游戏活动课程以及珠算课程，2018年，学校的珠算校本课程获得天元区教研创新奖。最大的突破是"你知道吗"的课例开发，5个成型课例都有教学设计、PPT、课例解读和磨课反思等环节。个性化课程则主要关注水平一般的学生，分为教师针对性辅导课程和组内帮扶课程。

四、关键因素

（一）重视关键事件、关键人物、关键书籍在团队培育中的重要作用

要充分发挥关键事件对教师团队的激励作用，如活力课堂推模建模、学生成绩大幅提升、课题研究硕果累累，这些都是天台小学数学学科取得突破性进展的关键事件，我们要通过各种形式与教师们分享这些成果，肯定每个人的创造性劳动。关键人物有着不可替代的作用，如专家（谭志俐、李芳）、主心骨教师（彭新花）、骨干教师，她们的能量是辐射性的，是互为补充的，缺一不可。关键书籍能启发多方面的思考，引领老师进行深入的自主研究，提供高效的解决方案。数学组的阅读书籍主要有《种子课》《数学学习心理学》《小学数学思想方法》《基本概念与运算法则》《数学教学改革指导纲要》《义务教育数学课程标准（2022年版）》，以及《小学数学教师》《湖南教育》等。

（二）梯队培养让每个老师都处于最近发展区

我们对不同梯队的老师进行了不同阶梯的目标规划，采取了不同的培养措施。

对骨干教师，培养目标是使其成为市区级名师或骨干。具体措施：提供更多机会，让他们加入高水平的学术团体，承担学术任务。如推选肖娜、周新敏等优秀骨干申报区级学科带头人；推选周新敏、周向荣担任市级"种子计划"导师；推荐骨干老师担任区级活动评委，担任学校或数学组讲座、课例示范、写作方面的指导者等。

对成熟型教师，培养目标是使其成为骨干教师。具体措施：给任务，压担子，加培训，肯定鼓励，帮助他们看到自己的独特价值，激发其内在成长动

力。如给青年教师上示范课、研讨课，介绍教学组织经验等，通过专业阅读、外出送培、专家指导等方式为他们提供学习机会。

对青年教师，培养目标是使其一年内在区级青年教师考核中获得优秀，五年内成为骨干教师。具体措施：根据天元区新教师的培训要求进行强化监督并促其成长，注重阅读专业书籍，上好见面课、考核课等，梳理自己的成果。新教师易甜琳、涂赛庭和姜钰的考核课都得到了教研员较高的评价。

（三）学校管理制度提供动力和保障

为了给学科建设提供动力和保障，我们同步完善更新了教学管理。常规管理遵循学习过程的逻辑规律，落实备课、上课、作业、考试、培优辅潜的具体要求，并进行分项考核。建立激励性的教师评价制度，激励教师内在动力，促进团队发展。这是更基础的工程，不仅对数学组有利，对所有团队都有底层支撑和激励作用。天台小学的制度有三个层次：具体常规工作制度、分阶段考核评价制度、绩效考核制度和晋级评职制度。具体常规工作制度，是告诉你一件事情该怎么做、有些什么流程、要做到什么标准，比如班主任工作制度、学科老师工作职责、巡课制度、教案检查制度等。分阶段考核制度有每学期个人业务考核制度、年级组月考核制度、学年或学期优秀团体和个人评价制度等。这些制度的考核结果，会再运用到第三层次绩效考核和晋级评职制度中，每一位教师的绩效评价都建立在日常工作的表现基础上，既参照个人业务表现，也兼顾团队集体表现，能做到过程性评价和结果性评价的有机关联，并且能很好地把教师个人目标与学科建设目标、学校发展目标统一起来。

（本文为2022年6月株洲市教学研究成形性成果推广会现场发言）

第三章
活力课堂：激扬生命

活力课堂改革，依据以人为本的生命教育理念，坚持"小组合作、自主探究、民主和谐、快乐有效"，以学生为主体实现课堂重心下移，把课堂真正还给学生，充分体现学生的主体性与教师的主导性，能有效激发学生的学习兴趣，培养学生自信、豁达的品质以及合作意识和解决实际问题的能力。

点燃教育的火把

——《湖南教育》走进株洲市天元区天台小学活力课堂

这里的课堂，是学生眼中有趣的课堂；

这里的课堂，是老师眼中高效的课堂；

这里的课堂，是记者眼中有生命力的课堂。

这里，是株洲市天元区天台小学的活力课堂。2013年4月10日是天台小学活力课堂的开放日，《湖南教育》的记者与来自全省的200多名教师、家长一起，感受校园活力课堂的魅力。

一、有趣高效，课堂绽放生命的光彩

"我很赞同智慧组邱砺同学找出来描写姥姥神奇的剪纸技艺的句子，但我补充的这一句更能体现姥姥剪纸技艺的神奇……"精英组的连添希同学的精彩点评，顿时赢得全班同学的掌声。2013年4月10日，六年级（5）班的语文课上，田甜老师正在引导学生学习课文《姥姥的剪纸》。

课堂上，"我补充……""我还想说……""我发现……""我质疑……""我总结……"，这几种声音在教室中此起彼伏，让人感受到了孩子们的活力与自信。记者在听课时发现，一节课下来，有21个同学发言，有30多个同学举手、跃跃欲试，全班44个同学参与了讨论。

"怎么就下课了？可惜啊，我们小组还差一点就拿到第一名了。下节语文课，我们一定要把第一名抢回来！"一下课，精英组的艾珂毅同学就和组长连添希嚷嚷开了。他说，以前上一堂课，老师不停地说啊说，觉得时间过得好慢，现在自己不但可以发表意见，还可以质疑其他同学的答案，感觉有趣多

了。求学组组长唐诗凯悄悄地告诉记者，以前蒋杰龙一上语文课就打瞌睡，但进入活力课堂后，成绩进步了，他的性格开朗了。他的变化大家有目共睹，他不但经常举手发言，还经常给其他同学当"小老师"。

蒋杰龙的变化得益于天台小学大力推行的活力课堂。"活力课堂，首先就是点燃孩子们的热情。"校长文艳云告诉记者，为了推进活力课堂，学校针对不同学科创建了不同的教学模式，其中包括语文的"合作研读"阅读教学模式、数学"合作探究"模式、英语"3L"模式、科学"合作探索"模式、美术"快乐—合作"模式、体育"合作·锻炼·快乐"模式，每个教学模式都有操作性很强的教学环节。"同一个学科，对不同学生来说，教学方法的确应该有一定的灵活性，这才能真正激发学生的活力。"分管教学的副校长马谋幸说，"我们所构建的都只是'基本模式'，允许并鼓励教师在遵循它们基本要求的前提下，创建更适合所教内容的变式（即子模）。比如"合作研读"主要是阅读教学模式，至于识字、写作等其他语文领域就应创造适合它们的变式。即使对同一个学科的相同教学内容，不同教师对不同学生也可以对基本模式所规定的教法和程序做出必要的变通。"

"孩子解放了，主动了，成熟了，进步了！"家长们很快感受到了活力课堂的魅力。六年级（2）班姜宛好的母亲告诉记者，她家孩子胆子特别小，刚入学时，课堂上几乎不举手发言，哪怕是已经掌握了的知识，由于课堂气氛严肃，也不敢站起来回答，老师也感到很担心。自从开展活力课堂后，课堂气氛活跃，孩子的胆子也变大了，每次她跟任课老师交流情况，老师都会表扬孩子：上课能积极举手发言，性格也变开朗了。家长会上姜宛好还被刘老师点名表扬了。

"以前学生在课堂上就是干三件事：读一遍、听一遍、练一遍。都是被动地接受，现在加上'讲一遍'，不但让学生思维动起来，还使学生表达能力提升。"株洲市天元区主任督学黄子金曾多次到天台小学指导活力课堂的开展，他说："天台小学的活力课堂体现的是以人为本的生命教育理念，呈现的课堂重心下移至学生，以学生为课堂主体，老师从过去课堂的讲述者变成了组织者，留出更多的时间让学生去讲、去讨论、去碰撞，点燃学生的学习热情。"

二、自下而上，团队攻坚破冰创新

"且行且思，且痛且乐！磨课的过程犹如在攀登一级级台阶，虽然越往上爬越艰难，但我却得到了不一样的快乐；犹如演奏几部曲，每部曲中都有苦有乐……"在第一次代表天台小学参加天元区活力课堂大比拼后，语文教师刘利平在自己的教学笔记上写下了这样的话。刘利平是天台小学语文学科的骨干教师，同时也是学校活力课堂最初的探索者。

从2009年起，刘利平就加入了学校由优秀班主任和语文骨干教师组成的活力课堂攻坚团队，大家同进课堂、合作研讨。经过两个月的研究，大家搭建了"合作研读"阅读教学模式的框架，并撰写了《小组合作学习捆绑考核操作指南》，有了成型的经验。她说，和攻坚团队在一起的日子是自己提升最快的一段时间，每天上课、修改，再上课，有时候一堂课要上十几次，自己从当初的"不知道活力课堂为何物"，到现在成为学校专业委员会的成员，指导其他年轻教师开展活力课堂，可以说是完成了一个教师的蜕变。

尝到活力课堂甜头的还不止刘利平一位教师。

骨干数学教师肖娜说，刚来学校不久，她参加了学校的一次教学比武。当时讲得口干舌燥，却换来学生的一脸茫然。回来之后，她主动参与活力课堂的磨课，终于找到了新的感觉。"现在上课，学生主动积极，老师也轻松了很多，教学效果也在逐步显现，可以说是活力课堂激活了我的教育热情！"肖娜曾这样说道。

为了让更多的教师加入到活力课堂中来，学校认真学习了天元区教育局董局长亲自撰写的《活力课堂建设整体构想》，还请来了市、区教育局专家做了多次专题报告。通过组织教师学习理论，改变他们传统的教学观念，激发他们探索活力课堂的信念。攻坚团队在实践过程中，所有研讨过程都对全校教师开放，邀请全校教师和区教研室的教研员来听课、评课和构建模式，使研究过程拓展为对全校教师的培训。"区教研室的教研员们都成了我们学校的驻点专家了！"校长文艳云说，"当看到身边的老师的课堂开展地有声有色时，许多老师开展活力课堂的积极性也就被激发出来，学校出现了集体破冰的局面。"

"我们的活力课堂源自学校的每一个老师，比起外来的经验，更有生命力！"文艳云将这种本土原创的课堂改革形象地称为"自下而上的草根创新"，她向记者介绍，"当前学校推行课堂改革的形式主要有两种，一种是自上而下的，学校领导外出向名校学习，再回本校推行，这种形式有理论支持，但教师认可度不高，大多是一种行政命令式的强制推行，要获得成功，需要校长的魄力和勇气；另一种是自下而上的改革，由本校一线教师根据自身实践创新，经过科研论证后逐步推广。对于这种改革，教师比较认可，学生易于接受，具有较强的操作性和推广性。我们天台小学的'活力课堂'就是这种形式。"

现在，天台小学不少老师都从活力课堂中找寻到了专业的发展，思考着新的问题。二年级年级组长周向荣老师告诉记者，自己面对的是低年级学生，学生合作意识淡薄，难以组织。为了增强孩子们的合作意识，在班级开展了合作明星的活动，每天把合作相对比较好的孩子名字写在黑板上进行表扬，并给他们盖上奖励印章，集齐不同数量的印章就可以兑换不同的奖品。现在课堂气氛既热烈，又井然有序，再也不会出现以前课堂上因为合作而发生争执的情况了。

"每到学校开放日，我们都会上一堂活力课堂的公开课，不少来听课的老师还以为是已经提前演练好的。其实，这就是我们学校课堂原本的状态。"话语中，老师们都流露出了自信。

三、创新管理，激活学校每个"细胞"

五年级（5）班学生黄一舟是"希望腾飞组"的一员，上学期，他在一次体育课上不小心摔伤，住了3天院。他的组员怕他因此而耽误学习，就主动提出要在放学后轮流给他补课。而组员沈方羽每天还会要妈妈多煮一份饭，然后利用午休的时间去医院给黄一舟送饭。

"他们就像家人一样对我好"，为了不辜负"家人"的不离不弃与悉心照顾，回到课堂的黄一舟像变了一个人，他主动向班主任提出午休时间留在教室，并请求组长给他辅导。他说："因为我成绩太差了，肯定要付出比其他人更多的努力，我不想拖小组后腿。"

五年级的杨真老师也向记者说起这样一个故事：班上有位转学来的学生上课总爱讲话，老师曾多次对他面对面教育，但都无济于事。可是他加入学习小组后，在某一天信誓旦旦地向她保证："杨老师，如果我以后再在课堂上乱讲话，就戴口罩上学。"经询问才得知，原来这位同学所在组的组长主动与他的家长沟通过，才让这位同学有如此转变。后来，这位同学的行为习惯到了很大的改变。

这些变化都得益于天台小学的学生评价改革体系。学校分管德育的副校长羊娟告诉记者，"小组合作"是活力课堂成功的关键，但现在的学生大部分都是独生子女，合作意识都不强。因此，学校从小组文化入手，改进学生综合评价，出台了《天台小学"三章五星"学生评价方案》，以学习小组为单位，对其在课堂学习、班级生活、各类社团中的表现分别进行评价，把每节课评价、每日评价、每周评价、每月评价、学期评价结合起来，每一考核项目都有详细的加分或扣分规定。

与传统的考评不同的是，活力课堂实施的是捆绑评价制度，即小组的最终得分与组内成员的表现息息相关。为了让学生对合作学习有形象直观的理解，学校还编写了《合作行为约定歌》——"小组讨论脸对脸，坐姿端正书放平。一人发言大家听，边听边想边记录……"

"有了这样的评价体系，每个学生都争先恐后，生怕自己拖了小组的后腿。"四年级（4）班的班主任老师苏焱说。每周班上得分前三名的小组就成为"明星组"，"明星组"成员除了可以受到全校通报表扬外，还可以在每周升旗仪式上得到推介，甚至可以在全校师生面前狠狠秀一把。

学习小组文化的建设和评价方式的改变给活力课堂提供了成长的温床，而教师评价方式和管理方式的改变，则为活力课堂提供了前行的动力。

"活力课堂要显成效，最关键的是老师。"文艳云说。为了提高每一位教师的积极性，学校改进教师评价制度，建立了巡堂课制度和验评课制度。学校根据年段特点，分批次对教师们的课堂进行验评，评价结果既纳入教师个人绩效考核，又纳入教研组、备课组、年级组的评优评选，这样大大激励教师，推动全体教师投入建模推模活动中来。

此外，学校改进教师管理方式，激励和支持教师同伴互助。改变教师备课方式，由原来的电子集体备课改为手写鱼骨图备课；设立教师论坛，各学科教师每周都有两节课的论坛时间，集中攻克难关，让教师全程经历"自学—组学—群学"的过程；成立了学术委员会，发挥学科骨干的"传帮带"作用，手把手地指导年轻教师。

"其实活力课堂带给我们的不只是学生和教师管理方式的改变，还有学校日常管理、后勤管理等一系列的改变，例如重新规划学校的作息时间、规划班级每日生活；例如改进了后勤工作，实行了用品需求和维修清单制等。"谈起活力课堂带给学校的变化，文艳云说，"活力课堂激活了学校的'每个细胞'！"

（本文刊发于《湖南教育》2013年第5期）

活力课堂建设的五个"怎么办"

建设活力课堂是深化课程改革、提升教育质量的必由之路，是区教育局高瞻远瞩的统一要求。但这一工作不可能一帆风顺，我们就碰到了很多困难。但"办法总比困难多"，回顾几年的努力，我们的体会和收获可以概括成"克服这些困难的五个'怎么办'"。

一、教师对活力课堂缺乏信心和热情，怎么办

建设活力课堂遇到的第一个困难就是教师缺乏信心和热情：有的教师认为建设活力课堂是一阵风，吹不了多久；有的认为建设活力课堂太难，无从下手；还有的认为建设活力课堂没什么价值，不如老经验靠得住。

教师是学校的主体，如果他们不理解、不投入，活力课堂建设根本推不动。我们解决这个难题的办法有五个。

1. 学习理论，明确活力课堂建设是课改的必需

我们组织教师认真学习《国家中长期教育发展纲要》和各门课程的新版标准，并重点学习董局长《活力课堂建设整体构想》的专题报告，还先后请了几位专家来校讲学。

通过学习理论，教师们认识到活力课堂正是新课改提倡的"自主、合作、探究"式学习，它不是一时心血来潮，而是课改的必需，它有深厚的理论基础，从而树立了教师建设活力课堂的信念并使他们产生了热情。

2. 学习样板，找到建设活力课堂的实践方法

我们先后组织教师参观了省课改样板校许市中学、马坪小学，还参观了景弘中学和株洲市七中。教师们在许市中学主要观摩了小组自评会，找到了建设学生小组的方法；在马坪小学，学到了如何依据学生的真实问题去提炼核心学

习问题；在广西玉林，学习到思维导图是备课方式和小组学习行为规定；在景弘中学和株洲市七中，更学到了课堂改革全方位、系统性的做法。

样板的激励和示范，让教师们找到了建设活力课堂的实践方法；看到有的条件和师资不如我们的学校都做得有声有色，教师们对活力课堂建设充满了信心。

3. 骨干带头，创造大家学得到的成型经验

在董局长的智慧指导下，我们把周静、刘利平、羊娟、周向荣等优秀班主任和语文骨干教师组成活力课堂攻坚团队，鼓励他们先行一步、创造经验，给大家做示范。

她们在2009年就实践过小组教学，经验丰富。为进一步创造活力课堂的整体经验，她们蹲点在刘利平的班，同进课堂、合作研讨，没日没夜地设计、上课、修改，再上课。经过近两个月的努力，终于拨云见日，她们搭建了"合作研读"阅读教学模式的框架，并撰写了《小组合作学习捆绑考核操作指南》，创造了成型经验。而且她们的研讨全程开放，经常邀请全校教师参与听课、评课和模式构建，使研究过程拓展为对全校教师的培训过程。

生活在自己身边的攻坚团队成员本来就业绩突出、威望高，对她们合作创造的成果，教师们心悦诚服，学习兴趣高，纷纷积极投入到各学科活力课堂建设中，出现了集体破冰的局面。

4. 专家把脉，坚持正确方向、掌握科学做法

活力课堂既要体现全方位的课改理念，又要在课堂中实际可行，方向的把握和做法的科学相当有难度，这就需要专家的把脉和指导。

我们的活力课堂建设得到了很多领导、专家的支持和指导：董局长先后五次来校听课；黄督学来校指导不下十次；原市教育局帅督学，市教科院副院长丁文平，教研员谭志俐、帅晓梅以及杨放，区教研室各位教研员，都快变成我们学校的驻点专家了；市教育局基教科的领导也多次来校指导。有了他们的随时跟进、细致指导，我们的活力课堂建设终于稳扎稳打，没走弯路，教师们的信心也越来越足。

5. 动员家长，发挥他们对教师的支持和协助作用

"办人民满意的教育"最直接的就是要让家长满意。家长的好评会时时激励教师，家长的协助更是教师需要的。

于是，每次开家长会我们都专门晒一晒学生小组的风采，还定期开放课堂，让家长目睹自己的孩子是如何投身课堂、深入探究、大胆表现的。家长们称赞说"孩子解放了，主动了，成熟了，进步了"，并在意见反馈中给出了100%的满意率，这反过来鼓舞了教师，增强了他们建设活力课堂的热情和信心。

二、教师认为"教无定法"而忽视教学模式，怎么办

为建设活力课堂，全区统一提出了"自主探究、小组合作、民主和谐、快乐有效"指导方针，并要求在各学科构建体现这一方针要求的教学模式。但不少教师不理解、不投入，理由是"教学有法、教无定法，搞模式会压抑我们的个性和创造性"。

怎么办？我们的解决对策分四步。

1. 提高认识、扫除障碍

我们既组织教师深入学习新课标，又让他们听取专家的讲解，使教师们认识到：事物之间确实有个性差异，但必然存在共性；一个学科的教学，虽然有学生年龄和水平的差异、教师水平和风格的差异，但都必须遵守课标的共同要求。"自主探究、小组合作、民主和谐、快乐有效"十六字方针就集中体现了这个共同要求；模式不但能集中体现这些要求，还能明确教学方法和操作程序。在这种认识的引导下，教师们都愿意积极投入模式构建了。

2. 创造典型、以点带面

在创造典型方面，以周静为首的攻关团队发挥了作用。她们经过艰苦努力，构建出了中高年级的"合作研读"阅读教学模式（"自主初读—问题聚焦—小组研读—交流建构—检测拓展"）。经过一段时间的实际运用，大家发现学生积极了，课堂活跃了，思维深入了，语文学习水平提高了。老师们通过对这个模式的观摩、思考、借鉴，既相信了模式的好处，又懂得了如何构建它。经过一段时间的群策群力，大家创建出了数学"合作探究"模式、英语"3L"模式、科学"合作探索"模式、美术"快乐—合作"模式、体育"合作·锻炼·快乐"模式，掀起了各科活力课堂建模推模的热潮。

3. 科学建模、求同存异

事物是辩证的，虽然我们强调模式的有效性和构建模式的必要性，但也

承认过分强调模式的规范性是不对的。同一个学科，对不同学生和不同教师来说，教学方法的确应该有一定的灵活性，这才能真正激发不同教师和不同学生的活力。于是我们把构建出来的前面那些模式都只称为"基本模式"，在基本模式的基础上，可以根据具体内容有变式有发展。

4. 成果反馈、增强信心

我校几年来的建模推模见了实效：首先，教师们被激活了，他们钻研课标、钻研教材、钻研教法，积极性更高了，专业水平也更高了；其次，孩子们被激活了，他们主动学习、积极探究、大胆展示，学习更热情了，能力更强了；最后，教学效果好了，教学质量提高了。2011年我校居全区公办学校统测成绩第三，到2012年跃居第一，学生在科技、体育、艺术等竞赛活动中也获得了较好成绩。至此，教师们不再徘徊、观望，都积极投身到活力课堂建模推模工作中了。良好教学成果的反馈是活力课堂建设最大、最宝贵的推动力。

三、学生的小组合作搞不好，怎么办

活力课堂十六字方针提出的两种教学方式中，其中"自主探究"是大家比较熟悉的，大家实践过多年，有不少经验。"小组合作"就不同了，缺经验、难组织，搞不好还拉长了课堂，完不成教学任务。在建模起步时，很多教师感到相当棘手，纷纷叫苦："学生不会合作，我该怎么办？"

我们克服这个困难的策略有三条。

1. 学习理论，理解小组合作学习的重要性

我们组织教师深入学习，并请专家对其进行培训，让教师们真正认识到：在现代信息社会，孩子们虽小，但早在校内校外学到并储存了大量的信息，小组合作能激活他们的信息储备，锻炼他们的表达能力和思考能力，是提高教学效率和质量非常重要的途径之一；更进一步来说，组织好小组合作，还能熏陶和培养孩子们合作、竞争的精神和能力，对他们的全面发展意义很大。

2. 边学习、边培训、边总结、边提炼，学会组织小组合作

从2009年开始，我校一些骨干教师已经尝试过小组合作和小组管理，积累了宝贵的经验。于是让他们来辅导全校教师，让大家边学习、边培训、边总结、边提炼，逐步积累出了构建小组合作的三步办法：建设小组文化—捆绑小组评价—实践锻炼合作能力。

然后，各学科的教学模式建成后，让学生明白学习目标和程序，教师根据学科特点有针对性地对学生进行自主学习指导和合作学习指导。如语文的自主学习五步读：一读整体感知，二读精读批注，三读思考质疑，四读拓展延伸，五读积累语言。还要分文体对学生进行学习要点的细致指导，让学生学一篇、带一组，学一组、懂一类，提高学生读写、体悟、整体学习能力。如写景类文章：

· 描写了哪些景物的哪些特点？

· 是如何描写出景物特点？（即运用何种方法）

· 文章组织结构是什么？（总分、分总、总分总）

· 文章的描写顺序是什么？（游览顺序、逻辑顺序等）

· 文章语言有什么美妙之处？

合作学习指导如阅读教学的小组开放研讨的指导，以《颐和园》（写景类）的教学为例，问题聚焦为：课文哪些景点给你留下深刻印象？运用了怎样的表现手法？然后指导小组安排汇报内容为：①精彩句段朗读；②朗读评价；③语言欣赏；④感悟联想……小组交流后进行全班汇报，组际之间互相评价、补充、辩论，课堂的海量信息和情绪冲击，使孩子合作学习能力更强了，各方面的收获更多了。

3. 运用评价和奖励，激发孩子们的积极性

对学生小组进行评价的方式有两类：

（1）制定并实施评价制度，如"小组合作指南""分年段合作能级目标""小组合作量化评价标准"和"小组合作评奖办法"等，把每个学生的表现与全组捆绑在一起进行评价，并每周公布结果，进行小组自评，激励学生荣辱与共，促进提高小组合作水平。

（2）在全校公开展示小组成长动态，如张贴全校小组竞争PK榜，在每周的升旗仪式上展示优秀小组风采，在校门口举办小组风采宣传栏，等等。

以上三条策略的运用，帮老师们一步步规范了学生小组建设，激发了学生投入小组合作的热情，提高了学生合作能力，活力课堂的水平也跟着提高了。

四、教师的专业素质跟不上活力课堂要求，怎么办

在活力课堂里，学生"一放就乱"，教师"一活就散"，这都对教师的专业素质提出了更高要求。活力课堂建设开展以来，的确有不少教师产生畏惧，

惶恐于不知道该怎么做。为克服这个困难，我们运用以下四种基本方式组织了认真、持久、螺旋式上升的培训活动。

1. 开展教师读书活动，鼓励自主研读专业书籍

一方面，我们要求每位教师研读《高效课堂九大范式》、《高效课堂22条》、各学科新课标等，深入学习小组合作理念、高效课堂理念和新课标理念；另一方面，我们推荐了各学科的必读书目，如语文的《文学概论》和《名作细读》，数学的《小学数学教育心理学》等，帮助大家夯实学科功底。

2. 针对建模推模具体困惑，进行同伴互助和专家引领

（1）通过专题讲座、课例呈现、专家评课、模式解说等多种方式，帮助教师们领会模式每个环节的目标、任务和操作办法。

（2）针对学科教学难点进行指导。如刘利平老师指导语文教师"如何提炼核心问题"，彭新花老师指导数学教师"如何确定合作点和探究点"，等等。

（3）针对具体教师的具体课堂，进行针对性的评课和重构，开展特别帮扶活动。

3. 汇编"土书"，鼓励教师及时总结、反思、交流

我们每年组织教师把自己参加活力课堂的心得体会及时进行总结、梳理，撰写成文，学校再汇编成书送给大家，作为我们学校的"土书"。这种书大家爱看爱学，促进了教师心得分享、经验交流。

4. 外出观摩，学习、汲取他校优秀经验

前面已经介绍，这里不再赘述。值得一提的是，在市教育局基教科的主持下，我校与市内课改积极性较高的学校结成了联盟，多次开展了学习交流活动。

五、活力课堂建设引发了一系列管理困难，怎么办

活力课堂是一种新型课堂，建设活力课堂必然会对学校管理提出新的要求，从而引发出一系列管理困难，该怎么办？

我们认为，学校以教学为中心，那就意味着应以教学改革为中心、以活力课堂建设为中心，而管理则应该是为它服务的。所以，应对并解决这些困难的根本办法是进行管理改革，具体包括以下四个方面。

1. 改进教师评价制度，激励全体教师投入建模推模

为了适应建模推模的需要，我们建立了巡堂课制度和验评课制度，依据每

个阶段的推广重点，分批次对教师们的课堂进行验评，评价结果既运用于优秀教研组、备课组、年级组的评选，也运用于教师个人的评优评先评级、岗位设置、聘任教师考核等，强调了建设活力课堂的重要性，激励全体教师投入建模推模。

2. 改进教师管理方式，激励和支持教师开展同伴互助

一是改变备课方式，由原来的电子集体备课改为手写鱼骨图备课。

二是设立教师论坛，各学科教师每周都有两节课的论坛时间，集中攻克难关，让教师全程经历"自学—组学—群学"的过程。如"怎样把教案变学案"，首先观摩一堂古诗阅读课，把课堂变成一个接一个的学生学习活动，然后由各备课组结合课例讨论如何设计学生活动，最后各组派出代表上台阐述观点，主持人分组评分。

三是充分发挥学科骨干的"传帮带"作用。我们成立了学术委员会，委员按工作量计算课时。刘利平和彭新花两位委员表现突出，他们非常负责，既是本学科的领头人，又是学校青教协会的"客座教授"，手把手地指导年轻教师，使其如春日之苗般茁壮成长。

3. 改进学生综合评价，激发他们德智体美劳各方面的活力

在学生综合评价方面，我们出台了《天台小学"三章五星"学生评价方案》，对学习小组在课堂学习、班级生活、各类社团中的表现分别进行评价，把每节课评价、每日评价、每周评价、每月评价、学期评价结合起来，打破一考定成败的传统评价方式，达到过程性评价与结果性评价相结合，促进学生全面发展。

4. 重新规划作息制度，建立班级一日生活规程

一是确保孩子劳逸结合：把早自习前的保洁管理改为书香晨光，大课间让学生保证运动量，午休时间规划为游戏时间和休息时间，扎实开展"体艺2+1"活动和社团活动。

二是建立班级一日生活常规：落实每天的具体要求，如早晨开前后门、开窗通风拉窗帘、清点人数、检查个人卫生等，使班级管理精致化、常规化，促进习惯养成；管理责任落实到班主任、任课教师或岗位管理人员。

5. 改进后勤工作，为活力课堂建设提供良好的物质保障

（1）激励并督促后勤人员积极、及时提供物质保障：如配置新的一体机、办公室书架、公布栏等；又如按活力课堂要求重新规划、布置教室环境，制作评价公开栏和作品展示栏等。

（2）实行用品需求和维修清单制：由教师填报申请单，后勤做到及时到位。

活力课堂建设的路还很长，模式还有待改进和丰富，学科之间的进展还不平衡，教学质量还有待进一步提高。但已有的成功鼓舞了我们，我们有热情、有信心，今后我们会继续努力，争取更大的突破。

（本文为2013年株洲市教育局课堂教学改革经验推广会上的发言）

构建课堂学习的任务群

　　天元区的"自主探究、小组合作、民主和谐、快乐有效"十六字方针对课堂教学提出了基本要求，即以自主探究为学习基础，以小组合作为基本学习方式，把话语权、评价权交给学生，形成民主和谐的课堂氛围，最后快乐有效地达成教学目标。课堂教学的关注点已不再是停留在学生对学科知识的学习与掌握上，而是站在学生生命发展的高度，把课堂设计成几个有逻辑关系的学习任务群，让学生积极地参与学习过程，在完成任务的过程中主动构建知识，进而培养学生的解决实际问题的能力。经过探索，天台小学探索了承载学习的任务群的基本模式。下面着重介绍我校的"合作研读"语文教学模式、"合作探索"数学教学模式。

一、"合作研读"语文教学模式

（一）"合作研读"概念

　　我们的合作研读重视学生自主、组内互助、组际互补。在学生个体静思默读、自读自悟之后，再在小组之间、师生之间交流分享，从而提升学生对语言文字的阅读欣赏能力，是谓"合作研读"。

（二）模式依据

　　第一，遵循"以学定教，先学后教"的现代教育理念。教学过程总的来说是"学生自学—展示交流—梳理建构—检测拓展"，以学生自学为起点。

　　第二，遵循语文教学法"从整到分，再从分到整"教学规律，学生的阅读程序是"整体初读—重点精读—总结建构"。

　　第三，依据新课标提倡的活动式、合作式课堂组织形式，把一节课设计成一个个有逻辑联系的学习活动，让学生有充分的语言实践机会，亲历真实的学习过程。

经过深入研究打磨，我们的模式结构呈现为五个环节：自主初读—问题聚焦—小组研读—交流建构—检测拓展。

（三）模式操作

1. 自主初读

这个环节的任务主要是让学生整体感知课文主要内容，理清课文的脉络结构，扎实掌握好基础字词，熟读课文。这个环节一般在第一课时完成。先让学生在字里行间走几个来回，贴近文字亲身感悟并捕捉到自己的独特体悟，提出自己的疑问。再让学生把握文章的结构脉络、主要内容，对文章的思想情感有整体的印象。有效落实自主初读是进行有效合作研读的基础。

2. 问题聚焦

问题聚焦，是用大问题启发学生思考进而使其展开探究，能很好地避免教师琐碎提问、学生亦步亦趋"牵牛式"教学陷阱。大问题的设计，一般兼顾思想情感的感悟和表达手法的探究，有探究空间，能激发学生去理解文章内容、结构脉络、情感立意、语言表达等，初期可以由教师根据学情提出。比如《匆匆》一课的探究问题为：作者是如何具体描写时间的匆匆、一去不复返的？表达了作者怎样的情感？问题最好以学生的质疑为起点，教师可以进行引导精准提炼，这样更符合学情需要，也能锻炼学生提出问题的能力。学生刚开始不会提，或者提很多维度的小问题，我们一般鼓励学生自己初读时提出自己不懂的问题，小组内能够解决的互相解决，对组内不能解决的分散性问题试着梳理归类：①词句理解等基础性问题；②文题方面的问题；③结构方面的问题；④表现手法方面的问题；⑤文章主题内容问题等。集中交流时每个小组提交本组的代表性问题。教师引导评价哪些小组提出的问题最针对文本核心内容、最具有探究价值，从而引导梳理出本课小组研读的核心问题。

3. 小组研读

问题聚焦后，教师出示"合作学习单"，让学生明确合作任务、方法、展示要求等。先让学生围绕问题自主批注，然后小组内就核心问题交流互动，坚持从文本的内容脉络、情感立意与表现手法等方面进行有序探究，最后整理归纳形成全组的探究成果，并准备展示。小组长是核心人物，负责组织并对组员的投入状态进行评价、指导、纠错、总结，把握发言质量。教师巡视指导，每节课有针对性地指导一个小组进行讨论、交流、汇报、评价、补充等，提高小组交流汇报水平。

4. 交流建构

小组汇报展示遵循"整体—部分—整体"的顺序，小组长整体就问题谈感悟见解—组员多角度感悟（品味鉴赏语言、朗读表演等）—整体联想说话等。之后，组际有序交流，遵循几点：认真倾听，不做重复性发言；亮出自己独特观点；从品味文本语言的情感中悟出"理"，相机质疑辩论等。老师捕捉学生发言的亮点，穿针引线推波助澜，深化其对文章内容、布局谋篇、情感立意的理解、感悟，不断推进学生的思维向更深更高处发展。同时相机梳理，帮助学生建构知识结构和学习方法结构。营造从"吹皱一池春水""一石激起千层浪"到"惊涛拍岸，卷起千堆雪"的卷入感，使师生情绪不断高涨，思维火花相互碰撞，让学生体验到语言、思维和情感不断超越和突破的高峰状态。这一环节思维和语言流动节奏快，小组评价要关注展示汇报的小组，尤其要嘉奖认真倾听、补充精彩的小组，使全体学生注意力集中、思维活跃。

5. 检测拓展

这一环节的任务主要是对学生所学内容的检测、迁移、积累、运用、表达等，有效落实"双减"要求，真正做到课堂减负提质。

（四）模式特点

（1）重视学生品读、探究文本的过程，尊重学生的个性感悟与共性感悟。

（2）重视情理交融。让学习小组聚焦真实问题，在真实的情境中学会思考、学会交流，创造性解决问题。

（3）学生才是课堂真正的主人，把时间和空间还给了学生，聚焦学习内容高质量对话。让学生在课堂上进行高频度的语言实践，人人亲历真实的学习过程。学习过程的几个步骤即预习、上课、练习、检测、反馈，都可以纳入到课堂上来，能很好地提质减负，落实"双减"要求。

二、"合作探索"数学教学模式

（一）模式内涵

本模式是让学生在自主探究基础上，运用多种合作学习方法，在教师指导下主动开展数学思考、实现问题解决、感悟数学思维方法、积累数学活动经验并提高数学素养的教学模式。该模式适用于各种课型，具有普适性。

（二）模式操作流程

本模式操作流程包括四个环节，见图3-1。

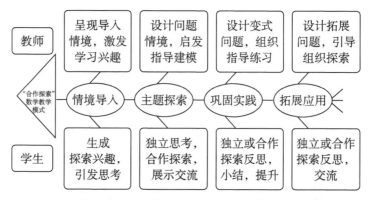

图3-1 "合作探索"数学教学模式操作流程

1. 情境导入

教师通过创设问题情境，来激起学生学习的兴趣，引发学生思考。既联系旧知又联系本课的教学重点，把复习旧知融入解决新问题之中，使教学环节也有机、自然地衔接。

2. 主题探索

主题探索的内容是一堂课的重点。教师抛出数学问题，放手交给全体学生。学生先独立思考，再分组交流合作，最后进行全班展示。这使学生不但能感悟到重点，还能巧妙地解决难点。

3. 巩固实践

该环节的主要方法是让学生独立或合作探索解决变式问题，探索后再组织全班展示交流，巩固和加深学生的理解。

4. 拓展应用

这一环节教师应精心设计拓展问题。在主题探索环节学生经历了充分的活动，对本课的重点理解深透，面对有一定难度的变式拓展，学生表现得跃跃欲试，兴趣极高，完成的效果很好。

（三）模式特色

1. 突出学生主体

以学生生活中出现的资源为学习的内容和材料，而不是直接呈现例题或由教师提供例子。

2. 重视建模过程

模型思想是2011年版数学课标所提倡的一个核心概念。我们的合作探索模式重视让学生经历数学建模的过程。先建构概念，然后再通过具体情境和直观的教学手段，引导学生将实例、图示加以抽象、概括，达到建构数学模型的目的。

3. 贯穿问题解决

在整个模式的四个环节中始终贯穿着问题。每个环节所提出的问题，对学生的要求各不相同。问题情境是有机相连序列，对学生思维水平的要求也在逐层递增。通过这些问题，学生能积极、主动地参与到数学思考和探究活动中来，在这一过程中学生能展开数学思考、掌握知识技能、发展数学能力、熏陶情感态度。

本模式从整体来看，就是教学过程中始终贯穿问题，学生围绕问题进行合作探索，交流反思，教师对学生数学探索过程进行启发指导。

通过几年的艰苦努力，我校已经在各个学科建成了活力课堂教学模式，并在实施中全面有效提高了教学质量，获得了各方面的好评：2012年被评为"全国阅读教育先进集体""全国创新型学校"；2012年在全市学业水平抽测中得到第一名；2013年教学质量跃升为全区第一；2013年被评为"株洲市课改推广中心"。创建教学模式，推行"活力课堂"，大大促进了老师的专业发展，提升了学生的学业水平，也实现了学校的跨越式发展。

建设学习小组　营造成长能量场

天台小学的课堂改革之路，是在天元区教育局的引领下，方向明确而立场坚定地走下来的。学校通过开展小组合作学习，来实现"均衡教育""高效课堂"的目标。一路奋斗，一路高歌，这其中有艰辛，更有收获，学生是这场改革的最大受益者。小组合作学习开展的基础是进行小组建设，培养小组团结向上的精神，激发学生学习主动性，使其在学习上达到互补，促进小组学习的高效，让每个孩子在课堂上绽放生命活力。

一、合作小组基本建设

教学改革的首要任务，是教学思想的转变。教师们要正确理解天元区"活力课堂"的十六字方针，改变传统的教育理念与方法，把小组合作教育教学模式落实到日常工作中去，这的确不是一件简单的事情。在这一阶段，我带领全体教师学习小组建设的基本理念，采用逐步推行的方式，对教师开展小组合作分组分工培训，座位摆放方式改革、小组文化建设、小组合作评比等培训，并指导学科组研究教学内容中"小组合作探究与交流内容"的设计，围绕这一研究开展教学大比武。2010年，我校"活力课堂"已经初步具备了基本形态。

二、合作小组内涵建设

2011年下半年，天元区教育局在"活力课堂"的推进中，着力点是建立基模，丰实"活力课堂"内涵。内涵的夯实需要依托外显形式，学生在小组合作开展中的合作意识、合作方式、合作效率、展示与评价等，直接影响着合作的效果。学校以德育部为小组建设主力军团，通过年级组这一主线，主要从班级管理、学生评价层面，来推进"活力课堂"，主要有以下几点措施。

（一）加强小组建设操作方法指导

德育部组织年级骨干教师，成立了小组建设攻坚团队，通过研究天元区"活力课堂"十六字方针、"活力课堂"整体性模式以及其他名校的先进方法，结合骨干教师们自己的实践经验，研究出天台小学"小组合作指南""小组合作量化评价标准""小组合作评奖办法"等小组建设的具体操作方法。在培训之后，德育部按照其中内容进行日常的指导、检查、考核、评奖，让小组合作成为班主任开展班级管理的主要方式。

（二）加强小组捆绑评价考核与小组风采展示

1. 以《合作行为约定歌》来训练合作习惯，以达到小组合作能级目标

要保证合作学习的效率和效果，学生在开展合作学习时就必须有良好的合作行为习惯和合作秩序。我采用孩子们喜爱的方式，将合作学习各环节中要注意的行为习惯，编成了琅琅上口的儿歌式的约定歌（见表3-1）。然后，我依据各年级段孩子的年龄特征，设定了小组合作能级目标，分解合作中"倾听、合作、汇报"的目标，使各年级学生依据能级目标，有序地训练合作行为约定。

2. 设计班级捆绑评价量化表，以捆绑评价促进合作

要落实小组合作，捆绑评价是动力。老师们理解了"活力课堂"的理念，但是要把理念落实在教学与班级管理中，还需要各类操作细项的方法指导。为了让老师们更加顺利地把小组合作开展下去，我制定了"班级捆绑评价量化表"，老师们可以依据"小组合作量化评价标准"中各条细项的评分标准，在此表中对课堂教学、学生文明行为直接进行打分，开展捆绑评价。

3. 建设小组评价体系

"班级捆绑评价量化表"的操作性非常强，学生日常学习生活的各种内容都可以纳入小组合作捆绑评价。为了让小组评价形成系统，我制定了天台小学学生评价体系，将班级评价、小组评价、个人评价归入一条链，将"个人"与"小组"关联，将"小组"与"班级"关联。根据小组捆绑评价开展的情况，每周评选出年级中的"冠军班级"与"优秀班级"、班级中的"合作之星"小组、小组中的"五星少年"，并把"评"与"奖"捆绑，定期进行通报表彰。

4. 制定小组合作评优奖励机制，给小组提供展示平台

根据小组评价体系，德育部采用晋级奖励的机制来激发小组的积极性，对各班每周评出的明星小组颁发学校"合作之星"贴纸，全校合作小组进行小组合作晋级PK，公榜竞争。为了激发小组的积极性，每周一的升旗仪式上会展示一个明星小组的风采，还在校外宣传栏中开辟了明星小组专项展示栏。

（三）指导小组自评展示班会的开展

在合作学习开展过程中，我发现，要让小组合作深入孩子的内心，除了要进行理性的分数评价，还必须有感性的语言评价。所以，我又指导班主任教师组织学生开展自评展示班会，以活动为载体，且每周进行检查、考核与反馈。经过一段时间的实践，我校五、六年级各班的自评班会都开展得有声有色、形式多样。学生把自评展示班会开展得轻松有趣，点评也有理有据，这一班会形式深受学生喜爱。

附：

天台小学小组合作学生培训指南

一、分组分工指南

1. 组长由老师衡量其学习、品质、性格、能力等来确定。组员可以让组长挑选，老师指导组长按照兴趣、性别、成绩互补等原则挑选组员，老师适当调整，也可以由老师搭配好成员，让组长相互讨论决定。组员确定之后，组名也要固定下来。

2. 组长负责组织讨论，分配交流内容，协调组员关系，讨论时激励组员发言，不允许组员开小差。

3. 老师做好组长培训，指导组长怎样进行内容分配、怎样安排发言顺序、怎样管理组员纪律等。

4. 组长做好组员发言动员，让组员明白"会了"和"能说"是两个层次、两种能力，鼓励组员努力锻炼自己的表达能力。

二、合作、汇报方式指南

1. 组员发言时，如果是通过讨论得出一个结论的，就指派一名同学发言，要求要有导语、有总结。如果是交流各自感受类型的汇报，可安排一名同学根据发言内容进行开场导语和内容总结发言，再根据人数每人分配一点发言内容，导语和总结可以在每次交流时由学生轮流来讲。教师要指导学生，使其导语内容最好能够引起互动，激发同学听的兴趣。

2. 进行发言培训。

逐步培养学生"三会"：

（1）会展示表达：①自言自语，②两人对话，③小组合作，④组间交流。

（2）会倾听：集中注意力听清，不打岔、不打断，头脑中询问、质疑，适时在书上勾画、标记观点。

（3）会质疑、反驳、更正、补充。对精彩的发言，可以进行评价；也可以就听不懂处请求解释，以"我认为……""我想补充说明……"等方式有序地参与交流，陈述不同意见。

3. 发言权尽可能地交给学生，老师要通过各种激励措施激发学生发言的兴趣，比如多用鼓励语言，根据组内发言的次数、人数进行加分等。如果不是小组汇报，单个发言可以是抢答式。若发言内容、观点类似，学生便要自动坐下。老师还要采取措施控制发言次数多的学生，鼓励学生谦让，特别是让没发过言的孩子尝试发言。比如，第一次发言加的分高，第二次减少一半，第三次不加分等。鼓励组间补充发言。

4. 讨论结束后可互相击掌庆贺，并表示讨论结束。老师可根据击掌的先后次序，决定发言的先后次序。第一个击掌的组做汇报，第二、第三的组可补充汇报，其他组可做纠错和评价。

三、评价培训指南

1. 指导学生进行组际评价时要先说对方优点，再补充自己的意见或指出问题。

2. 根据学生的评价，老师做适当补充、引导或点评，并根据汇报、补充、评价的组的发言人数、质量，在一个教学板块结束后进行当场打分。

3. 评价要形成系统，要有连续性。每节课的分数累计，归于每天，再累计归于一周……

4. 评价项目除了学科的课堂表现以外，班级管理、学科常规等都可以纳入每天的评价。

5. 每周根据每组的合作学习的开展情况及得分情况，评出优秀管理者、优秀小组、优秀个人，评奖的项目可以包括善于合作奖、组织奖、发言奖、进步奖、作业奖、背诵奖、小老师奖等。

6. 每周推出一个明星组，报送到学校进行通报表扬。每周升旗仪式上，选择一个班级的明星组进行介绍、展示。

7. 班级管理分工细化，做到"事事有人做，人人有事做"，岗位的设置可以由学生自己去发现班级管理的漏洞来确定，并可以由学生命名自己发现的新岗位，增强学生的荣誉感。岗位管理的效果要纳入小组评价中。

四、小组合作行为约定

根据年级段目标，选择相关的训练重点，在日常教学中，以约定歌来帮助学生规范合作中的行为，实现有序合作。

表3-1　课堂环节的小组行为约定歌

课堂环节	小组行为约定歌
自主学习	1. 桌面书本摆整齐，方便拿取本与笔。 2. 自主学习任务明，目标准确思路清。 3. 独立静思坐姿正，动笔勾画笔记净。 4. 需要朗读声音轻，仔细投入有感情。
小组合作	1. 小组讨论脸对脸，坐姿端正书放平。 2. 一人发言大家听，边听边想边记录。 3. 小组成员编上号，轮流发言不推诿。 4. 交流讨论声音轻，发言内容简而精。 5. 组员合作不闲谈，组长评价并计分。 6. 组长提炼选论点，汇报分工速度快。 7. 准备好了互击掌，或用手势来示意。 8. 停止交流喊口令，师生对接有特色。
汇报展示	1. 认真倾听要真诚，目光注视发言人。 2. 踊跃发言站端正，面向全班多数人。 3. 大方展示有自信，声音洪亮吐字清。 4. 讲解简洁不啰唆，配上动作或板书。 5. 补充发言先点评，承接前面不重复。 6. 质疑对抗要大胆，有抢有让显个性。 7. 小组长要常提醒，倾听展示不走神。 8. 展示以后要评价，肯定鼓励树自信。

五、小组合作能级目标

表3-2　天台小学小组合作能级目标

目标	低年级段	中年级段	高年级段
总目标	逐渐形成合作意识，开展两两合作。	合作意识较强，具备一定的合作能力，掌握一定的合作方法。	小组内每个成员的合作意识强烈，掌握一系列合作学习方法，小组的自主学习与合作管理能力强。
倾听目标	1. 集中注意力听清楚。 2. 不打岔、不打断。	1. 集中注意力听清楚。 2. 不打岔、不打断。 3. 头脑中询问、质疑。	1. 集中注意力听清。 2. 不打岔、不打断。 3. 头脑中询问、质疑。 4. 适时在书上勾画、标记观点。
合作目标	1. 能共同开展学习。 2. 能相互检测。	1. 小组能合理分工，相互配合学习。 2. 能在独立学习的基础上，围绕问题讨论、合作。 3. 能组织有序发言、检测、互帮等活动。	1. 小组能迅速分工，相互配合学习。 2. 能在独立学习的基础上，围绕问题进行讨论、合作。 3. 能快速组织有序发言，检测落实到位，依据学习效果当堂互帮。 4. 能以组为单位主动组织开展课外活动。
汇报发言目标	1. 能大胆发表自己的意见。 2. 两人对话。	1. 能大胆发表自己的意见。 2. 两人对话。 3. 小组发言有秩序，有分工，要求有导语、有总结。 4. 能大胆对其他人的发言进行补充、纠错。	1. 小组发言有秩序、分工合适、观点鲜明，表达简洁准确，导语、总结有个性。 2. 组内发言相互补充，注意内容的衔接。 3. 组间交流，能把握住别人观点的关键，并生动明确地提出自己的意见。
评价目标	能简要说出对方的优点，能发现错误。	能真诚发现别人的优点，并会质疑、反驳、更正、补充。	能具体评价他人优点，能在评价别人的同时大胆发表自己的见解，质疑、反驳的问题切中要点，更正、补充严谨恰当。

放手，孩子们就给你惊喜

今天是2012年11月10日，又到四（5）班上课，杨老师上了《颐和园》第一课时，我接着上第二课时。昨天晚上我把教学内容看了一遍，把主要教学目标定为：①理解文章结构特点，体会不同景物的特点及描写手法，整体把握颐和园的美和作者的表现手法；②着重培养小组合作学习的组内交流和组际网状交流技能。具体教学分为四个板块：①浏览课文，整体把握颐和园的特点——美丽；②梳理段落，理解课文首尾呼应、以游览顺序为序的结构特点；③品读重点段落，赏析景物之美及表达之美，积累背诵精彩句段；④回顾全课，总结布局谋篇与内容表现的完美结合，总结合作学习的进步之处。前三个环节放手让学生进行合作学习、自主探究交流，最后一个环节暂时还只能由我带领同学们进行总结。

"请大家用半分钟浏览课文，用一个词概括颐和园的特点。想好后在小组里发表观点。"不一会儿，学生的小脑袋就聚拢起来了。这点很好，四（5）班的孩子愿意交流，他们的学习兴趣也越来越高涨了。在小组交流中，只听见钟茂柏讲"雄伟"，向延睿讲"美丽"，谁也没有试图说服谁。于是我让他们停下，请他们在文章中找到依据，看谁的最有说服力。这下更热闹了，大家纷纷念出自己找到的段落。看到差不多了，我就让他们集中交流。生龙活虎组组长彭瑾涵站起来，说是"美丽"，因为开头写了"北京的颐和园是个美丽的大公园"，最后一段写"颐和园到处有美丽的景色"。他似乎还没有说到位，但本组没有补充的了。我便说："彭瑾涵，现在你看看同学们还有没有什么要说的。"她便很流利地接着说："我们组汇报完毕，其他组还有补充的吗？"不错，杨老师下了功夫。有人举手，我示意现在由彭瑾涵主导发言，由她点人补充。然后就有贺志洋补充说中间几段都是写颐和园景色的美的，全文都是写颐和园的美丽的，这个说法很有说服力。第一个问题的答案就这么得到了学生的一致的认可。

"课文是按什么顺序来具体写颐和园的美丽呢？"我提出了第二个问题。因为有第一课时的底子，几个喜欢发言的孩子就直接说了"按作者的游览顺序"，不过似乎太单薄了。"请在课文中找出相关语句，看作者写了哪几处景物，是怎么衔接起来的。找到后小组内交流，先说自己认为是按照什么顺序写的，然后结合课文说理由。"汇报也很顺当，浮云组的四位同学站起来，一位说："我们认为是按作者的游览顺序写的，第一段先写'就来到有名的长廊'，第二段'走完长廊，就来到万寿山脚下'。"第二位、第三位讲完后面的段落后，我相机板书了景点，第四位赵国庆就没有东西可讲了（其实他们合作汇报的形式当时应该要肯定一下）。组长就只好把话题抛给其他组："我们的汇报完毕，其他组还有补充吗？"向延睿迫不及待地举手："我认为也可以是按空间顺序，因为他写一会儿到这里，一会儿到那里，也在表示不同的空间位置。"哈哈，文似看山不喜平，课堂也是一样，有不同观点的碰撞才有味道。可惜对这个问题，似乎没有人能说出个所以然来。我就说："空间顺序是按事物的方位为序的，'我'的位置一般没有移动。这篇课文是这样吗？"学生稍稍讨论一下，就理解了空间顺序和游览顺序的不同。这一环节的组际网状交流得到了很好的体现。

"颐和园这么多的美景，你最喜欢哪一处呢？请选择最喜欢的段落进行赏析，画记重点词句，把你的感受用最确切的词语写在旁边。"此时学生都在找、在画记、在写。具体看个人，写确切词语的不多，大部分写一句话"这里表现了长廊的美""这里写出来万寿山的高""这个比喻写出了湖水的绿"……看来，学生的语言积累还不够丰富，学生还不善于赏析。

"正好有四处景物，请大家按景物顺序分别坐到一、二、三、四组，组成新的小组。"因学生没有经历过，我只得再解释清楚。待学生坐定，每组选出主发言人发言，其他同学进行补充。赏析"长廊"时，由陈家琪主发言："写长廊作者用了动静结合的方法，写'红漆的柱子，绿漆的栏杆'，是静态的美；写'这种花还没有谢，那种花又开了'是动态的美。"没有人进行补充，我问学生："微风吹来，使人神清气爽"这句话，让你想到什么？"有人说："花花草草也会随风摆动。"很遗憾，这一段再也没人补充了。

这个环节本是这节课的重点，但是因为要训练小组合作、训练朗读等，时间不够。讲到第二个景点时，下课铃已经响起来了。从发言的情况来看，学生整体的赏析能力需要大力加强。另外，个性感悟需要通过个性朗读来表现和强化，这些都没有来得及呈现。最后一个环节的整体感悟全文结构和内容的完美结合，只能移到下一节课了。不过我留下了一个很有意思很有探究价值的问题：为什么写"昆明湖的水静得像一面镜子，绿得像一块碧玉"不放到写昆明湖这一段，而是放到写佛香阁这一段呢？

下课前一分钟，我对照黑板的评分情况，进行了表扬，表扬大家的倾听能力大有进步，普通话很有起色，勇于在组内交流，组与组之间的相互交流也很棒。我还特意表扬了11位发言积极的学生，让学生把掌声送给他们，鼓励大家"永远争坐前排"。

一节课下来，我能感受到孩子们对我的喜爱和信服，感受到他们整堂课的专注，感受到他们在讨论交流中投入的热情、闪耀着的思维火花，感受到孩子们像海绵一样吸收着新的知识和技能，我似乎能触摸到他们正在拔节成长。走出课堂，我和孩子们都是满足的、快乐的，真切地感觉到活力课堂离我们不是那么遥远了，它已经带给我们更多的活力了。孩子们的心是多么纯真，多么可爱，只要我们放手让他们进行自主探究，让他们发表自己的观点、充分讨论，他们就会毫无保留地献上一份大大的惊喜，足以让我们拥有一整天的好心情！

我坚信，只要一步步培训，学生合作学习的能力是能很快培养出来的，只要老师多用心琢磨，脚踏实地，一步一个脚印坚持下去。"塑料"普通话的纠正也不是那么难的事情，只要老师有一双敏锐的耳朵，多树立优秀的典型。接下来要培训学生快速发言，建立以快速阅读、快速讨论来竞争发言机会的机制，使课堂的容量更大、效率更高。建立学生相互鼓励的形式，以激发学生更大的活力。根据这个班的情况，还要在前置作业里加上一项内容——赏析，要让美文赏析成为中高年级学生的一种常态，培养学生敏锐的感受力和流畅的表达力。另外，我已经告知学生合作学习表现占期末评价的30%，以激发孩子们的主动性；当然，还要尽快形成即时评价、周评价、月总结和期考核相结合的操作机制，才能持续激发这种主动性。

理想在前方，路在脚下，明天一定会更好！

聚焦于实际问题的解决

——语文教师论坛活动记录

今天是2014年5月8日，语文组教师论坛如期召开。针对目前存在的问题进行研讨，我设计了四个问题，内容如下。

（1）你目前在学生管理和课堂教学中最大的困惑是什么？

（2）请谈谈你们年级组在活力课堂建设中，最迫切要解决的问题及其对策。

（3）你们打算怎样和家长形成教育同盟？

（4）你们希望学校提供什么支持？

其中第一条教师独立思考，第二、三、四条组内讨论，之后上台阐述。

总的来讲，问题实在，能直接切入教师工作的实际问题，所以教师有话可说。但第二条关于对策的提法要求太高，短时间里只能朝这个方向进行尝试性的思考，主要对策还要在后面的研究中探索、系统化并逐步落实。

在讨论和展示中教师们的状态比较饱满，提出的问题也非常有针对性，但以后要注意发言人的均衡，让所有教师都得到锻炼。六年级主要研究学生考试后的状态调整，五年级聚焦潜能生的培养，四年级主要谈小组建设管理和文本解读，三年级研究班级之间怎样互帮互学促进均衡发展，二年级主要谈低年级语文教学模式的困惑，一年级就提高识字效率进行思考和讨论。这些问题都是大家认为亟待解决的问题。我认为今天的教师论坛是很有成效的，教师有了问题意识，有了同伴共同研究，有了一些初步的解决思路，就有了一个很好的开端。

在各组发言之后，我就教师们提出的问题做了解释和答复，只要我们能够做到的，都要尽力为教师们的工作提供支持与帮助。

教师们的发言也引发了我对于语文的很多思考，并与教师们进行了交流。

我们要如何树立大语文观？如何调动各种积极因素提高学生语文素养？原来说"三分在课内，七分在课外"，虽说不无道理，却似乎有推卸责任之嫌。我们应该说：课内是核心、是引擎，课外是滋养、是丰富。

要抓好课内，一方面我们要进一步领会现行模式承载的语文学习规律，凝结优秀教师的教学经验。一是先学后教、以学定教的教育思想；二是在语文实践中，强调学生自主感悟，强调展示交流给学生学习带来的动力；三是语文学习的"整体感知—重点精读—总结拓展"的思路。之后，还要进一步丰富各种变式。另一方面，我们要充分认识到课标对教学的引领、指导作用。要在课标解读中领悟思想、寻找方法、得到启发，解开我们目前的疑惑。

课外，我们要丰富学生的阅读，要强调文学作品的阅读，但又不能只局限于文学作品，我们要育的是全人，百科知识、科技发展、信息技术、人生信仰、人际理财等各方面的信息，只要是对学生发展有利的，都可以介绍给学生。读什么是非常重要的，正如我们吃什么一样重要。我们还要通过亲子阅读、师生共读、展示交流等方式，营造浓郁的读书氛围，让大家都好读书、读好书。

我们还要特别重视对学生良好学习习惯的培养、学习方法的培训。我给大家推荐了一篇《学习六大法宝》，里面介绍了学习全过程的有效方法。比如预习的"读、写、练"，上课的"真投入、抓重点、当堂懂"，复习的"想、查、说"等，都是非常有效的学习方法。常常训练，就能让孩子养成良好的学习习惯。最后，我们要有意识地调动家长、辅导家长、以家长为师，与家长形成教育同盟，使孩子的课内课外有效对接、浑然一体。

尤其重要的一点是，任何学科的老师都要注重提升自己的学科专业素养，这是立身之本，是不可或缺的。对学生状态的调控、思想的树立、习惯的培养，是班主任的基本功；对文本的理解、感悟、解读、鉴赏更是语文学科教师迫切需要提高的看家功夫。

如果我们能发现问题，又能团队合作、聚精会神于小问题的解决，还能调动课内课外多种积极因素，并加强自身修炼，那么还有什么问题是解决不了的呢？脚比路长，办法比困难多，在研究的过程中，我们都会和孩子们一起成长，破茧成蝶！

《戴小桥全传》读书分享会教学实录

一、文本再现

《戴小桥全传》是梅子涵的作品，书中讲述的是一群男孩子的故事。他们每一天都哇啦哇啦、打打闹闹、来回奔跑，开心得要命啦！

二、课例呈现

板块一　猜猜热身，回顾全书精彩的人物情节

师：同学们，最近一段时间，我们一起读完了《戴小桥全传》。今天，我们就一起来聊一聊戴小桥童年的那些事。

首先，我们来玩一个用表演猜情节、猜人物的游戏。用一个简短的表演或是一段简单的讲述，让大家来猜一猜你表演或讲述的是哪个情节或人物，准备好了吗？

第一组学生表演：两名学生一边嘴里喊着"驾"，一边骑"马"而来，一不留神，直冲进了老师办公室。老师生气地问："怎么跑到办公室来了？"两名学生吓得转身就跑。

学生描述故事情节：他们表演的是"我们全是马"这一章节，故事中的人物有哇哇老师、马儿帅、汪小中。

第二组学生表演：课堂上，老师正在讲课。忽然，一男生举起手，带着哭腔说："老师，我尿在裤子上了。"同桌的女生非常热心地说："老师，我去帮他拿裤子。"说完，飞快地跑出教室。（表演勾起了同学们的记忆，全班学生哄堂大笑。）

学生描述故事情节：他们表演的一个是林晓琪，一个是戴小桥。下课的时候，他们俩只顾着追跑，忘记了上厕所。结果，上课的时候，林晓琪忍不住尿在裤子里了。戴小桥借口帮林晓琪回家去拿裤子，借机自己去上了厕所，而故事的标题却是《林晓琪救了我》，我觉得这个情节非常有趣。

（教室里响起掌声。）

第三组学生表演：课间，男生甲在休息，男生乙悄悄地在甲的背后把一个纸团从甲的衣领塞进去却被发现了。男生甲跑进办公室，对一老师说："毛老师，刘东又塞纸团到我衣服里了。"

学生猜故事情节：这个情节来自《绝活》，他们表演的是刘东把纸团塞进杜家严的衣服里，杜家严跑去找毛老师告状。

学生讲述：我给大家几个提示，请大家猜猜我说的是谁。他长得非常帅，他抢过别人的糖果吃。

一学生猜：他的名字是马儿帅。

师出题抢答热身。

1. 这本书写的是戴小桥读几年级时发生的事？

生：二年级。

2. 有个人精通成语，喜欢让别人猜谜语。如果你不想猜，他就骂你是大笨蛋。其实，他的谜语根本不可能猜出来。这个人是谁？

生：曹迪民。

师小结：看来，同学们已经把书读得很充分了。

板块二　聚焦感受，品鉴作品表达方式特点

师：读完这本书，如果用一个词来形容你最深的感受？你会用什么词？给大家两分钟，请把这个词写到黑板上。

学生纷纷走上讲台，在黑板上写下自己的感受：幽默、风趣、趣味多多、笑破肚皮、搞笑、童趣、平凡真诚、开怀大笑……

老师和同学们一起观察，发现出现较多的是"有趣"。

师：你是从书中的哪里读出这种感受呢？

生：我是从"捡垃圾"这一章中读出故事的幽默风趣的。故事中，林晓琪因为在放学路上随手乱丢，被妈妈惩罚每天放学后捡路上的垃圾。如果是我们

去捡垃圾，会觉得很不好意思。他的同学非常乐于助人，都来帮助他捡垃圾。大家一起捡垃圾的时候，追追打打，非常快乐。后来，妈妈说："你每天捡一点垃圾，也不乱丢了，能够知错就改，就不用捡垃圾了。"但是，林晓琪这时候却根本停不下来。到没有垃圾可捡的时候，他们还找别人去"讨垃圾"，就像问别人讨钱一样，求着别人："给我一点垃圾，给我一点垃圾吧。"我觉得这个故事非常有趣。

师：读得这么投入，是不是也想加入他们，一起去捡垃圾呀？

生：我觉得故事中，人物的外号非常有趣。你们瞧，戴小桥的外号是"大香蕉"，马儿帅的外号是"马儿摔"，大家叫他"摔马儿"，林晓琪的外号是"林小气"。我想起了我们平时也给同学取外号，就像王子旭，我们叫他"王老吉"。

（这个话题一下子激发了学生的兴趣，纷纷举手发言）

生：坐我后面的同学姓罗，班上同学亲热地叫他"萝卜"。

师（幽默地问）：那我们班有没有同学叫"白菜"的？

生兴奋地喊起来："有！"

师：还真有？看来，这些有趣的外号就像一颗颗甜豆，让人读起来忍俊不禁，回味无穷啊！那么，除了外号，还有什么地方让你觉得幽默有趣的吗？

生：我觉得第三章结尾处的一个比喻非常有趣。爸爸剃完头后，妈妈说爸爸的头像个大土豆。爸爸的绰号就叫大土豆，头的样子又的确像个大土豆，我觉得这个比喻太贴切了！

师：在这本书中，这样充满温情的逗趣还有很多处，你发现了吗？

生：在书的136页，有一处这样的描写，汪小中问毛老师，家是谁住的房子，毛老师说不知道。汪小中说："家是猪住的房子。"他又问："你们知道为什么朋友的朋是两个月吗？"曹迪民说："因为一个月亮在天上孤零零的，所以两个月亮就成了好朋友。"我觉得他们这样的奇思妙想真有意思。

生：我觉得最有趣的是在《裤子作文》中，汪小中由妈妈帮他洗澡时裤子一条一条地脱，联想到事情应该一件一件踏踏实实地做，饭应该一餐一餐地吃。

师：这一桩桩、一件件，真是说也说不完呀！

生：我觉得《警察警察警察》这个标题就非常有意思。我刚读到这个题目的时候，我以为是"重要的事情说三遍"。读完以后才知道，原是来戴小桥和几个同学冒充警察，又有人冒充警察来管这些所谓的警察。最后，上课铃快响时，又有一位同学来了，对这些"警察"和管警察的"警察"说："上课了！毛老师命令我来抓获你们。"所以就有了这篇《警察警察警察》。

师：原来故事中的标题也是这样妙趣横生呀。

生：我最感兴趣的就是《废话演说家》。"演说家"应该是口才非常好的人，应该说有用的话，怎么又会说废话呢？读到这个标题，我既感到非常疑惑，又仿佛看见一个人站在台上哇啦哇啦地讲着一大通废话，更加迫不及待地想去读一读这个故事。

师：对，一个新颖有趣的标题，让我们有了马上往下读、一探究竟的愿望。

生：我很喜欢《大方的林小气》这个标题。因为大方和小气是一对反义词，这个人到底是大方还是小气呢？这真是矛盾。

师：是的，这些标题都是非常有意思、非常吸引人的。

师（指着黑板上的"平凡真诚"）：这是谁的感受？你是从哪里读出这种感受的呢？

一女生站起来：我觉得故事中没有很多华丽的词藻、优美生动的描写，但每一个词语、每一句话都充满了童真，让我们读着读着，仿佛看到了自己和小伙伴的故事，非常真诚。梅爷爷就是这样认真写作的，这是对读者的尊重。

师：作者就是这样用最平实的语言表达着最真诚的情感的。

生：我觉得梅爷爷在书中只是用最朴实的语言，把一些童年故事用一种有趣的方式表达出来，这种表达方式让我觉得精妙绝伦。

师：是呀，这样的语言和故事，让人读起来非常放松、非常开心。

生：我觉得整本书都是在描写戴小桥自由自在的童年，没有太多的烦恼，每天无拘无束地快乐玩耍。即使偶尔犯了错，过一阵子也就忘记了，老师也没有过多地责备他。

师：这就是作者梅子涵描述的孩子们真实的童年。

板块三　对比童年，理解生命的酸甜苦辣

（一）感受戴小桥的童年的滋味

师：生活中总有酸甜苦辣，你们觉得戴小桥的童年是什么味道？

生：我觉得戴小桥的童年什么味道都有。"甜"的是他每天放学都不用急着回家，可以和小伙伴快乐地踢足球，踢到很晚才回家；"苦"的是有一回要写检查，他很苦恼；"辣"是有一回，他和杜家严一起玩"骑马"，骑到办公室了，老师罚他们写检查；"酸"的是妈妈总是让他练琴、练琴、练琴，做作业、做作业、做作业。有一次，他喂鸽子，和鸽子玩，妈妈不停地对他说："等一下回家，你要好好弹琴知道吗？"让人觉得很烦。难道玩一会儿也不能好好玩儿吗？还得想着练琴。

生：我觉得戴小桥的童年非常苦。可以从"提早担心"这一章看出来。他考试没考好，生怕老师发卷子让他们带回家，每天提心吊胆的，也不能看电视，总是非常担心，我觉得这种滋味非常苦。

生：我觉得戴小桥的童年是甜的。根据"记性不好"这一章的描述，戴小桥的妈妈每天都为他准备牛奶和面包，给予他很多的关心，这种被爱包围的味道当然是甜的。

一男生站起来：我觉得天天被逼着喝牛奶是很苦的。

师：同样一件事，竟然有的人觉得甜，有的人觉得苦。真是个中滋味，各人品味呀！

生：我觉得戴小桥的童年不仅有酸甜苦辣，更多的还是快乐。因为他有那么多的好朋友，还有关心他的老师和父母，所以我觉得他的童年是十分快乐的。

师：是的，快乐是戴小桥童年的主旋律。

（二）聊聊我们的童年

师：戴小桥的童年是甜的多，酸有一点，苦和辣也都有一些。那么，我们的童年又是什么味道呢？

生：我的童年是甜的。因为我喜欢做一些让周围的世界变得很美好的事情。我们小区里有一片竹林，很多人喜欢去竹林里挖笋。这样笋芽儿就不能变成竹子了。于是，每天放学，我就和我的好朋友一起去竹林里，提醒别人不要

去挖笋，保护了这些竹笋，我觉得很快乐。

生：我觉得我的童年是多姿多彩的，更多的是快乐。当我们用自己的努力换来收获时，内心会觉得无比快乐。我是《株洲晚报》的小记者，经常会写一些习作去投稿。当看到自己的习作在《株洲晚报》上发表时，内心无比快乐，觉得自己的努力有了回报。

师：努力有回报也是一份快乐。

生：我觉得我的童年是先苦后甜的。虽然每次去参加各种比赛，努力了，总能取得可喜的成绩，但比赛前的练习确实十分辛苦。比如说我参加了舞蹈培训，每次练习基本功的时候，常常疼得掉眼泪，但是在舞台上表演时，观众们的掌声又给了我很多的鼓励和快乐。我不由得想起了"台上一分钟，台下十年功"那句话。所以我觉得童年是先苦后甜的。

生：我觉得我的童年是幸福的。每天能和家人生活在一起，吃到妈妈做的可口的饭菜；在学校，我有很多好朋友，我们一起学习、一起玩耍。

板块四　推测效果，感悟对成长方向的引导

（一）感受长辈们的期望

师：酸甜苦辣，样样都有，这才是我们的童年。那么我们的爸爸妈妈是怎样看待我们的童年的呢？他们希望我们怎么度过我们的童年呢？

（微课播放爸爸妈妈的话。）

师：你们读懂父母对你们的期望了吗？

生：我知道，爸爸妈妈希望我们快快乐乐地度过我们的童年。

生：爸爸妈妈最希望我们的童年无忧无虑、自由自在。

师：是的，健康和快乐成长是父母对我们最大的期望。

（二）成长寄语

一个人若能做自己喜欢做的事，并且靠这养活自己，又能和自己喜欢的人在一起，并且使他们也感到快乐，就是幸福。

——周国平《幸福》

接受童年的酸甜苦辣，努力发现生活的美好，做一些事情让世界变得更美丽。

——文艳云《写给银海学校的孩子们》

（三）解决成长路上的烦恼

师：文老师最近遇到一个烦恼，请大家一起出谋划策。

出示话题：二、三年级有些男孩子特别调皮，文老师想带他们一起读《戴小桥全传》，让他们变得可爱一些，你们觉得我能达到想要的效果吗？为什么？

学生分小组讨论。

（正反两方辩论）

生（正方）：我觉得是可以的。我记得书中有一个故事是讲戴小桥、马儿帅、汪小中在学校门口踢足球，把球踢到花园的栏杆上，被校长发现了，校长要求他们写检查。通过这个故事，我明白了下课做游戏时要注意安全，同时也懂得了做错事要改正。我相信，二、三年级的同学读了这个故事，也能从中受到启发，渐渐变得乖巧。

生（反方）：我觉得不能。因为书中的戴小桥和他的哥们儿本来就很活泼、调皮。二、三年级的孩子读书时，如果只看懂了这些，可能会变得更调皮。

生（正方）：我觉得能。因为如果这些孩子和我们一样，能在老师的带领下，一起来读这本书，他们一定能从中感受到更多的童真童趣，渐渐受到感染，变得更可爱。

……

师：梅子涵爷爷说过这样一句话：克服天真里的无知，天真就会更美丽。相信二、三年级的孩子读了这本《戴小桥全传》，一定也会慢慢克服自己的缺点，越来越优秀。

板块五　了解作者，盖上子涵老师的文学毯子

师：人类要让自己更优秀，就要把一代代人的智慧写到文学作品里，让孩子们阅读时感到愉快，记着这些智慧慢慢长大。文学家能把人生的道理写给在人生里的我们看，你们觉得他们伟大吗？

子涵老师曾经说过，文学是一条可以温暖所有人的毯子。大家对子涵老师非常崇拜和喜爱，因为他创作了很多优秀的儿童文学作品，带给我们很多快乐和智慧。昨天我上网查了一下，他写的文学作品有86种之多。子涵老师还介绍

了一大批国外优秀的童书和很多优秀的儿童文学作品，就是希望孩子们能够阅读着优秀的作品，优雅地长大。

同学们，子涵老师准备了很多宝藏等你们去开采呢！他马上就会到我们学校来给全市的语文老师讲课，也会与大家见面。大家好好读书，多写读后感，准备好当面向子涵老师请教哦！

三、课例评析

童年、成长是永恒的话题。文老师这节课，以对孩子成长的关爱为圆心，以读、聊为面，画了一个充满爱心的圆。

孩子们在文老师的引领下，从轻松愉快的表演、猜测开始，在自编自演的简单情节和人物描述中，勾起了对故事中印象深刻的人物和精彩的故事情节的回忆，激荡起了内心表达的欲望。

在孩子有了强烈的表达欲望之后，文老师又引导孩子们聚焦感受，让他们品鉴作品表达方式特点。首先，文老师给了孩子们非常宽松的氛围，让孩子们自由到黑板前用一个词语写出自己最深的感受，带领学生瞬间走进了话题。接着，一个"从书中的哪里读出这种感受"的问题，巧妙地启发学生表达时要言之有据。学生们畅所欲言，充分享受着与作者、文本、老师、同学交流带来的快乐，同时也充分感受到了作品"幽默风趣""平凡真诚""充满童趣"的表达特色。

故事来源于生活，在故事中总能找到我们自己的影子。故事中的戴小桥其实就是生活中的你、我、他。文老师慧心独运，先让孩子们去感受戴小桥的童年的味道，让孩子们尽情地表达着自己不同的感受：有的觉得戴小桥的童年是一颗甜豆，有的觉得戴小桥的童年有一点酸酸涩涩……最有意思的是，同样是妈妈让戴小桥喝牛奶，一个女孩子觉得是幸福的味道，另一个男孩子却觉得每天被"逼"着喝牛奶，是"很苦的"。真所谓"一千个读者就有一千个哈姆雷特"呀！就这样，孩子们头头是道地说着、聊着，不知不觉地联想到了自己的童年生活。在孩子们聊到自己生活中的烦恼、委屈和快乐时，文老师巧妙地引导孩子们正确看待生活中的各种滋味，并寄语学生："接受童年的酸甜苦辣，努力发现生活的美好，做一些事情让世界变得更美丽。"字里行间，无不体现着一位教师对孩子成长的关怀。而微课播放的爸爸妈妈的童年寄语视频，也让孩子深刻地感受到爸爸妈妈的用心良苦和无微不至的关心。孩子们在课堂上不仅经历了语言和智慧的成长，同时也经历了思想和情感的成长。

在"推测效果，感悟对成长方向的引导"这一环节中，文老师设计了"二、三年级有一些男孩子特别调皮"的问题。其实，这些调皮的男生又何尝不是孩子自己和自己身边的小伙伴？"怎样从书中去汲取能量，不断完善自己"，文老师并没有用这样的语言进行点拨，孩子们却在自己读着、聊着的过程中，懂得了。这真是"随风潜入夜，润物细无声"的教育呀！

师生共读、师生聊书，并不只是让孩子们读懂一本书，而是要让学生感受阅读的快乐，激发孩子们的阅读兴趣，激起他们想去读更多好书的强烈愿望。在课堂的尾声，文老师向我们介绍了这本书的作者——梅子涵先生，一位写儿童文学的作家，一位推广儿童文学的点灯人。当一本本文学作品随着文老师的娓娓讲述慢慢呈现时，孩子们屏息凝视，那一双双眼睛里流露出的是对那些优秀读物的渴望和期盼，一颗颗阅读的种子就这样悄悄地播在了每个孩子的心间……

（本文刊登于《湖南教育》2016年6月B刊，是我在"书香建设"中的一堂班级读书交流课实录）

让真实的学习在课堂发生

今天是2022年3月30日，我听了三堂习作课，都是由教龄在五年以内的青年教师执教。我一直认为现在的青年教师综合素质高、知识结构新，懂得孩子的心理，更善于与孩子沟通。但是今天三位教师还是让我感到非常惊艳，她们在讲台上那从容不迫的气度、对教材的深度理解和把握、课堂推进中的认真倾听和有效应对、对重难点的突破，都会让你觉得她们是久经磨炼的行家老手。但她们的青春气息分明又扑面而来，课堂用语中有时也会有新兴词语冒出来，深受孩子们的欢迎和喜爱，更别说我们这些台下一直露出"姨母笑"的"老手"了。青年教师成长周期的大大缩短，离不开坚实的基础和自身的努力，同时也得益于我们天台小学教师发展体系的支持，得益于学科导师的"传帮带"，更得益于组本教研、集体备课的常态化开展。

如果说德育活动最重要的是寓教于乐的话，课堂教学最重要的是让学习真实发生，让学生有主动学习的欲望并能经历真实的学习过程，在这方面今天这三堂课都做得特别好。

一是真实的情境设置，唤起学生真实的表达欲望。真实学习的前提是学生有主动学习的动机，而习作教学中的话题，往往不会让每个学生当时都恰巧就有强烈的表达欲望。今天四年级周翔楠老师"可爱的小动物"一课，通过几个真实情境的设置唤起了学生的表达欲望，尤其以"寄养"情境设计最为巧妙。视频中一个学生因为全家外出要把心爱的小猫寄养，又担心别人不熟悉小猫而照顾不好，打算写一封信给临时收养人，向同学们求助写些什么内容好。这个情境非常真实，问题具体、可解决，引发学生设身处地地为视频中的小主人出谋划策的兴趣。学生纷纷说要介绍它喜欢吃什么、玩什么、要拉便便怎么办、是不是胆小或者黏人……学生通过这个过程明白了写小动物就要详细介绍它的生活习性和性格特点。这个生活中可能遇到的问题情境唤起了学生的表达欲望，孩子们说得很起劲，语言也很丰富，既定的教学目标也达成了。

二是把课堂变成具体的学生学习活动，让学生亲历真实的学习过程。学生不是只听老师的抽象讲述，而是在完成一个一个的任务的过程中，自然而然地领悟如何选择写作对象、如何抓住其独有的特点、如何选用典型事例把特点写具体。比如五年级万思涵老师上的"形形色色的人"，如何选择典型事例来突出习作对象的特点是需要突破的难点，教学中往往会出现学生写的特点"不特"的情况。万老师出示了一个学习活动：要突出"叔叔记忆力超群"的特点，你会选择下面哪些事例？①读完一本书可以记住书中所有细节；②记住我昨天说过的一句话；③记住我的生日；④地图看一遍就可以画出来。学生说各种答案的都有，老师就问，这些事情别人可以做到吗？通过追问，学生就明白了，所谓特点就是别人没有或者别人做不到的，那只有①和④是能突出叔叔特点的典型事例。老师又设计了一个更开放的活动，问学生要突出"同学是个大胃王"要选择什么事例。学生们在讨论评价时就使用了前面的标准。这样，常见的选材不典型的难点就在这两个学习活动中突破了。

再如三年级黄静娴老师的"身边那些有特点的人"，全课以四个活动"猜一猜→说一说→聊一聊→品一品"串联，非常干净利落。在"品一品"这个活动中，老师出示两篇例文《幽默大师》和《哈迷》，让学生们比较哪篇更好并说明原因。学生们纷纷说《幽默大师》写得更好，杜老师在组织学生学"好雨知时节，当春乃发生"时，学生的牙掉了，惊吓之下的大叫打断了讲课，杜老师说你这是"好牙知时节，上课乃发生"，一句话把大家逗乐了，这个具体的事例体现了老师的幽默。而《哈迷》没有事例，就是干巴巴的几句话，没有把特点写具体。学生是在具体的活动中学习的，在具体的语言情境中去揣摩感悟，才会有最真切的收获。三年级的小朋友在这个对比阅读的活动中，明白了如何用具体事例表现人物特点。

让学生亲历学习过程，享受学习的快乐，还要给学生提供表达机会和平台。今天三堂课都预设了小组合作学习，每个小朋友都需要在小组内发表自己的感受、想法，还有机会在全班发表意见、观点，展示作品，还可以与其他学生互动交流。人们常说"要在游泳中学会游泳"，我们说"要在听说读写中学会听说读写"。另外要注意的是，在学生发表意见时，教师要"退后"，在不是特别需要时不要过多加入自己的思想和语言或者重复学生的话，否则就会在无形中压抑学生的主动性。要尊重学生的遣词造句方式，赞赏他们的独特感受和思考，激励他们勇于表达，让他们有表达自我和超越自我的成就感。教学中要着眼语言细节、珍视感性、重视领悟，营造互相激发、赞赏的氛围，这是语文的学科性质决定的。

最后不得不提的是，运用信息技术进行现场评改，让全体学生亲历评价修改的过程，是非常高效的、有针对性的指导。信息技术在课堂教学中最直观的优势就是便于呈现学习材料和学习中的思维过程。"我的动物朋友"课中黄老师设计了一个片段练习：从外形、习性、性格三个方面选一个，写一个片段，突出动物朋友的特点。学生完成后，老师选择几个有代表性的文稿，让学生围绕是否突出了特点相互点评。运用希沃白板技术，使学生的文稿直接显示在大屏幕上，老师直接在文稿上批注、修改，与学生的思维同步，直观便捷，在具体的、有针对性的评改中，再一次落实习作指导。

这三堂课，让学生亲历学习过程，让学习在课堂上真实发生，解决了长期以来习作教学中学生习作兴趣不浓、习作指导空泛、习作效果不佳的问题，大大增强了习作指导课的实效。

在现在"双减"的背景下，提高课堂教学效率更有其迫切性和重要性。只有课堂提质，才能课外减负。愿天台小学的课堂，尽可能地把时间和空间归还给孩子们，让他们在课堂上学得扎实、学得高效，让他们有更多的时间和空间获得德智体美劳全面发展和个性化发展。

未来已来　整装出发

自从2022年3月新课程方案和标准颁布以来，"新课程"成了一个热词。新课标体现了新时代对人才的新要求，我们要利用这次机会让学生获得更好的发展。未来扑面而来，我们整装出发。

一、新课程方案的重大变化

（一）未来教育观的课程理念

"让学生创造着长大"是2022年课程改革的基本理念，这是由信息化时代的特点决定的。现在人类处于一个急剧变革的时代，知识的半衰期短，各种问题高度复杂化。人们需要对不确定性不恐慌，有解决复杂问题的能力，善于把不确定性变成确定性。我们要树立未来教育观，创造没有标准答案的教育，实现课程的人性化、共同体化、创造化和信息化。让学生拥抱不确定性，勇于承担选择的后果，提升学生解决复杂问题的能力。

（二）核心素养观的课程目标

核心素养观，即让课程目标始终聚焦于培养学生在真实情境中解决复杂问题的高级能力和人性能力，也就是培养学生可普遍迁移的正确价值观、必备品格和关键能力。把"三维目标"融合起来，回到真实情境，解决复杂问题的高级能力和人性能力的结合就是"核心素养"。核心素养观致力于培养学生的交往能力、协作能力、批判性思维和创造力。常规的读写算作为培养载体而非目标，把做题人变成做事人、创造人。

（三）理解性教学观的课程内容

所谓理解性教学观，即认为知识的本质是理解或解决问题，教学中选择

"少而重要"的学科"大观念"，创设真实情境，让学生以小组合作的方式运用学科"大观念"解决真实问题，经历真实实践，产生个人理解。概念性学习是不可传递的，要靠学生在学习过程中，创造自己的内部文化，做自己的学科专家。老师像教篮球一样去教认知性学科，学生像吃鱼头一样去体会理解概念。通过完成任务让学生去实际运用知识是最重要的教学方法，它能使学生大胆地表现自我。

（四）跨学科学习观的课程组织

跨学科学习观认为学科是从社会生活（主要包括日常生活和职业生活）中逐步分化出来的。学科与社会生活和自然世界存在内在联系；学科与儿童的心理经验存在内在联系，二者属于同一个现实存在；不同学科之间的边界是可渗透的，可以根据学生的认知特点和发展需要进行不同程度的融合。跨学科学习既是学生的批判意识和自由人格发展的要求，又是培养学生的核心素养的条件。

（五）表现性评价观的课程评价

所谓表现性评价观，即认为虽然人的核心素养与外部行为表现存在本质区别，但二者也存在内在联系：核心素养是行为表现的依据与引领，行为表现是核心素养的"出口"与发展途径；核心素养只能通过植根于情境的"表现性任务"而进行评价，对于标准化测验则鞭长莫及；学生完成"表现性任务"的过程既是评价过程，又是教学与学习过程，学生通过在日常学习过程中持续表现核心素养而使自身核心素养得到发展。

二、学校如何分步推进实施

（一）全面培训，理解新方案重大变化

新课程改革方案的重要理念是让学生在创造中学习，要让老师们深刻理解时代对人才新的要求。我们不能再用标准答案培养标准件，我们要培养的是能够在真实情境中解决实际问题的人，要培养在变幻莫测的环境中仍然沉着理性、随机应变的人。我们要用人类文明最核心的大概念，培养学生的交往能力、协作能力、批判性思维和创造力。让他们亲历人类重要文明的发现和发明的过程，在创造中学习，再走向新的创造。

老师们还要确立新的知识观，要把知识当作即将退休的船，我们要边航行边修补这艘船。因为人的认知是螺旋上升的，人类的知识就像有很多漏洞的

挂毯，需要修补。知识是学生发展的媒介物，学生不能变成储存外部知识的移动书架，而是要自我建构对自己有意义的知识体系，要让学生在做中学、用中学、创中学、合作中学。我们现在要培养的学生，应该具备的核心素养是有可普遍迁移的正确价值观、必备品格和关键能力。

（二）重点攻关，在点上取得突破

实际的教学方式的变革，主要体现在核心素养观的目标指导下的理解性教学、跨学科学习以及表现性评价的具体实施上。我们要成立核心攻关小组，在具体案例上取得突破，再在"培养具有创造性的人"的视域下展开小课题研究。

1. 从教学案例开始探索理解性教学的开展

比如我们天台小学就可以挖掘我们在活力课堂建设中理解性教学的经验，置身于新课程方案的大背景下使其进一步升级。首先，将课程内容进行整合和具体化，提出供学生深度学习的有意义的单元主题。其次，教师要围绕单元主题提取核心概念，形成可普遍迁移的"大观念"。最后，围绕单元主题内容和"大观念"提出贯穿始终的"引导问题"，就是天台小学语文教学经验中的"提出核心问题"。

2. 围绕"培养具有创造性的人"，探索跨学科学习的主题内容和实施策略

首先，要充分尊重学生心理发展特征，选择恰当的课程统整策略。其次，所有学科或学习领域均应体现"综合育人"原则，让课程内容与当地社会生活和学生的心理经验建立内在联系，不断提高课程内容的适应性，让学生切身感受到课程学习的意义。最后，占各门学科10%课时的"跨学科主题学习活动"要围绕"跨学科概念"科学设计与实施，让学生真正走向深度学习，产生可迁移的"跨学科理解"，让学生体验"创中学"的乐趣。

3. 结合我们的小组合作学习评价，探索对学生学习进行表现性评价的策略

首先，要研究课程标准中每学段课程核心素养的表现及相应学业质量标准，形成表现性评价的整体视野和宏观图景；其次，教师要根据单元主题的"大观念"及核心素养目标，联系课程标准中相应的学业质量标准，开发植根真实情境的"表现性任务"，并根据对"大观念"的理解水平和核心素养发展状况研制"表现性任务"的评价量规，以评价学生完成一个单元之后对"大观念"的理解和核心素养的发展状况；最后，将"表现性任务"及评价量规转化为学生的平时课堂学习活动，体现"表现性任务"的累积性以及核心素养的进阶性和发展性。

（三）整体设计，探索新的育人模式

从以上几点突破，从目标开始，到内容、组织、评价，使其逐渐可以连点成片，构成一个新的育人模式体系。在实施的过程中间需要不断相互协调、不断升级改造，让其在动态平衡中协调一致、螺旋上升。

三、教师成长是永恒的主题

校长的第一使命是什么？在我看来，校长的第一使命只能是促进教师的专业发展。校长的工作中没有比促进教师专业发展更重要、更基础、更持久的了。

人的心中有善我和恶我。作为校长，我们要走进教师的内心，帮助他们驱逐恶我，放大善我。没有哪个人希望自己是一个平庸的人，自我价值的实现是每个人内心最强烈的需求。

好的教育是让每个人都成为独特而优秀的自己。独特会使人获得存在感和意义感。世界因为每个生命的不同，才如此多姿多彩。开发潜能、遵循个性，让每个人都成为独一无二的自己，发出自己独有的光亮。优秀会使人获得尊重感和使命感。社会需要品格良好、体质健康、素养全面的公民。以课程滋养，用活动体验，让每个人都向上、向善、向美，努力成为更好的自己。

（一）升级思维：让教师实现再成长

当一个团队发展到一种相对平稳的状态时，团队内成员的主动性就会变低，相应的工作效率也会跟着下降。此时，需要领导者利用鲶鱼效应，引进新的评价机制，增加团队的活力。通过一系列机制，如评选阳光教师、斜杠青年、特权导师等，创造教师的需求，让他们过有价值的专业生活，让每个人都成为教学英雄。

（二）系统思维：让每位教师都感受到爱

系统思维是一种逻辑抽象能力，也可以称为整体观、全局观。系统思维是指在考虑解决某一问题时，不是把它当作一个孤立、分割的问题来处理，而是当作一个有机关联的系统来处理。

（1）要成立教师俱乐部，如书法、排球、摄影、育儿俱乐部等，让教师们的素养与能力全面发展，为跨学科学习做好准备。同时引导他们努力过一种有意思

的人生：做人有情有义，做事有声有色，学习有滋有味。

（2）把教职工例会改变为精神成长大餐：阳光教师幸福说，核心问题大家谈，校长眼里好教育。传递正能量，传送好方法，传达新理念。

（3）把每个节日过得浪漫缤纷，使其成为教师之间情感的纽带。倡导好家风，弘扬好校风，形成好作风。做家访，使其送祝福，为学生举办成人礼。

（三）共生思维：让每位教师都成为CEO

《人性的弱点》中提出要改变人且不引起他人反感的九项规则：

（1）用称赞和真诚的欣赏作开始。

（2）间接地指出人们的错误。

（3）在批评对方之前，不妨先谈谈你自己的过错。

（4）用建议替换命令，婉转发问的方式更容易赢得好感。

（5）顾全对方的面子。

（6）称赞对方最细微的进步，而且要称赞每一个进步。

（7）给对方一个美名让他去保全。

（8）用鼓励的方式，使你要对方改正的错误，看来很容易改正；使你要对方所做的事，好像很容易做到。

（9）给对方尊重，使人们乐意去做你所建议的事。

我们要用"制度"提升专业能力，用"热度"增加幸福指数，用"气度"促进民主管理。提供三个平台：金点子公司，学校工作我出智；名誉督学部，学校管理我有权；总结分享会，学校荣誉我有份。让老师们主动热情地、有胜任力地迎接课程改革，成为陪伴学生在创造中迈向未来的良师益友。

教研常态，"道法"自然

——记天台小学一次道德与法治教学研讨活动

2021年4月19日，天台小学邀请株洲市道德与法治学科教研员余民老师指导，举办了一次高规格的道德与法治教学研讨活动。活动内容包括一节青年骨干老师的研讨课、一节余老师的示范课、一堂专家讲座。活动现场效果极佳，我带领天台小学的教师团队与余民老师现场互动交流研讨学习，收获颇丰，直至活动后老师们还意犹未尽。按捺不住激动，我发起了一场网络研讨，摘要如下。

文艳云：2021-04-19　20：10：24

老师们，今天的道德与法治教学研讨活动，在大家积极参与之下，取得了非常好的成效。一是大家确实学有所获，余老师的课堂和讲座让我们对道德与法治课的教育思想和教学方式有了全新的认识；二是余老师对天台小学学生的学习状态、表达能力、学习能力非常赞赏。一个人要做一件大创举大善事很难，但每天呈现出好的状态就会有叠加效应，长此以往也能成就好声誉。让有影响力的专家们看到天台的美好风景，是我们提升学校美誉度的一件大事。

亲爱的老师们，我们每天的体验与感受稍纵即逝，我们对某个事物的顿悟也可能随着时间的推移而渐渐淡去，直到可能有一天你都忘记你生命中曾有过这样的瞬间。苏格拉底说："不经反思的人生不值得一过。"笛卡儿说："我思故我在。"希望老师们都能把自己的感悟记录下来，让这些美好点缀我们的人生。

独学而无友，孤陋而寡闻。携友同行，兴味盎然。希望大家一起多探讨，多交流，互相启发，共同进步。让我们在教学研究中感受教育生活的兴味，一起建设天台小学教研高地，树立学术自信与尊严。期待大家分享学习感悟哦！今天听余老师亲自上课，我有很多感想和收获，首先我来分享一下我的所思所得。

一、"道法"胜在自然

我们的道德与法治课不是说教课，不是理论课，而重在自然。既要尊重联系孩子的生活实际，又要很自然地引领孩子高层次思维的成长。师生间是生命之间的对话、唤醒和碰撞。如余老师"可爱的动物"，学生们从观看动物视频谈感受开始，切入课题，谈感受，营造师生自然对话的氛围。然后进行第一个活动"猜谜会——我喜欢的动物"，学生们用猜谜、模仿动作声音等方式，介绍喜欢的动物，这个活动非常有趣味，以学生生活体验感受为基础，充分表达对动物的感性认识，进一步营造对话的情景。第二个活动"故事会——我和我的动物朋友"，着重讲我和动物朋友之间难忘的故事，自然引出快乐、悲伤等情感，落到"动物是我们的朋友"这个点上。第三个活动"学习会——认识小动物老师"，让学生谈谈人类从动物身上学到了哪些本领。三个活动从感性到理性，从低阶到高阶，学生在一种自然轻松的学习情境中，充分交流分享，情感得到充分激发感染，思维得到高层次发展碰撞。为下节课学习与动物和谐共生打下良好的基础。

二、"道法"必讲逻辑

道德与法治课的活动设计要研究教材的内在逻辑结构。比如余老师的课，谈对小动物的认识是调动生活经验谈认识了解，说我与小动物的故事是回顾与小动物的亲密接触唤起情感，认识小动物老师则是理性认识动物给人类的启示。我们教学时要有逻辑主线，才能设计好活动，抓住学生的生成资源，达成教学的目标。再如今天万思涵老师上的"富起来到强起来"，教材的逻辑结构是：了解改革开放的历程，然后从具体可感的事物中感受到改革开放的成就让中国富起来了。如何进一步深化改革呢？那就是要科教兴国，从一些具体事件中感受到科技前驱们的努力与付出，唤起孩子们对科技领域的兴趣。

三、"道法"善用生成

华东师范大学叶澜教授说过："课堂应是向未知方向挺进的旅程，随时都有可能发现意外的通道和美丽的风景，而不是一切都必须遵循固定线路，进行没有激情的旅程。"道德与法治课堂也不例外，有着无限的生成和意外，尤其是课堂上孩子认识有分歧、有错误的生成资源，需要教师敏锐捕捉并善于巧妙化用。正如垃圾可能是放错地方的财富，错误有时是最好的老师。我们要正视这些错误生成，转化成宝贵的教育资源。有错误点，就会有生长点，就可以作为突破点与着力点，引入后续学习。比如上一周研讨的"五年级上班委选举有程序"，选举最美宣传员的第一个程序推选候选人，候选人承诺如当选给大家买吃的，就可以让大家讨论这样说行不行，引出"贿选违反公平法治原则"。如果没有这个错误，就不能引起讨论，大家对这个原则的理解也就没有这么深刻了。

总而言之，今天既有教学的现场展示，又有基于多堂教学实践的理论建构和归纳，真是看得见、摸得着、听得懂、用得上，在教学思想上和实战技能上都非常有启发、有收获！非常感谢余老师传经送宝！请大家踊跃发言，一起交流自己的收获哦！

刘利平：2021-04-19 20：21：29

余老师的课堂趣中有味，味中蕴情，情中引思。注重孩子情境式体验，注重对孩子深度思维渐进发展的培养。如课堂活动设计由"动物是我们的朋友"到"动物是我们的老师"到最后"我们如何善待动物"，环环相扣，引领学生认识步步递进深入。余老师的讲座丰厚丰富丰实，既有个人独到的见解，又有缜密的思维逻辑；既有扎实的理论知识，又有鲜活的案例。讲座深入浅出，引人深思回味。谢谢余老师带给我们的盛宴分享！

周翔楠：2021-04-19 20：30：30

余老师在讲座中分享的案例与观点，让我意识到，在道德与法治课的教学中，应该以学生的特点出发，抓住儿童的心理特点，提供合适的情景导入或者活动，让学生在学习过程中知情合一，既探究了新知识，又提高了学生的积极性。尤其是最后，老师说要巧用学生错误生成课堂资源，其实新教师在课堂中遇到的各种错误和意外很多，我应该学习这种巧用的方式，正视错误，巧妙应对，既让课堂更生动、更活泼，又让自己的教学能力得到锻炼。

余博文：2021-04-19　20：34：54

昨天通过余民老师的讲座真切感受到了大思政教育观，我们的道德与法治课教学的着力点要落在"真""近""新""意"上，要有直抵学科核心素养的培育，思考学科的深度价值在哪。课堂上要善于捕捉课堂的生成，把课堂当作一个生命对话、碰撞的场所，有时候生命的成长可能就是一堂课的成长。

王献：2021-04-20　09：46：36

通过昨天的学习，我深深地体会到上好一节道德与法治课的不易！但又必须上好道德与法治课！这个课程对于孩子一生的发展意义重大。多希望道德与法治课也能像其他主科课一样，有专职老师，尽心研究，精心设计，让每一堂道德与法治课都能成为播洒爱国种子、规范道德意识、培养良好习惯、滋养孩子生命的阵地！

马梦思：2021-04-20　09：46：56

余老师的课堂生动有趣，课堂教学中充分把握小学低年级的学段特征，通过视频、猜谜、小游戏、小组合作讨论等形式，充分激发了孩子们的想象力，调动了他们的积极性，引导他们主动思考、积极参与。一节课上完，学生兴趣盎然。听了余老师的讲座，我深刻认识到，教学要以学生的生活为基础，培养学生去热爱生活。

唐婷：2021-04-20　09：53：34

学习余老师的道德与法治课和讲座，我知道道德与法治课教学的过程就是学生反复亲历体验的过程。教师应该巧用生活事件、情境场景、生成资源、课外实践，设置出人性化的教育氛围，在潜移默化中影响学生，达到"润物细无声"的效果。

桂芬：2021-04-20　10：46：19

听了余老师的讲座，深受启发。不禁思考：作为不专职的道德与法治老师，应如何提纲挈领抓要害，将教育落地？更多的时候，我们需要进行的是课程思政，如何有效渗透，智慧育人。且思且行，坚持不懈。

万思涵：2021-04-20　10：50：20

在课堂中，我们要做的是与学生平等地沟通交流，学会倾听，他们才是课堂的主人。课堂的设计要更贴近生活紧跟时事。余老师让我明白，道德与法治课很难上，但一堂精彩的道德与法治课能让孩子们受益终生。

漆丽双：2021-04-20　11：09：06

听过好几次余民老师的讲座了，每一次都能切实地感受到余老师对道德与法治学科的热爱与专业。这一次，余老师又是倾囊相授，分享给老师们道德与法治课的"五借法"，浅显易懂，有实际操作的意义。那些经典的课堂设计，余老师如数家珍，可见背后花了不少心血钻研。每一个教学设计的巧思，都凝聚着余老师学科研究的心血。我将会在教学实践中也向余老师学习，回归教育的初心。

周素华：2021-04-20　11：09：17

这是我第一次听到真正意义上的道德与法治课，听完后我也开始反思和梳理了一下自己以前上的那些所谓的道德与法治课，确实没落到实处，没吃透教材，没考虑全面，没有进生活。余老师的课，真、实、新，可以说余老师的课就是我们这些门外汉今后要模仿的课。大师来到身边，这是多么值得庆幸的事。醍醐灌顶，平时被我忽视的道德与法治课，欣慰于大师实在、接地气又极具高度见解的讲述，这下彻底让我这个班主任有了想要上课的冲动和热情！

廖银娥：2021-04-20　11：09：30

第二次聆听余老师的道德与法治课和讲座，仍旧像第一次一样让人深思，真正受益匪浅！余老师的课，环环相扣，三个活动设计既符和低年级段孩子认知，又贴近生活实际，同时还创设情境让孩子增强体验，通过多种方式让孩子亲身参与到课堂中来，引领学生去体会、去发现、去感受，真正达成了道德与法治课的目标。余老师的讲座更是知识的盛宴，个人的精彩见解与实例相结合，深入浅出，让我们对道德与法治这门学科有了全新的认识，对如何上好道德与法治课有了新的想法，一堂精彩的道德与法治课不仅是知识的收获，更多的是道德品质的培养和精神的引领。

谭燕伟：2021-04-20　11：12：18

……听了余老师的道德与法治示范课和讲座，我受益匪浅。示范课层层深入，环环相扣，由猜谜会导入，充分激发了学生兴趣。学生积极参与到活动中，用谜语、模仿动作、模仿声音等方式介绍自己喜欢的动物。接着，进入故事会，学生动情讲述自己与动物的故事，拉近了学生与动物的距离。再到学习会，学生从动物身上受到启发，发明了很多东西，认识到动物不仅是人类的朋友，还是人类的老师，自然而然地想要保护动物。余老师的讲座理论有高度，思想有深度，内容与实际的教学案例相结合，非常接地气，让我学到了道德与法治课的实用教学方法。

杜凤玉：2021-04-20　11：15：32

余老师的课是走进了孩子心里的课。道德与法治课的内容化作了孩子心里的一道彩虹，一支乐曲，那么美，那么悠扬。真是理论有高度，情感有深度，驾驭课堂自然不着痕迹，就把对动物的情感和对待动物的态度揉在了孩子的内心。很喜欢听余老师的课，生动诙谐，贴近孩子的内心，引导了孩子的认知，真是寓教于乐，寓教于情啊！反思自己的课，却常常不够接地气，无法走进孩子的心，讲得太空洞、太理论，应该要多用孩子的语言去体会，这样才能把道德与法治的思想真正传递到位。

田智：2021-04-20　11：39：43

余老师的课以学生为主体，紧扣学生的生活实际，设计了几个活动环节来完成整堂课的教学任务，让学生在猜谜会、故事会、学习会中获得成长的体悟，引领学生形成正确的人生观。环环相扣，相得益彰，为学生的终身发展服务。

邹圆：2021-04-20　11：52：51

听了余老师的道德与法治课和讲座，我对这门学科有了全新的认识。课堂上，余老师很注重孩子的参与意识，避免了教师"满堂灌""一言堂"，让学生在分享中唤起情感体验，再适时引导，达到教育的目的。整堂课，学生参与度高，学习兴趣浓，教学目标水到渠成。余老师讲座中的巧用"借"功，增强课堂实效，为我指明了方向。只有适合孩子的，与孩子生活密切相关的才是最好的素材。从生活中来，到生活中去。不能照本宣科，道德与法治不能只是以完成教学任务为目的，而是要走进学生的生活，指导他们学会解决生活中的实际问题。思想的成长比知识的积累更难，上好道德与法治课，孩子一生受益。

……

聊到欢处，竟不觉夜已深。无法用语言形容我的激动与感动之情，我的老师们是如此投入研讨学习中，他们热切渴盼着专业快速成长。像今天这样邀请专家进校园上课讲座就是最接地气最受欢迎的教研活动，也是我们天台团队最平常最常态化的一次教研活动。作为校长我应该义不容辞地为老师们的专业成长提供更好的平台和条件。我把这次网络线上研讨内容转发给余老师指导，余老师很快回复了，给了我们天台道德与法治教师团队很高的评价。于是我欣喜地把余老师的反馈与老师们分享。

文艳云：2021-04-20　15：45：33

亲爱的老师们，我把大家的研讨内容发给余老师看了，他非常感动，他回复说："文校长及其学校团队的学习力、反思力、行动力，真的让我肃然起敬。大家有所触动，有所收获，也是我努力前行的动力，谢谢你们！"只要我们脚踏实地努力研究，我们就能把握好道德与法治课程的政治性、思想性、综合性、实践性，实现教学观的蜕变，变"教教材"为"学生活"，变"学知识"为"解决问题"，变被动灌输为主动探究，变教材文本逻辑为课堂教学逻辑。以学生生活为基础，以学生良好品德为核心，最终促进学生社会性发展。

这次活动，感谢教学部的组织；感谢万思涵和磨课团队的努力，感谢六年级、一年级班级的美好呈现，这是平常培养功夫的一个侧面；感谢所有老师的认真学习、积极思考、踊跃交流。希望我们以后的学习活动，都能注重实效、增强实效，共同打造天台小学教研工作的闪亮名片！

当学校教研做到了常态化开展，老师专业又何愁"道法"不自然呢？

第四章
魅力校园：丰盈生命

营造书香校园，为生命成长铺就浓郁的文化底色，积极探索信息技术与教育教学的融合，助力"五育"并举，积极开展丰富多彩的教育教学活动，让学校成为文化高地，让校园生活充满魅力，深深地吸引师生和家长。

儿童文学是美妙的生命礼物

儿童文学的阅读，带给我新的生命气象，让我感悟到，原来生命可以如此快乐，如此简单，如此舒展，如此顺应天性，如此自然而然。

我童年时很少能接触到专门写给孩子的书。我小时候看到过一些比较流行的诗歌，比如汪国真的、席慕容的，还有故事情节成人化的《碧血剑》这样的武侠小说，或者是琼瑶式的伤感的爱情文学。除了沉溺于情节，我没有感觉到更多的东西。所以在很年轻的时候，我是不懂文学的力量的，因为没有人很好地把文学带到我面前，让我能够认识到文学迷人的魅力和对生命的滋养。

当了语文老师以后，我渐渐感悟到到语言和思想之间的紧密联系，也看过一些作品，但是都只产生了一些理性的思考。我最近投入地阅读儿童文学，深深地被浸染，像荒漠中的植物遇到雨水的滋养一样，生命都舒展开来了。

我最先读到的是梅先生的《阅读儿童文学》，没法不提这本书。首先吸引我的是梅先生语言的趣味，我将其理解成一种生命本质的欢悦。那些天性里面的快乐，从语言中自然而然地流淌出来，每篇文章总有几处让我忍俊不禁，那种语言的遣玩，字里行间散发出来生命的欢乐，紧紧地吸引着我。梅老师好像讲任何一本书里的细节都会充满趣味、充满欢乐，一切都是新鲜的、有热情的。正是这本书，给了我一张秀美壮丽的儿童文学大观园的地图。每到一处，梅先生都会用他特有的充满魔力的语言，向我们介绍这一处的风景，这一处的美好，这一处的深意，这一处对人生的启迪。看这样的书，让人知道什么是品味，什么是享受，什么是满足。我非常珍惜地将它慢慢看完。

我把书中提到的儿童文学作品都尽量买回来，一本本用心看。很多故事让人豁然开朗，平常我们想不明白的事情，你看一看这些故事，就会觉得，啊，原来事情是这么简单。比如这本《小提琴手蟋蟀和鼹鼠》，小提琴手蟋蟀整个夏天都在拉小提琴，她自娱自乐或者为其他小动物举办的舞会演奏，她没有种地，没有储存粮食，没有盖房子，到了冬天得要找个地方借住。她去找屎壳郎，屎壳郎说她游手好闲，像个妖精一样；她去找老鼠，老鼠也冷漠地拒绝了。我们身边是不是有很多这样的人，甚至我们自己身上也有这样的狭隘？蟋蟀为了夏天的美好和盛大，用音乐唤起人天生的快乐，她忙碌着，把多少美妙的旋律，多少轻松的乐符，多少心灵的释放带给她的朋友，带给她生活着的世界。很多人没有意识到这些的重要性，只有鼹鼠认为这个重要，他非常热情地接待了她，他们住在一起，日子过得美美的。外面天寒地冻，里面却暖烘烘的，炉子里的柴火噼里啪啦响着，屋子里满溢着各种好吃的汤的芳香。吃完晚饭后，蟋蟀又会拉起小提琴。在小提琴的美妙的声音里，他们可能又回想起春天的碧绿、夏天的火红、秋天的金黄，甚至还有风中的味道。他们一起看报，一起品尝蓝莓酒，一起大吃一顿。多么美好的时光！这简直就是他们一生中最最美好的时光……艺术的伟大、分享的快乐、友情的珍贵，这些很深刻的哲学，全在这种嘻嘻哈哈、乐不可支的阅读中带给了我们和孩子们。这样的文学语言很浅近，人物和环境都非常具有童话色彩和诗意，但是故事里的内涵，就是那么直抵你的内心，让你感觉到遇到了知音，让你会心一笑，感觉一下子心里充盈起来，丰富起来，让你不再为琐碎的事情而焦虑。

《老头子做事总不会错》很多人都很熟悉，但是有多少人能像那个婆婆一样，忍住自己对是非的判断，真正去欣赏对方内心美好的初衷？在这么清浅的儿童文学面前，你会发现啊，有多少人是在盲目地生活啊，他们在生命中盲目地左冲右突，不知道自己想去的方向，得不到自己真正想要的东西。读了这些作品，悟到这些道理，你就会豁然开朗。这些作品，不仅仅属于儿童，同样属于我们成人。

《丑小鸭》的故事脍炙人口，我们真正体会过丑小鸭内心的感受吗？在鸭棚里，他被其他鸭子啄，被女仆踢，甚至被自己的母亲嫌弃的时候，他想一定要逃离，一定要逃离！当他到达湖面，遇到真正优雅美丽的天鹅时，他心想一定要靠近他们，哪怕被他们弄死，这是他内心的坚定信念。我们冥冥之中都知道自己想要什么，我们遇到不适合自己的事物，内心会有抵触。一旦确定是自己的方向，就会奋不顾身，哪怕他们会弄死我，我也要靠近他们；哪怕我为此付出生命，我也要走向我自己生命中注定要到达的地方。这些很深的含义、很深的哲理，都在这一幅很唯美的文学的画面中。你读到了，会会心地、有共鸣地、很清晰地感觉到有新的力量加入到你生命中，感觉到有人在支持着你，这不是对我们的生命最好的滋养吗？

作为一位老师，陪伴儿童，也许是很美好的事情，也许并不是那么美好。每天你会要面对很多琐碎烦心的事情，尤其是当我们怀着满腔的热情和爱去付出，回报是孩子的调皮捣蛋的时候。我们怎样使自己有良好的心境去真正地欣赏孩子，让他们和我们心心相通呢？显然，阅读儿童文学，能够给你这样的状态。比如说《烙饼的香味飘到刚果》，介绍的是"讨厌鬼亨利赚大钱"，亨利用笔戳威廉姆，用脚绊琳达，用门夹安德鲁，还把帐篷的木桩当柴烧，卖掉弟弟，甚至悲壮离家去刚果，想象着父母后悔不迭的样子，结果却闻到了最爱吃的烙饼香味，原来他仍旧在家门口，他便奔回家，猛吃了一顿烙饼。讨厌鬼亨利，是我们每天会遇到的、让我们头痛的孩子的代表。梅先生说，生活里觉得讨厌，通过艺术的再现和欣赏，儿童天性中的淘气，却带给我们由衷的快乐，让我们哈哈大笑，让我们想到自己童年的那些曾经让父母头疼的淘气。我们终于明白，他不是想跟你作对，童年是与成年不同的生命形态，这些淘气都是童年的生命里天然带来的。当我们真的理解到这一点，理解孩子们那些想法，就不会再在心里冒出无名之火，白白地浪费自己的生命能量。我们便和那些让人讨厌的淘气包和解了，我们便能看到淘气中可爱得让人发笑的童趣了，我们与孩子共度的无数个日日夜夜，也充满了喜剧般的趣味，我们的生命里便增添了很多真实可靠的快乐、绵实而蓬勃的生气。

语文老师还要培养学生对语文的喜爱，让学生养成阅读的习惯，树立他们正确的价值观，让他们掌握一些语言规律。有了优秀的儿童文学的涵育，这些都会水到渠成。

我带着五年级的学生们阅读经典儿童文学作品《戴小桥全传》时，在阅读这本书的整个过程中，孩子们从头至尾沉浸在欢乐里。快乐的状态、放松的感觉、遭玩的生命兴致，这些离我们太远的东西都回来了。苏琮棋看完后写道："大家不要错过《戴小桥全传》这个开心果啦！这本书里到处都是有趣的事，比如看错电影放映日期而白高兴一场，互相抢水、抢香肠等。有一次，林小气带了一摞吃这吃那的票，请同学吃肯德基，结果票不见了，马儿帅将书包一拎，一倒，票就找到了，大家开开心心地吃了一顿肯德基。还有一次，戴小桥上课睡觉做梦，梦到大家抢鸡腿鸭腿，学土匪吃饭，结果警察将'土匪'一网打尽，平时疯抢的汤倒没人喝，你说奇怪不？"任仁悦说："班级里，戴小桥和他的'好哥们'嗨翻校园——《足球特务》《公虎队》《土匪喝汤》，还有《我们全是马》，让我感受到我们男孩子风一样的童年。"

孩子们在阅读中感到快乐、轻松，这种快乐和轻松我们都是经历过的。但是我们没有把它像珍珠一样串起来，把它变成我们心灵的一种质地、一种装饰。我们心里装的更多的是焦虑和压力，给孩子带来的更多的是标准、规则和任务，让孩子感到生硬和烦恼。我们要走到他们的身边，牵着他们的手，带他们看这些高明的故事，看着他们自由地吮吸这些宝贵的营养，向着高处生长，很多烦恼就不会有了。

在戴小桥的世界里，就像透过天堂的窗户，看外面的世界，很多不好的东西，都被善意化解了。孩子总会出现一些不可避免的问题，如脚踩墙壁、乱丢垃圾，最后在老师和家长的引导下，孩子们成为焕然一新的墙壁的守护者、在捡垃圾中得到乐趣的清道夫。这是非常有深意的安排，比我们平常生硬的教训、刻板的要求不知要高明多少，故事的安排不但使孩子明白了道理，而且使孩子的心灵变得更加活泼、柔软、有力、坚定而充满生气。平常我们想通过一篇篇文章教给他们的价值取向，在这些文学故事的情境里，孩子们自然而然就能领悟到，并且能在生活中指导自己。我们读完书后上交流课，孩子们逐渐能理解父母的苦衷，能够更客观地看待自己的童年，接受生活中的喜怒哀乐、酸甜苦辣，用积极的、充满阳光的眼光来看待这一切。

我们还会教给他们一些表达手法，他们在"嘻嘻哈哈"的阅读中反而对表现手法更加敏感，自然而然就领会到了。

这本书最大的特点就是幽默、风趣，这是我喜欢它的原因之一。还有一个原因是它的语句浅显易懂，容易读，不像我们平常那样大量地运用好词佳句，只是把一本书当作日记一样来写。

——何同学

这本书标题也十分有趣，你看，《大香蕉大土豆》《裤子作文》《混合空屁球》《耳朵聋掉》《土匪喝汤》《空屁房子》……多么吸引读者的眼球。

——钟同学

这本书和其他的书不同，作者不会刻意地写什么东西，也不会刻意地加好的成语，他就按理写，按照心里的想法写。书中的每个情节、每句话语，甚至每个人物特写，都与我们小孩一样，让我感到里面的小孩就是我自己。我就觉得，写儿童小说，自己要有一颗纯真的心，然后要用心体会童年。

——谭同学

梅子涵老师的书就是这样有魅力！他用一种简洁的语言，就能把幽默传递给读者。在这个下午，温暖的阳光温暖着我的身体，而梅子涵老师的书温暖了我的心。

——袁同学

梅子涵老师，我可好想为您取几个好听的笔名：故事大王、幽默教授、演讲主任。梅子涵老师，我喜欢您的严肃，那是说不出来的感受。我也要像您那样，把宝贵的时间用来写作。那种精神，是那么坚定！

——皮同学

我想，我们阅读儿童文学能够收获这么多，它让校园的空气更加清新，土壤更加松软，营养更加丰富，让我们每个人都心灵相通。那么，难道还有什么不能满足的吗？

（本文发表于《中国儿童阅读》2016年冬季卷）

五彩缤纷的社团成就学生的美好人生

走进银海学校，整洁的校园里不时传来孩子们的欢声笑语，扎染社团心灵手巧、啦啦操社团动感活泼、合唱社团歌声悠扬、书法社团书韵飘香、象棋社团捉对厮杀、篮球社团英姿飒爽……原来是银海学校学生社团活动专属时间到了。

近年来，银海学校以"八个一"为活动目标，依托阳光银海社团的建设，从培育学生核心素养的视角出发，进一步关注学生特长发展，注重推进学生社团高品质、可持续发展，使学生社团真正成为孩子喜欢的活动场所、家长放心的教育阵地，让孩子们真正喜欢学校生活，让孩子们的内心更加坚强，人格更加健全，体格更加强健，素质更加全面。

我校围绕构建美的校园生活，以综合类学科课程为依托，已开发出扎染、衍纸、书法、国画、葫芦丝、舞蹈、表演唱、机器人、电脑绘画、3D打印、啦啦操、篮球等20多个校级选修社团课程；以52个班级为依托，挖掘教师与家长资源，开发了厨艺、健身、医疗、模拟法庭等职业体验类课程，"故事爸妈讲故事""金嗓子""韩语社"等阅读与语言类课程，从而梳理并形成了适合不同年龄段的普修类班级社团课程，最终形成了学校多层级、交错覆盖的社团活动校本课程体系。

一、成就学生美好人生必须发展学生社团

（一）现代人才规格需求

学生发展核心素养，是指学生应具备的、能够适应终身发展和社会发展需要的必备品格和关键能力，综合表现为9大素养，具体为社会责任、国家认同、国际理解；人文底蕴、科学精神、审美情趣；身心健康、学会学习、实践创

新，可概括为"全面发展和个性化发展"。

习近平总书记曾指出，青年的价值取向决定了未来整个社会的价值取向，而青年又处在价值观形成和确立的时期，抓好这一时期的价值观养成十分重要。在实际育人过程中，学生对社会主义核心价值观的认知往往停留在理论层面，存在"刻板印象"，缺乏内化机制，很多学生还只是停留在对社会主义核心价值观"富强、民主、文明、和谐、自由、平等、公正、法治、爱国、敬业、诚信、友善"内容的回答上。学生社团是学生接受社会主义核心价值观的第二课堂，开展社团活动对渗透学生人生观、价值观、世界观以及进行爱国主义、社会主义和集体主义教育有着"润物细无声"的作用。

（二）学生发展需求：彰显个性化和差异化

过去将课外、校外教育活动统称为课外活动，但其种类、组织方式与活动内容等已不适应新形势需要，故需创造与运用学生社团的新形式。

社团活动是学校课堂教学的延伸性活动，是进一步深化教育教学改革，全面实施、推进素质教育的一个重要体现。社团活动，既能丰富学生的课余生活，又能陶冶学生情操，培养学生的特长。

社团活动让学生从单一的学习书本内容拓展到联系生活进行深入研究，满足了孩子的个性化和差异化发展的需求。开展社团活动，通过课程整合更好地突破机制体制瓶颈，能落实立德树人根本任务，有力地发展素质教育。

（三）学校发展现状

学校发展现状：学校缺乏建设学生社团的经验，于是我们决心大胆探索与创造。

2007年的银海，面对来自城乡接合部的学生和在艺术教育上几乎无投入的家长群体，以及大面积"空白"的校园文化，作为校长我想得更多的是：我可以为学校和学生做点什么？我们可以为学校和学生做点什么？就是在这样质朴的追问与教育的初心里，蕴含着教师本体的力量，也让学校教育的一切有了发展的可能。大家凝聚在一起，愿意为了学生的成长各尽其能，打造阳光银海社团，培育"八个一"的阳光银海学子。

我们给学生选择的机会，为学生打下扎实的基础。我们规划的社团活动不仅打造了学生自由的时空，更是学生特长"发力"的起点。我们认为学生尚处孩童时期，学校对于学生特长发展的作用应该是"唤醒、点燃、激励、展示"，让学生发现自己、发展自己，有机会发掘自己的特长。

社团活动不仅要有丰富的"体动"，更应该有让学生思维成长的"脑动"。核心素养的中国表达，聚焦在人文底蕴、科学精神、学会学习、健康生活、责任担当、实践创新上。由此，社团活动以核心素养为圆心、以学生长远发展为半径，有效促进学生思维的成长、专注力的养成、动手能力的增强，这也是我们阳光银海社团建设的初心。

二、遵循现代教育理念建设学生社团

（一）理念先行：确立社团特色发展方向

教育的任务是培养个性全面和谐发展的人，也就是说，在学校教育中，德、智、体、美和劳都是重要的，没有主次之分，且在教育实践中，必须使学生的多种才能、天赋、意向、兴趣和爱好等个性特点得到充分发挥。《中国学生发展核心素养》指出，现代教育就是全人教育，要促进学生的全面发展。这些教育理念与学校的社团活动理念相契合，发展学生社团既是社会发展之需要，又是教育模式转变之需要，更是学生个性发展之需要。故而，更新教育理念、明确教育目标、改革教育模式、解放学生思维、打造育人特色、培养全面发展的人应作为学生社团发展的基础理念，并应在此理念引导下，充分挖掘学生的内在潜能，实现学生个性和素质的协调发展。

总之，学校应以社团活动作为培养学生核心素养的抓手，强化学校教育特色，注重学生的主动参与和亲身体验，培养他们的创新精神、实践能力与社会责任感。

（二）手段更新：开启社团活动项目研究

教育部印发的《基础教育课程改革指导纲要（试行）》明确指出，要将研究性学习作为综合实践活动的一项重要内容列入国家课程。银海学校以教改为契机，以课题研究为抓手，致力于推动学生社团健康发展。

1. 注重社团活动与现实生活的联系

我们社团选择的活动项目必须基于真实的生活情境，贴近学生的生活实际。我们巧妙地将社团活动与现实生活联系了起来，极大地激发了学生的参与热情。此外，在社团活动中，面对现实生活中的一些问题时，学生需综合运用多学科知识进行理解和分析，仅依靠单一学科知识无法解决。在活动中，学生的知识运用能力与问题解决能力均能得到一定程度的提高。

2. 注重学生自主性的发挥

在社团项目活动中，指导教师应给予学生更多的自主选择权，让他们根据自身兴趣选择学习主题和内容。当学生遇到有挑战性的问题时，教师先引导学生通过阅读教材或寻求同伴帮助来自主解决；若仍未能解决问题，教师再给予有效指导。总之，在社团项目活动中，教师要摒弃传统教学中的说教法，用平易近人的态度和不断的鼓励引领学生探寻未知领域，走向成功。

3. 注重合作、创新精神的培养

在团队协作中共同发展，是基于项目的社团活动中非常吸引学生的地方。在完成项目的过程中，教师引导学生细化分工、协同作业。总之，我们要让每一名学生都参与到项目活动中，并能在活动中找准自己的位置，发挥自己的价值。这样的社团活动才有凝聚力，才能促进学生的发展。

（三）管理俱进：促进学生杜团健康发展

社团成功组建之后，实现长效管理、保持社团特色化发展，是学生社团管理的重心。银海学校对学生社团管理进行了实践探索。

1. 组建了校外顾问专家团队

学校聘请了少儿美术教育专家黎丹、《湖南教育》执行主编李统兴、株洲市教育科学研究院副院长丁文平等领导专家担任校外顾问指导团队，帮助教师队伍进行理论学习提升，指导规划社团课程发展。还邀请湖南省教育科学研究院音美教研室主任朱小林与市、区各学科教研员，从不同学科领域助力学校专业教师团队成长。

2. 明确社团课程管理领导小组与职责

由学校校长担任社团课程管理领导小组组长，引领校行政班子蹲点指导社团课程的开展，配合协调相关工作，予以人力物力的调剂和保障。以教学副校长率教研、教学部门牵头，以学科组为线，开展相关社团课程活动。领导小组成员负责日常管理考核工作并对其进行评价。

3. 构建社团内部管理体系

社团课程管理工作小组，由周芳妮老师任工作小组组长，作具体活动的统筹部署规划，指导教师开展社团教学和活动策划，指导校本课程的编写与应用。以学科组为最基层的社团管理组织单位，教研组组长统筹安排本学科社团活动，并注重活动过程中资料的收集与经验的积累，汇编社团活动资料。

工作小组的成员分别负责每一个社团的内部管理。社团内部管理以学生自主管理为主。社团团队成员推选产生负责人，制定本社团的行为公约和学习计划。社团辅导老师负责协调学生社团干部开展相关工作，共同学习，必要时予以专业指导。

4. 抓好社团老师的培训研修

创建教师专业提升学习的渠道。在"请进来、走出去"的教师学习研修中，对社团辅导老师在专业学习提升上予以资源倾斜。

5. 开展社团课程多元评价

构建了社团课程不同群体参与的自评、互评、展评的评价体系。社团实施动态管理，从多角度、多个层面进行评价。

（1）组织建设上，留有可选择性。

每学期各社团开团，均由学生自主报名，教师也可以进行相应选择和调整。这种师生的双向选择中，蕴含着可进可出的机制，促使各社团师生重视社团活动成效。活动内容也要始终贴近学生，不断地纵深发展，确保其"吸引力"。

（2）按管理需要进行过程性评价。

平时社团内部管理有"社团考勤表"，行政巡查有"社团评价表"。教师学期总结需填写"社团学期自评表"，学生填写"结业评审表"。

（3）结合各种活动，开展年度展评。

由家长代表、年级组长、师生代表共同担任社团活动评委，共同促进各社团之间的交流互动与相互评价。选拔优秀社团和学生作品，参与市、区各级的"社团博览会""十八中杯""艺术展演"等活动，并使其接受行业与社会评价。

三、分阶段稳步发展学生社团建设

建校以来，我们先后研发了面向学生的"阳光社团课程""年级活动课程"与"可视化德育课程"等。社团课程作为落实办学理念、达成培养目标的重要支柱与抓手，它的研究、实施与发展，衍生出了"全领域课程共同体"。

第一阶段是以建设扎染社团作为突破口，第二阶段广泛建设选修性社团。我校社团课程开设，首先从综合性学科开始，由音、体、美等学科老师根据自身的志趣爱好与所教年级段学生的兴趣爱好，来提出学科拓展性的社团课程内容。经过教研组集体研讨，综合考虑学科与学校的整体发展需求来确定课程内容。社团课程内容的设立，因为符合学校发展导向，整合了学科教师的相关事务，又很好地考虑了师生的志趣爱好，具备了长期践行的基础。经过时间的检验，这种学科类的拓展课程，也成为社团课程当中最稳健、最恒定的存在。目前，我校拥有扎染、手工、书法、国画、儿童画、电脑绘画、葫芦丝、舞蹈、合唱、田径、男篮、女足等20多个社团项目，以学科社团课程为支撑，来提升学生的艺术与综合素养。

第三阶段是建设必修性社团。面对学校2000多名学生、"三个100%"的需求，仅有学科类社团是不够的。课程，从实施要求上有必修和选修之分。根据课程任务的不同，又可分为基础型、拓展型与研究型课程。基础课程着重培养学生的基础能力；拓展课程着重开阔学生的视野，发展学生的特长能力；研究课程着重培养学生的创新创造能力。

必修性社团课程以班级为单位开展，能确保惠及每一个学生。比如，班主任通过班级社团的构建整合了家长资源，小梅老师班开辟的"故事妈妈讲故事"、陈鑫老师班开设的"成为最好的自己"都可以体现这一点；还有由卫健系统、公安系统的家长为孩子们上的"安全与急救"类课程，非常专业生动。"模拟法庭""小记者"等职业生涯体验课程在家长、社区与社会有识人士的支持下，得到了极大的丰富和发展。

教师成为学生成长的引领者，学生对社团活动课程有充分的自主权、选择权、评价权等。全校教师都参与到了社团活动当中，校园百花齐放。语文的"金嗓子""诗社"、数学的"思维列车"、科学的"种植""小发明"、信息技术的"电脑美术""编程""机器人"等社团的成立，极大地体现了学科丰富性。这使我校对学生推出的社团课程也成为一种"全学科课程"，让所有的孩子都能在阳光社团课程当中，找到自己感兴趣或者擅长的领域，积极投身其间，得到进一步的发展。学校社团课程越做越大，根据不同年级学生的共性，针对不同年级段与群体来开设课程，由此还衍生出年级活动课程。

社团的管理体系在实践研究中得到优化。2011年，"阳光银海小学生社团活动建设实践研究"成为湖南省教育科学规划"十二五"立项课题，我们系统探索与研究了小学阶段学生社团的管理体系、内容建设、运作模式、管理评价、课程开发等的有效性问题，形成了一系列有利于长期稳步实现校园文化"阳光意向"的小学生社团活动建设的方式、方法、原则和策略，具备了"美的生活，美的校园"之师生社团活动模式。

第四阶段是建设全领域社团。随着以学校为单位的社团课程的整体推进，全体教师对课程资源的开发也进一步增强。在这样的背景下，我们加强了对课堂、校园、社团、家庭、社会五个教育阵地的统筹，构建起了"全领域课程共同体"。比如在德育社团建设中，年级社团课程与男生课程、女生课程，逐渐发展成为班级活动课程和不同年级的活动课程。比如一年级的"启蒙仪式"，二年级的"我和祖国一刻不能分离"，三年级的"护蛋行动"，四年级的"十岁成长礼"，五年级的"我来保护我自己"，一年级与六年级携手的"六带一"等课程的设置，都体现了"全领域课程共同体"理念。涉及整个学校学生管理的规定，也梳理成为可视化德育课程、食育课程等。

以上"全领域课程"的构建，发挥了学校的主渠道作用，加强了课堂教学、校园文化建设和社团活动组织的密切联系，促进了家校合作，广泛利用社会资源，科学设计和安排课内外、校内外活动，营造了协调一致的良好育人环境。

四、群策群力建设阳光社团课程体系

"成就学生美好人生"这一办学思想，是我校一切教育思想和行为的出发点。因此，在这些社团基础上，银海学校研发了一系列的美育校本课程（校园文化活动课程），它包括"阳光社团课程""年级活动课程""学科活动课程"等。

通过这些课程，师生能够充分参与、体验校园文化的建设，凝聚积淀形成独特的校园文化，培养出一届又一届"端行、悦思、温情、健美的阳光儿童"，让学生持续热爱学习，助教师成为教育专家，与家长共建学习共同体。

（一）平台构建"全覆盖"育人体系

1. 以校园文化建设为先导，进行美育熏陶

校园文化建设都建立在学生校园生活基础上，以美育人。所有学生社团都有相关活动区域，所有活动区域都有相应社团活动文化。如我们建设了扎染艺术坊、涂鸦区、社团招贴栏、银海乐园小舞台等，并将其置于校园之中，成为校园一景，对学生进行美育熏陶。

2. 制度建设改良育人环境，优化管理机制

建立全员育人考核制度、教师个人业务考核与综合学科制度，通过有组织地进行学生素质抽测、组织学科素养比赛等形式加强学校美育的力度。

3. 以美育方式提升教职工审美素养

组织开展"教师着装礼仪"讲座，开展"厨艺大比拼"、教师扎染活动等。

（二）校本研发"多学科"美育课程

真正的课程，应该有理念、有研究、有计划、有实施、有检测。

课程按设计、开发与管理主体的不同，可以分为国家、地方和校本课程，呈现形式有显性和隐性之别，课程实施要求有必修和选修之分。根据课程任务的不同，可以把课程划分为基础型课程、拓展型课程与研究型课程，培养学生的综合能力和综合素养。我校对校本课程的设计开发和管理也体现了这些不同。基础型课程在课堂教学中予以落实，拓展型与研究型课程一般放在活动类课程当中，隐性课程则附加在各学科与活动课程之上。

1. 以学科社团课程为支撑，提升艺术素养

分学科组建扎染、手工、书法、国画、儿童画、电脑绘画、葫芦丝、舞蹈、合唱等社团，同时还有草根社团、跨学科社团等形式，提高学生综合素养。

2. 以班级、年级社团课程为途径，普及美育

确保惠及每一个学生，针对不同年级段与群体开设不同课程。如一年级的"故事妈妈讲故事"，四年级的"十岁成长礼"，五年级的"我来保护我自己"，还有不同年级段绘画与葫芦丝课程。

3. 以各类活动为展示平台，促审美素养提高

以"元宵灯会""变废为美"等校园活动，培养学生感受、欣赏、创造、展示美的能力；以班级合唱活动来强调美育的普及；以音、美赛事活动来促进学生艺术素养提高等，真正实现了全员育人、全面发展。

4. 以工作坊为基地，促师生专业纵深发展

我校扎染艺术工作坊是天元区"特色工作坊"。

（三）"信息化"助推影响力渗透

1. 以信息化创新应用示范校为平台，实现资源共享

用网络工作室等途径实现优质美育资源共享，支持教师每周开展城乡"盟校交流"美育支教等活动。

2. 以课题研究为导引，实现可运作模式构建

我校学生艺术社团的建设，有着深厚的根基，它是我校社团研发基地。"阳光银海小学生社团活动建设实践研究"成为湖南省教育科学规划"十二五"立项课题，系统探索与研究了小学阶段学生社团的管理体系、内容建设、运作模式、管理评价、课程开发等出现的问题，形成了一系列有利于长期稳步实现校园文化"阳光意向"的小学生社团活动建设的方式、方法、原则和策略。

课程要成为课程文化，至少需要以下五个条件：一是要有正确的价值和理念，二是要有完整的体系和整合，三是要有明确的目标和序列，四是要有相应的教材和教案，五是要有有效的实施和评价。这五个要素当中，价值和理念乃课程文化的核心。

五、阳光银海社团绽放光彩

（一）学生实现有个性的自主成长

学校社团的学生实现了有个性的自主成长，在五年级进行毕业评研之后，高年级学生社团管理者们，会把学生社团工作做得越来越精细。每一个小众的群体，都能自发地去组建自己的社团——"草根社团"。所有的社团课程，都贴近学生生活，注重学生体验感受。在教与学的方式上，学校注重教学做合一。

社团学生在各级各类赛事中获奖。体育类社团的学生多次荣获各类赛事"男女双冠"，校园情景剧《七彩的梦》获得天元区一等奖……当时的银海，作为一所新学校，社团活动特色就已颇有影响力。现在，我校扎染艺术工作坊是天元区"特色工作坊"，我校也成为株洲市体育学科教育培训基地。

（二）教师课程建设能力极大提升

社团课程开发与实践研究，大大地激发了学科教师的内驱力，帮助专业教师科学定位发展。学生的自主锻炼与教师的专业发展同步，呈现螺旋向上的发展趋势。美术的扎染、音乐的葫芦丝演奏和体育的跳皮筋等与民间艺术、民族特色、民间生活密切相关的校本课程内容纷纷脱颖而出，昭显出学校的学科特色。以校本教材的编写为途径，教师开发教育资源与驾驭教材的能力得到了提升。梳理汇编校本教材的过程，进一步促进了教师进行专业研修。我校汇编了《扎染》《葫芦丝》《跳皮筋》三本校本教材。甚至，学生也可以参与到校本教材、地方和国家教材的编写当中，《染出来的生活》《中小学美术基础训练》等相关成果在全国发行。

学科社团的发展成熟，不只带来了学科教师在本专业的纵深发展，因为志趣的多样性，还促进了不同学科教师之间的合作，不少跨学科社团开始被挖掘出来。教师在社团课程领域的探索，提高了教师对教育资源的开发能力、课程整合能力，有利于提高师生的综合素养。

（三）学校办学特色凸显

校园文化建设，都建立在学生校园生活基础上。扎染艺术坊、涂鸦区、银海乐园小舞台……精彩纷呈的社团活动区域成了校园里一道道亮丽的风景线。特色社团致力于校园中每一个区域的开发，这都源于学校学生社团的实际需要，也因此，这些区域充满了学生校园生活的痕迹，成为温暖的存在。"扎染漂洗区""旭日东升""海浪搏击"等区域，还分别成为校园一景，能够对学生进行美育熏陶。

学校课程丰富，校园生活多彩，每一个学生都能在银海得到相应的发展。"以人的全面发展为本"的理念在方方面面昭显出来，并能通过社团课程、活动课程等，让家长和孩子实实在在地体会到。2012年天元区中小学精品社团展示活动由银海学校承办。2012年，天元区教育局将其定位为"社团活动建设年"，明文规定社团活动要进课表。至此，全区的学校都有了自己的学生社团。银海学校每周四下午第一节课，全部都是社团课，也就让"走课"成为可能。

学校还通过制度建设，有组织地进行学生素质抽测，组织学科素养比赛等，加强学校德育、美育的执行力度。社团活动促进了学校管理模式的优化，使其内化成为长效机制，使社团课程成为学校章程所规定的内容。

2015年，活力课堂、家校学共体、书香校园等社团课程的建设与实施，使师生能够充分参与校园文化的建设，凝聚积淀形成独特的校园文化，培养出一届又一届"端行、悦思、温情、健美的阳光儿童"。

"大美银海""德育银海""阳光银海""食育银海"等系列报道，被广为转发。因为有"全领域课程共同体"作为内涵发展的保障，学校每一次的宣传推送都言之有物，有品质、有品位，贴近师生，社会美誉度提高。

阳光银海学生社团活动已经成为学校办学特色，让充满活力的、美的活动课堂成为学校师生追求的常态，积淀形成了充满活力的美的校园。

（本文为株洲市2020年中小学社团建设经验交流会发言稿）

信息化时代学生管理策略的创新研究与实践

信息化时代，信息技术的飞速发展对社会的影响是全方位、多层次的，对教育亦是如此。信息技术已渗透到学校的各个角落，它改变着教学，也改变着学校生活的方方面面。这对学生的管理质量与课堂效益的提高提出了严格的要求。为此，对信息化时代小学生管理策略创新的研究与实践已成为提升学校办学品质的必然要求。

我校决心努力研究与实践，在学生思想品德、文化学习、个性发展等方面及班级管理和学生评价等领域，创新信息化管理策略，全面发展学生核心素养。

一、开发与实施可视化德育课程，提升思想品德管理水平

（一）开发与实施可视化行为规范课程，促进养成教育

为了指导和规范学生行为，我们研究开发了可视化的行为规范课程，把学生课堂常规、卫生习惯、课间礼仪、就餐礼仪等基本常规、习惯和礼仪拍摄成视频，配上文字说明，制作成微课。目前已开发"校园卫生篇""文明就餐我能行""文明就餐手势语""光盘行动"等可视化行为规范微课，各班组织学生认真学习，并通过微课来指导、培训学生，收效甚佳。下阶段我们还将开发"课堂常规大家知""课间安全你我他""课间文明你我他"等可视化微课来指导学生的行为。

（二）开发与实施年级特色德育课程，实现梯度育人

根据学生年龄特点，我们开发并实施适合各年级学生的特色德育活动，实现活动育人、梯度育人、全面育人。各年级都有特色德育活动主题且成为持久性精品活动校历：一年级"好习惯早养成"，培养学生终身受益的好习惯；

二年级"我是生活小能手"，培养学生生活自理能力；三年级"我做校园小主人"，培养学生行为自律能力；四年级"十岁成长礼"，让学生快乐成长，懂得感恩；五年级"书香致远笃定前行"，让学生树立学习目标；六年级"好儿郎志四方"，培养学生理想和志向。每一项德育活动都通过微信平台广为推送，都成了经典。

根据一年级和毕业年级学生的特点，我们还开发了有针对性的德育特色课程。一年级入学课程内容包括一年级新生家长会、教育团队会、六年级带一年级学生参观校园活动等，目的是帮助一年级孩子适应小学生活；帮助新生家长了解学校相关要求，实现家校和谐共育；帮助一年级老师，特别是新老师尽快上手。六年级毕业教育课程内容包括毕业生思想教育专题动员会、月生活会、创意毕业照、给母校的一封信、给老师和弟弟妹妹的赠言、男生女生课堂、毕业典礼等。

（三）开发与实施国旗下班级文化展课程，拓展德育平台

我们将每周一国旗下班级文化展课程定位为全校德育大课，要求各班级展示结合本班文化特色、小组建设成果和学校德育主题活动来进行构思、设计和编排的课程，在每周的开始，对全体学生进行美的思想和行为最有力的展示、激励和引领。目前，我们已有五十余个班举行过优秀的班级文化展，并都通过自媒体广为传播。

二、用信息技术深化课改，提升学习管理水平

（一）开发校本微课程，丰富学生发展资源

近年来，学校在落实国家课程的基础上，积极建设信息化校本微课程资源，以此促进学生全面发展。目前我们的微课程资源已经包含了知识技能、综合素养、学习管理三类。

知识技能类：把知识的难点开发成微课，如一年级开发了"拼音教学辅导序列""角的度量"，三、四年级开发了"英语课文趣配音"，六年级开发了"英语语法复习系列"等，帮助学生随时学习。

综合素养类：学校致力于书香校园建设，将读书活动制作成了浓缩而开放的微课程，激发学生阅读兴趣。比如之前开发的"学校书香理念引领篇""大型特色读书活动篇""闪闪文学儿童篇"读书课程，录入了很多师生的读书

心得，记录了不少大型读书活动。由校内老师自主开发的"银海朗读者"品牌视听微课，深受广大师生和家长喜欢。孩子们也自主开发了"朗读""背诵""演讲""习字"等个人展示微课，大大丰富了他们的精神世界。

学习管理类：结合学生在校的学习生活，学校各部门每周、每月都推送了"周工作序列""月放送序列"等宣传微课，还将各学科预习方法、复习策略、落实核心素养的途径等制成家校分享微课推送给学生，并接收反馈信息，改进了学生的学习管理方式。

（二）信息技术融入教学，优化学生发展途径

学生的智能发展包括课堂教学与课外学习两大途径，为促进学生良好发展，我们将信息技术更好地融入了教学。

1. 融入教学范式

学校利用国家数字教育资源公共服务平台构建了银海学校信息化环境下鱼骨式探究性学习范式总框架，并在坚持不断的推进中，创造了多学科、独具银海特色的课堂教学范式群，如语文的"信息化环境下单元整体教学范式""信息化环境下'三评一展'习作评改教学范式"，数学的"信息化环境下的计算教学范式""信息化环境下的概念教学范式"，英语的"信息化环境下的合力英语教学范式（ROPES）"，音乐的"信息化环境下的音乐欣赏教学范式"，美术的"信息化环境下的四美活力探究范式"，科学的"信息化环境下的探究教学范式"，信息技术的"信息化环境下的任务驱动教学范式"，等。

2. 融入课堂教学

以优质资源作支撑，开发了基于课堂翻转理念引领下的资源导学案，通过网络空间及时推送，为学生在家自主学习提供了有力支撑。在探究性学习过程中，教师借助二维码适时推送省资源平台、纳米盒、学习空间、堂堂网等优质资源为学生所用。课后通过一起作业网等平台帮助学生完成目标检测。

三、创新班级管理，提升班级建设水平

（一）开发与运用可视化班级工作小结，优化班级工作

我们以年级为单位开发了可视化班级工作小结及相应的信息化推送模板。此类小结既包含本年级的共性班级管理范式，又包含各班的个性班级管理工作；既作为班主任在班级管理方面的抓手和拐杖，又是定期与家长交流学生各

方面发展情况、建设好班集体的重要方式。这有效促进了孩子的成长，并成为培养年轻班主任的重要载体。

（二）开发优秀班级大展台，优秀带动优秀

班级是学生成长的摇篮，我们通过深入了解，用信息化手段，从"魅力班主任""美丽教室""班级管理亮剑"等几大板块，选拔出综合发展最优的班级对其进行表彰，用优秀带动优秀，促进班级建设均衡发展。

（三）创新基于班级的家校共育方法，实现家校和谐共育

家长是学校教育最天然的同盟军。我们积极为老师和家长搭建家校共育平台，创新共育形式。比如建立班级家校共育微信群和QQ群，开展班级工作小结的信息化推送、特色家长会、家长进课堂等活动；在假期，我们充分借助家长力量，丰富孩子们假期生活，开发了"银海学子暑假生活缤纷秀""寒假传统文化特色秀"等微课集，让学生记录、交流、展示假期生活，为孩子们的成长助力。

四、创新工作平台，提升学生个性发展管理水平

（一）丰富展示舞台，促进积极生长

每个孩子都是天使，都有优秀的一面，我们尽可能多地提供多方展示舞台，让孩子们尽情地展现，促进孩子们之间的相互学习，从而实现孩子们的积极生长。

我们创建了"海之光"校园电视台、"海之声"广播站，开辟了"校园风景线""班级缤纷秀""学生大展台"等大受学生喜欢的栏目，同时我们还将视频传到优酷网站进行资源分享，受到广大师生、家长及社会人士的好评。

学校积极为孩子们组织各种有益的校内活动，推送孩子们参加各种校外活动。比如校内轰轰烈烈的校园学科节活动、"'绿光芒'童书阅读"大型读书交流活动、名作家进校园活动等，校外区市级的"学生素养大赛"活动、小记者俱乐部活动、快乐童声活动等。每一次活动都会用文字、图片或视频等形式在各类网站和平台传播，见证孩子们的成长。

另外，我们突破展示和交流时空的限制，利用易企秀、小影等App记录并展示每个孩子的成长历程，并通过移动端推送给家长，推动相互交流、相互

促进。

（二）拓展个别辅导，关注整体发展

作为校方，作为老师，我们非常关注学生的成长差异，尽力提供机会和平台，促进学生阳光积极成长。

针对心理上有阴影或是在心理上渴望得到疏导的学生，我们设立了专门的心理咨询室，有专门的心理咨询师尽可能地对他们进行科学的开导，让他们从灰暗中走出来，阳光成长。对学生中的弱势群体，我们设立了随班就读点，成立了专门的工作室，布置了温馨的环境，让学生感觉到很温馨。我们定期组织这部分学生开展活动，使他们感受到被关怀的温暖。

五、应用信息技术手段，提升评价管理水平

（一）优化年级评价

为进一步创新学生管理模式，学校以年级组为单位，实行年级组负责制，围绕课堂教学、过程表现、重点亮点等方面综合评价学生，由各部门形成全面考核数据，每月考核评价一次，通过易企秀或初页等制成"精彩大放送"推送，展现各年级学生管理亮点和特色，真正实现扁平化。

（二）优化班级评价

为促进班级建设、学生发展，我们就班级文化、日常行为规范、小组建设、环境美化等方面对各班进行全面考核评价，常规巡查并日评，小组每周自评、跟踪督促、检查、月评，评价成绩统筹纳入班主任的月考核和期考核。

我们为启迪引领老师和孩子们关注细节、追求品质，借助信息化手段传播班级和孩子们身边的细节美。比如开发"细节成就完美之精致手写手绘""细节成就完美之暖暖的班集体智慧造""细节成就完美之教室里的风景"等微课，促进和提升班级品质建设。

（三）优化学生评价

1. 改革优秀学生评价方式

现在我们改变了以学科成绩论成败的评价方式，采用个人日评价，小组捆绑考核评价，社区评价，期中、期末学业成绩评价相结合的方式对学生进行综合评价，通过各类信息平台推送对学生的表彰。

我们还注重对学生成长过程的跟踪性评价。比如，我们开展了"伴你成长"

五自好儿童成长评价活动，用易企秀制作了"伴你成长"的行动号召和指南，围绕"身体锻炼、劳动体验、学习习惯、亲子阅读"等对学生进行指导和激励，期限为六年，提醒学生按要求去做，请家长在家配合提醒监督、记录反馈。

2. 开发电子成长档案

在传统文图式成长档案的基础上，我们新增学生的电子式成长档案，比如以学期为单位，围绕"我的阅读书目、我的朗诵集、我的兴趣特长记录、我的成绩档案、我的荣誉集锦、我的行走生活"等内容，借助班主任或家长的力量用易企秀、初页、小影或荔枝FM等App及时记录，便于家长随时随地回忆、翻阅及永久珍藏。比如我校1508班邹昊格小朋友就有一系列的个人电子成长档案，内容涵盖学习、生活的方方面面，还有很多同学已形成了自己的课前预习视频集锦、数学习题讲解集锦、故事集锦、朗诵作品集锦、优秀作文集锦、旅游集锦、比赛集锦等，这些都是孩子们最珍贵的成长礼物，也是他们最美好的回忆。

（本文发表于《教师》2018年第11期）

信息化让学生管理蝶变

——《信息化时代学生管理策略的创新研究与实践》成果报告

　　银海学校以学生的全面发展为中心，以立德树人为根本任务，高举"五育"并举的旗帜，让数字化信息技术赋能教育教学。2015年银海学校成为全国信息化试点校，同年成功申报省"十二五"规划课题"信息化时代学生管理策略的创新研究与实践"，2019年顺利结题。结题之后银海学校并未停止研究的脚步，在信息化时代下继续探索学生管理策略的创新研究，历经三个阶段：课题研究及成果形成阶段、疫情期间成果推广阶段和后疫情时代成果推广应用阶段。数字化改革正成为助推银海学校德智体美劳"五育"并举工作的新动能。

一、主要观点

　　在近四年的研究基础上，本系列论文成果形成了以下主要观点。

（一）信息化助力"五育"并举

1. 德育课程可视化

　　我校开发的可视化行为规范系列德育课程就是借助信息技术，以培养学生良好的行为习惯为出发点，采取有效的德育手段，从小事抓起，从点滴做起，促使学生在坚守好习惯的过程中形成自觉行为，最终把好习惯内化为自身的文明素养。课程具有内容生活化、适用化、系列化的特点，借助信息技术手段，让德育课程可视化、具体化、情境化，而且开发的课程可模仿、可操作，效果可检验。

2. 教育技术极简化

"极简教育技术"是指在学校教学工作中，倡导师生使用方便、实用、易学、易用、能够有效提高工作效率的技术，具有掌握简便、易学、易用、方便、省时、无学习障碍等特点。银海学校开发的移动系列微课便于教师随时、随地选择学习或推广，自主性强，资源丰富，可复制，可操作性强，同时也使学生思维过程可视化，有效地提高了课堂教学效益，提升了学生智力水平。

3. 体质监测数据化

银海学校帮助学生在体育锻炼中享受乐趣、增强体质、健全人格、锤炼意志，结合物联网、人工智能、大数据等信息技术，创新评价方式，构建"可量化、可记录、可监督、可分析、可评定"的智能化管理与监测体系，帮助学生掌握健康知识和运动技能，强健体魄。

4. 美育内容多元化

学校坚持"以美育人、以文化人，提高学生审美和人文素养"的要求，在信息技术的融合上，注重体验和优质资源的共享。在信息技术与美育的深度融合上，呈现出多元态势，拓宽了学生的学习时空，从传统的课堂学习，转变为课内外相结合的学习方式，将课内的教学延伸到课外，让美育内容多元化。

5. 劳育形式拓展化

学校通过信息技术从劳动认知、观念、体验、感受、习惯、尊重劳动成果等方面拓展劳育形式，实现劳育多元主体，建立评价、督促机制。

信息技术丰富"五育"课程，拓展"五育"形式，超越时空，让学生获得真实的体验和教育，起到良好的效果。

（二）信息化助推管理创新

1. 元认知重塑管理模式

元管理即对管理的管理。信息技术为有效管理提供了更多更好的手段和媒介。以前管理的反馈较多采用语言描述和分数考核的形式，抽象的语言和数据只能提供结果性的评价，反馈功能有限，无法再现教师工作的过程和亮点。信息化手段为我们提供了便利的反馈条件。银海学校推出"每周精彩大放送"系列，再现教师工作场景，弘扬师德师风，点亮善心爱心，让全体教师都能像管理者一样站在全局的高度体会到每一项工作的意义，这是对教师的一种无形的激励。

2. 管理平台重塑管理流程

可视化管理能让管理的流程更加直观，使学校内部的信息可视，并能使信息得到更有效的传达，从而实现管理的透明化。各个部门借助流程将各项工作进行梳理，用清晰易懂的图形表达，让工作更加清晰，使管理更有效能。

（三）信息化助力疫情防控

新冠病毒来袭，我国很多行业发展按下了"暂停键"，而信息化教育却被按下"快捷键"。特殊时期，教师们线上指导学生积极学习，用积极态度科学防疫。后疫情时代，病毒并未完全消散，教师除了要完成规定的教学任务，还要继续扮演新冠病毒防疫员的角色，继续向学生宣传防疫的相关知识，时刻关注学生的生理、心理变化，引导学生自觉开展自主学习活动，这是后疫情时代银海教师的又一优势。

二、主要创新和价值

（一）主要创新

1. 思路创新

思路创新：更好地解答了乔布斯之问"为什么IT改变了几乎所有领域，却唯独对教育的影响小得令人吃惊？"。

其实乔布斯并不是否认信息技术对教育的影响，而是强调在教育教学中使用信息技术的根本目的在于促进学生的发展。形式的改变是外在意义，生存方式的改变是内在意义，学生综合素养的提升是本质意义。因此，在表面上改变教育教学的形态、教师的教授方式与学生的学习方式并不是应用信息技术于教育教学之中的根本作用，其根本作用在于使用信息技术能有利于学生的学习与发展。

2. 方法创新

方法创新：信息化是技术，是手段。学生管理应具备情感因素，两者结合就是人文关怀，技术升温。技术是冷的，情感是热的，把握冷热关联度是我们创新突破的难点。

未来的教育信息技术必须实现操作方法简约化、服务目标精准化、符合人类行为习惯，不能让师生适应技术工具，而应让技术工具适应人类行为。教育信息化的发展将"不再单纯是技术上的建设与应用，将更多地倾向教育技术与人的关系，构建教育信息化生态系统，促进技术、人、社会的和谐发展，建设具有创新意义的信息化教育文化"。

3. 观念创新

观念创新：管理策略上的创新可以辐射到各个方面，具有"三全"（全员参与、全过程控制、全方位管理）性和时效性。

我们紧扣信息化时代普适性、高效性等特点，将各个线上平台充分融合起来，探索学校各个方面的管理策略和方法，将教育管理与信息化深度融合，通过典型案例带动全校教师参与到研究当中。同时，不断引导教师在实践中思考，在过程中求证，在成功中得出经验并继续推广，确保研究成果的创新性和时代性。

在学校管理工作中，各个不同部门的人员共同参与，对学校管理工作的方方面面实施全过程控制、全方位管理，把全体师生的积极性和创造性调动起来。上至校长，下至全体教师员工，针对每个部门、每个岗位、每个人都制定相应的安全责任制，人人做好本职工作，每个人都关心学校发展。

如疫情期间，通过网络信息管理，正确引导大家进行科学防疫，并辐射到全体学生。通过网络，学习不受时空局限，停课不停学，提高学生的学习效率。后疫情时代，我们利用大数据时刻关注师生动态，科学防疫。

4. 常研常新

常研常新：课题研究不断深入，具有普世价值和推广性。

此课题结题并不意味着课题研究停止。信息时代新技术层出不穷，使得信息技术对教育产生的影响越来越大。本课题组在课题结题之后会继续深入研究信息化时代学生管理策略的创新。尤其在"双减"背景之下，运用信息化手段为学生学习减负提质需要进行多方面的大胆尝试。

我们牢牢把握住改革开放40多年来，国家在信息技术领域"弯道超车"形成的优势，以信息技术支撑教育，扎实推进教育信息化2.0行动计划，培育好具备国际竞争力、德智体美劳全面发展的建设者和接班人，为实现中华民族伟大复兴提供人才支撑。

（二）研究价值

1. 有利于促进教育发展

通过学校管理信息化平台实现资源共享，各种先进的学生管理理念、模式，优质的教育教学资源等通过信息平台分享，有利于促进教育均衡发展。同时，可以促进教师之间的教学、教研交流与提高，为区域推进教育现代化提供技术支撑。

2. 有利于提高学校管理效能

学校日常行政管理和业务管理事务繁多，有教务管理、教研管理、学生管理、后勤管理、资源管理、办公管理等各种管理活动。借助现代信息技术设备、设施，可以提高学校管理效能。

3. 有利于提高课堂效率

信息化教学与管理有利于学校深化教学改革，提高课堂教学效率。采用现代信息技术手段进行教学，能够提供充分的交互性，调动学生学习的积极性，从而实现高效教学，有利于创新型人才的培养。

4. 有利于促进学校与社会的沟通

学校与社会是紧密联系的，特别是家校联系越来越密切。通过信息化平台，可以了解社会对学校办学的反响和评价，能够争取社会对学校的支持和理解，也有利于学校与社会、学校与家长之间更加便捷地联系。

三、成果影响或社会效益

（一）开发了系列"极简技术"小工具，提高了极简教育技术的使用率

我们利用手机等移动终端设备，在一些极简小程序（如微软听听、手绘微课美篇等）、手机App（如剪映、抖音、快手、秒剪等）或公众号等平台制作"极简移动微课"，服务于教育教学。极简教育技术小工具，极大地满足了教师、家长、学生的需要，使原本单向的教育资源开发路径拓宽了，更加便捷、便民，提高了极简教育技术的使用、推广效益。

（二）促使混合式教学走向常态，促进信息技术与学科教学融合开创新局面，凝聚丰硕成果

"极简移动微课"激发了教师的自主学习愿望，促使教师自觉使用现代信息技术，让信息技术成为支持教育教学改革的有力手段，打破了教师传统的听评课模式。教师的电子备课、课堂教学和课后反思以信息技术的方式即刻呈现，能提升资源的使用率，提高解决问题的效率，为教师的专业成长打下坚实的基础。各类技术工具的有效学习和运用，提升了教师的信息化素养。

（三）彰显学校品牌，吸引省内外兄弟学校参观学习

2014年，时任教育部副部长杜占元赴湖南调研基础教育信息化工作时，专

程考察了银海学校，对学校全方位应用信息化、务实推进数字化校园建设，尤其是二维码的应用典型经验给予了高度赞扬；同年12月份，中央电化教育馆专门成立了二维码应用研究小组，来到银海学校进行了为期一天的实地调研。湖南教育电视台、株洲日报社、长株潭报社等各大媒体先后都进行了宣传报道。2015年5月，银海学校以《二维码在教育教学中的应用》为案例参加青岛全球信息化创新应用展示；2016年5月，时任湖南教育厅副厅长应若平来校调研信息化工作并给予了高度评价。课题主持人文艳云校长和课题组核心成员毫无保留地对来校参观学习的老师介绍经验，并于2016年、2017年连续两年在全市课改会议中进行经验分享。

（四）课题主持人文艳云校长和课题组全体成员在本课题研究过程中，撰写了十多篇研究论文和心得体会

几年来，课题组发表多篇系列论文，这些研究新成果也为不少教学研究者所引用，起到很好的辐射作用。

银海学校作为教育部确定的全国校长、教师"网络学习空间人人通"培训基地学校，毫无保留地与大家分享成果。通过省、市、区教育培训，全市教学案例征评，学校间教研交流等活动，向湖南省和株洲市的老师们推广了我们的研究成果。

（本文发表于《科教新报》2022年第34期）

满是"泥味儿"的六一不简单

一、你的期待，在我们的心上

"银海学校庆六一活动可欢腾了！去年玩捉泥鳅，今年玩泥巴，明年会玩什么呢？"千人泥塑的活动预告一出，准一年级新生家长就在朋友圈里念叨说："我即将入学的女儿可期待了。"可见，这玩是真玩到孩子家长们的心坎里去了。

孩子们喜欢什么，一直就是银海人用心去琢磨的事儿。家长们对孩子校园生活的期望，也一直放在我们教育人的心上。

二、龙的传人，从这里迈向未来

2019年5月28日上午，银海学校的大操场上，九条巨龙齐列，陶艺活动区与展示台齐备。在学生部的调度中，孩子们整齐列队鱼贯而入。人人参与的庆六一千人泥塑活动，由一年级小萌娃拉开了帷幕。孩子们自由地活动着，双手尽情地拍打、揉搓、团、卷，随心所欲地把泥捏塑成各种形状。

"以学生发展为中心，以孩子的兴趣为起点，让他们在精心设计的活动中，感受亲近自然的快乐，体验团队协作，触摸传统文化，欣赏美、创造美，最后到达培养合作、专注、传承、创新的优秀人格特质的终点。"银海学校文艳云校长这样说。

让孩子们亲近自然，释放自我，阐述童真，这样有组织地"玩"，是学校开展教育活动的手段之一。除了泥塑活动本身，还有场地的布置美化，有序的进退场，小组合作模式的运用，泥料的使用与复原……每一个环节都与学校、班级的管理，学生的养成教育、审美教育息息相关。

发现真善美，银海老师有魔力。

我们要有一双慧眼，不断地去发现、激发孩子们的内动力。让孩子们在活动中感受快乐，在快乐中学会学习。泥塑活动现场的班主任和美术老师们在班级间来回穿行，发现、欣赏、指导、帮助……现场的情景也通过网络点沸了家长群。

"老师，我做了一个精灵！"三年级小男生忍俊不禁地说，"它最大的特点就是——会睡！"

"这是我正在建造的一栋房子。"一个沉稳的男生慢条斯理地说。他旁边的同学则兴奋地接话："瞧，我正在给他的房子搭建地基！"他一直在将一大块泥料碾压来碾压去，原来是在建地基啊。

"泥塑作品直观、形象，是提升学生审美情趣的有效途径。"株洲市美术学科带头人周芳妮老师说，"陶艺是集合了绘画、书法、雕塑、装饰、人文为一体的综合性艺术。而类似这样的综合实践美育课程，学校还有不少，比如学校开设的民间工艺美术课程——扎染校本课程等。在银海，这一切都是玩真格的！我们摒弃了橡皮泥、彩墨水等替代材料，只为让孩子们享受原汁原味的、不同材料的肌理与美感。其实，我们可以在这庆祝六一泥塑活动的泥味儿里，嗅出教育的真谛。"

三、行美的教育，以艺术浸润心灵

银海学校的美育工作，是以艺术教育为主阵地，通过校园文化、学生社团活动课程，以多学科影响，来提升学生对美的认识，并以各类活动为展示平台，促进学生审美素养的提高。正所谓"于细微处见精神"，银海人一直在践行追求理想的美的教育。

银海教育人的求真与实在，尽心与合力，带给孩子们更多丰富的体验。

再看我们陶艺活动的现场，孩子们初次捏塑的陶艺作品质朴稚嫩，甚至有很多孩子还是第一次这么畅快地玩泥巴，从小心翼翼到酣畅淋漓，展现的是快乐的成长。在老师们的镜头里，他们一个个满手是泥，脸上则洋溢着满足的笑容。1505班的孩子说，从泥料的干湿调和、从平面到立体造型，怎么让作品站稳当，都费了好一番琢磨。孩子们之间还发生了不少的小故事，在1803班快乐大家庭里孩子们的感恩日记也是可圈可点哩！

春风十里　烂漫如你

当微风轻柔地托起一丝丝柳絮的时候，

当太阳把它金色的光辉

悄然披在一棵棵俊俏的樱花树上的时候，

当美丽的花瓣在空中悠悠地打几个卷儿，

再轻轻落地的时候，

我们正幸福地享受着阳光烂漫的校园生活。

听，

音乐课上那优美的歌声，

体育课上那慷慨激昂的口号声，

实验课上那热火朝天的讨论声，

美术课上彩笔画过画纸的沙沙声……

看，

绿茵场上酣畅淋漓地奔跑，

书岛前安静恬美地阅读，

教室里对知识如痴如醉地渴求，

演讲台上神采飞扬地慷慨陈词……

我们，

已经不知不觉地沉浸在这片欢乐的海洋，

她是我们共同的成长乐园——

阳光银海。

一、精彩课堂，由我做主

我们是一群阳光少年，奔跑在快乐的地平线；我们是一群健康的少年，用汗水挥洒童年的精彩。

课堂是我们的阵地。我们知道了"烟花三月"乘以"一枝红杏出墙来"，再乘以"春风花草香"，等于"万紫千红总是春"，又等于"留连戏蝶时时舞，自在娇莺恰恰啼"，最后等于"读书不觉已春深，一寸光阴一寸金"；也知道了日月星辰、江河湖海、名山大川，除以四季轮回，再除以昼夜更替，就等于一粒沙、一滴水、一颗微尘，等于"不积跬步，无以至千里；不积小流，无以成江海"，等于"千里之行，始于足下"。

二、阳光社团，展示个性

阳光银海学生社团可是咱们银海的金字招牌，十多年来形成了银海学校的社团活动文化特色。每个学期的第三周，学生社团就会启动招生。瞧，学生争相报名，现场人气爆棚，成为校园一道亮丽的风景。

听，求真楼里传来葫芦丝美妙的声音，在校园里流淌；合唱团里孩子们轻声地哼唱着，那微微摆动的身姿如柳枝随着微风舞动；美术社团里，孩子们投入地描绘，一个个鲜活的形象跃然纸上；机器人、编程社，面向未来、创意无限的孩子们投入其间……每一次社团活动都是学生个人潜力的发挥、独特个性的发展，孩子们在活动中掌握了知识，提高了技能，收获了成功和幸福感。

多彩的社团活动，丰富了学生的校园生活，满足了学生多元智能发展需求，在促进学生全面发展的同时，不断挖掘学生的潜能，使学生初步形成高雅的志趣，掌握专业特长。学生在文学、美术、音乐、体育等方面的素养不断提高，呈现了银海幸福校园风貌，形成了校园文化特色。

1. 欢乐银海·庆祝六一

每年的庆六一活动是孩子们最期待的活动了。

"让孩子们在亲近自然活动中去体验，去合作，去创造，去传承……"文校长这样说。围绕这样的育人目标，老师们精心设计，使得每年庆六一活动都精彩纷呈。

2. 千人泥塑·各显身手

一个个城市里的娃娃在玩泥巴，还是2000多个孩子聚集在一起来玩泥巴，这可是银海首创。你瞧,孩子们随心所欲地拍打、揉搓、团、卷,想到了鸟,手中立马就变出一只凌空飞翔的鸟儿;想到了骏马,眼前一匹奔腾的马儿立刻就会出现……在不同的肌理、质感和形体塑造之间,孩子们萌生与抒发着对创造和美的渴望。

3. 清凉一夏·乐享童年

银海学校四处流动着快乐,激荡着幸福。你看,学生们有的提着小桶,有的端着小盆,都迫不及待地向活动现场走去,原来是银海开展了捉泥鳅活动。每个班都有一个大水池,孩子们可以尽情地在水池里抓泥鳅。在这相对封闭的城市生活中,银海学校的孩子们体验了一把抓泥鳅的自然野趣,亲近了自然,舒活了筋骨,更放飞了心情。

4. 阳光银海·体育盛典

一年一度的体育节更是银海校园里的一场隆重的庆典,尽情书写着自强奋进、顽强拼搏的银海精神,生动地展示着银海师生满腔的热情与活力。

三、阳光教师,心驻阳光

要散布阳光到别人心里,首先自己心里要有阳光。我们的老师,无时无刻不在播撒阳光的种子。在孩子们的心里,老师不仅是老师,还是榜样,他们每天都以灿烂的笑容迎接他们的孩子。他们胸怀理想,充满激情,课堂上的他们总是魅力四射、光彩照人。

周五,结束一周紧张的工作后,鼓乐社团的老师们齐聚在一起,开展了鼓乐社团合奏活动。充满活力的鼓声响彻校园,走过路过的家长、孩子们忍不住停下脚步围观,纷纷为银海教师的活力点赞。

美妆社团由专业的化妆师给老师们上课,教给大家一些基本的护肤美妆概念,让她们学会简单的日常生活妆。当老师们以淡雅的妆容出现在学生面前时,校园里的礼仪课也鲜活起来了。

和热情洋溢的非洲鼓社团现场不同,尤克里里社团的老师们抱着小巧的尤克里里,静静的、雅致的样子和那一低头的温柔,瞬间就打动了我。音乐从指间流淌出来,淡淡的微笑挂在他们的脸上,阳光洒满了我们的校园……

我们收集阳光,播撒阳光,把阳光洒满每个孩子心田,让每一朵花都在阳光雨露下茁壮成长!树儿正随风摇曳,花儿在绽放笑脸,初阳已洒进校园,我们整装待发,就在这个春天,就在我最爱的——阳光银海。

第五章
家校合作：共育生命

以省规划课题研究为抓手，积极构建家校教育伙伴关系。创建家长教师读书班，统一教育思想，建立家校共育机制和沟通渠道，商定共育目标，明确共育职责，建设家校共育小组，开展共育活动，推广共育经验，让家长成为学校最好的教育同盟。

构建家校教育伙伴关系的理念

"家校教育伙伴关系"是家校双方在相互尊重的基础上，以学生发展为共同出发点的平等协商的伙伴式关系。它是家校双方以儿童利益为中心，以儿童教育整个过程为双方关系的精神纽带，共享育儿知识经验，在拥有自由行动和决策权利的基础上建立起来的相互支持、动态的同盟关系。目前，我国对家校教育伙伴关系的研究多集中于实践领域，如探讨家校合作教育的途径、因素和存在的问题，而家校教育伙伴关系的良性发展是以双方有共同的理念为前提的。本文从和谐理念、完整的人的理念、责任理念三个维度，对家校教育伙伴关系的价值理念逐一阐述，供大家参考。

一、和谐理念

我国教育历来讲究道法自然，追求和谐发展。教育的和谐发展是以教育和谐发展的理论为指导，采用和谐、合作、创造等管理手段，达到教育系统与社会、教育系统内诸要素之间的良性互动和发展。而家校教育伙伴关系的构建则集中地体现了教育和谐发展这一核心理念。

康德在《论教育》中有两个观点：一是人只有通过教育才能成为人；二是人只有通过人，通过同样是受过教育的人，才能被教育。意思是指，人只有通过教育才能从自然人转变为社会人，教育就是自然人社会化的过程。这一过程是一个长期持续的演化过程，是在家庭、学校、社会诸多因素的合力作用下实现的。

家庭教育、学校教育、社会教育是合力培育人才成长的综合实践活动，是一项浩大的教育系统工程。三者虽然具有一致的教育的目的和方向，但在教育的内容、路径和方式上存在着一定的差异，且各自拥有不可替代的优势。比如

说，学校教育有着严格且成体系的教学规划，配备具有专业教育技术和资格的
人员，其教育的规模、目的性、科学性、知识性和循序渐进性是家庭教育远不
能及的。而家庭教育的优势则主要表现为教育方法的个性化和差异化以及对孩
童成长有着潜移默化的、根深蒂固的影响。家庭是社会的基本组织单位，社会
与家庭的关系，就如同大海和水滴的关系，社会教育是学校、家庭教育的有机
延伸和拓展，对个人成长的影响是润物无声和全面渗透的。基于和谐发展的理
念，学校教育有责任协同统筹家庭教育、社会教育扬长避短、相互补充，不断
地整合、协调教育发展不同阶段中出现的问题、冲突和矛盾，实现教育系统功
能的整体优化发展。

　　社会各方面的因素既有相互融合、达成和谐的状态，也有相互对抗、相
互冲突的状态。德国学者勒德尔在一篇文章里说：“数十年时间的教育社会学
分析告诉我们，学校能摆脱其栖身的社会的机会何等之微，社会矛盾何等频繁
地向学校渗透着。”广泛且深刻的对立与迷茫正是我们今天教育的基本特征。
这种冲突既有教育这个子系统与社会其他子系统发生的外冲突，也有教育系统
内部关系的不均衡或不和谐的内冲突。外冲突主要表现为教育与社会发展不适
应，以及社会对教育发展支持不足、对教育的资源供给不足。而所谓内冲突，
是指教育系统内部关系的不均衡或不和谐。家庭教育追求的个性差异化与学校
教育的整体划一、家庭教育的重视文化成绩与学校教育的全面发展，以及教育
手段措施等方面不可避免存在分歧、矛盾。所以，洞察了家校教育之矛盾，立
足整个教育系统，我校构建了家校教育伙伴关系，充分发挥家庭、学校、社
会的教育融合互补功能，以提高教育实效性，有利于实现教育方向上的一致和
时空上的衔接，达到信息互通、交流互助、优势互补的效果，从而克服目前家
庭教育与学校教育、社会教育各自为政、边界不清甚至相互冲突、抵触的局面。

　　和谐的教育理念核心是坚持以人为本，家校教育伙伴关系构建始终以和谐
发展的理念为基础，家庭、学校、社会始终保持和谐的协同伙伴关系，求同存
异，为孩童营造良好的教育生态环境，促进师生和谐发展，和谐的教育理念具
体内涵包括如下三点。

1. 建立和谐的家校关系

　　好的关系是教育的起点，家校社联盟联动，建立和谐的家校教育伙伴关

系，能最大发挥家校社教育功能，更好地培育人才。和谐的家校关系包括建立师生之间、教师与家长之间、家庭亲子之间等信任的生态关系。这些信任的生态教育关系一旦建立，家校合作的渠道就会随之拓宽，家校之间的矛盾冲突也会随之在深度合作中得到缓和，家校合作的功能作用也将发挥到最大。

2. 营造和谐的生态环境

信息化时代，学校发展面临巨大挑战，时代发展给人才培育提出了更高的要求。学校不是孤岛，不能闭关自守，而且学校本身的教育资源、教育力量远远无法满足社会个性化教育需求，必须善于整合社会各方优秀教育资源、教育力量开放办学。多元的家庭能为学校与学生的发展提供多元的教育资源。家校教育伙伴关系构建其实就是在和谐的理念基础上，为孩子成长不断整合教育资源，不断优化精神和物质环境，给孩子营造和谐的教育生态环境。

3. 追求和谐的教育发展

和谐教育是构建和谐社会的重要途径，和谐教育的核心是以人为本，重视师生发展主体性，通过协调统筹各种教育因素，创设和谐的育人环境，让受教育者得到全面健康发展。家校共育秉承和谐理念，建立和谐信任的师生关系、家校关系、亲子关系，全力以赴促进学生全面健康发展。教师也在培育孩子成长的过程中得到专业成长和职业幸福感。家校教育伙伴关系构建的核心要义便是促进和谐的教育发展，在和谐教育理念下实现师生和谐发展。

我国著名的教育家陶西平先生说过，学校教育如果不与家庭教育、社会教育相结合，就会显得苍白无力。我们今天的教育是一项全方位的系统工程。对于学生而言，它贯穿于生活的方方面面、成长的每个环节；对社会而言，有效的教育是家庭教育、学校教育和社会教育的结合，需要全社会的关心和支持。家校教育合作中的家庭、学校和社会是平等主体间在认识理念一致、目标认同、情感融洽、信息流通的基础上，建立起来的以育人为目的、互动互促的协作伙伴关系。这正体现了和谐教育的"和而不同，均衡共生"的理念。

二、完整的人的理念

教育是推动和实现人的全面发展的重要途径。目前，教育的功利性仍旧泛滥，很多家长还是把教育看成是获得一份好工作的敲门砖，唯分论、唯升学论现象仍旧普遍。很多学校也慢慢地顺应了这种功利化需求，教育重成绩，评价唯成绩，社会上的课后补习机构更是投其所好，渲染竞争淘汰意识，家长们纷纷将孩子送到培训机构，从而导致学生负担过重，课余时间被严重挤压，形成了一种全家都累、孩子身心俱疲的怪现象。

究其原因，是教育被过度工具化、利益化、产品化，人的生存与个性和谐发展的需要被不同程度地忽略了。人是作为一个独立完整的个体而存在的，压迫性、强制性的教育扭曲了人的价值属性，教育的这种断裂与失衡是教育的功利主义目的所决定的，而这种断裂与失衡导致教育对象的人格分裂。一些"伪君子""伪圣人"等表里不一、口是心非之徒的出现也不足为奇了，这在以生产和消费的分离为主要特征的工业社会表现得尤为明显。托夫勒在《第三次浪潮》中提到，工业社会的群体化教育，教师被当成了生产者，学生则成了消费者，而后便产生了双重人格。同一个人，作为生产者，他被老板、学校和家庭教育要节欲，要满足，要安分忠诚听指挥。作为消费者，同一个人又被教导要多挣钱，永不满足，不受约束并追求自由和享受。这就完全对立和分裂了。

教育的目的究竟何在？涂尔干用了一句非常简短的话：所谓的教育，即是为孩子提供"对待生活的各种可能的终极态度"。杜威更直接明了地说教育应以其自身为目的。也就是说，除了发展人之外（这里的人的发展，是指人身心的全面发展），没有其他别的目的，教育才能真正地凸现其价值，人的身心和谐发展才是教育最真实的目标。完整的人的理念具体内涵如下。

1. 以人的健康发展为本

现代教育的根本目标是使人均衡、和谐、全面地发展，培养造就健全的人。2021年9月开始，国家推行"双减"政策是为了有效减轻义务教育阶段学生过重作业负担和校外培训负担，消除教育的极度功利性、发展不均衡性，营造良好教育生态环境，呵护孩子健康成长。家校构建教育合作伙伴关系要坚持以孩子的健康发展为根本，尊重生命个体的发展需求，以孩子个体发展愿景为合作依据，共同创造和谐的教育生态环境，使孩子得以和谐健全发展。

2. 以人的全面发展为本

习近平总书记指出，我国社会主义教育就是要培养德智体美劳全面发展的社会主义建设者和接班人。当前部分家长特别看重孩子学习成绩，尤其是考试成绩和名次，从教育"内卷"的焦虑中又陷入了"双减"的焦虑中，担心孩子少了校外培训，成绩上不去，仍然在学习上给孩子不断"加码"，家长观念滞后也影响着"双减"政策的全面落实。此时，家长尤其需要进行家校合作，在学校正确指导下，更新教育理念，科学育儿。构建家校教育伙伴关系是家校合作的创新举措，只为整合家校优质资源，共同服务于孩子全面发展、健康成长，造就全面发展的人。在实践中，家校合作教育往往被简单地误认为是家长到学校去参加学校的培训或参加学校的一些活动，或者是家长和老师就如何提高孩子学习成绩一起想对策。受传统教育观念的影响，家校合作还停留在以升学为本的模式上，然而往往事与愿违，家长和学校一厢情愿，孩子被摒弃在外，对家校商讨出的对策，孩子根本不关心不配合，反而有一种被设计和控制的感觉。这样的合作与完整的人的理念是不相符的，与我们家校合作的宗旨也是南辕北辙。

家校教育伙伴关系的构建应该服务于孩子的全面发展和健康成长，要真正地做到以人为本，从儿童的需求出发，把孩子当作一个完整的有独立意志的主体，以此为基础才能构建一个良性的、持久的家校教育伙伴关系。

三、责任理念

教育本就是一项具有高度使命感和责任感的活动。一般来说，家庭、学校和社会共同承担教育的责任。没有几个责任方的有效合作，孩子的健康成长和全面发展几乎是不可能实现的，教育的责任必须由家庭、学校和社会共同承担。但是，在我们国家的教育现状中，却存在着教育责任分配不平衡的情况，即家庭、学校和社会实际承担的教育责任不合理，这已是不争的事实。这种失衡导致本应由学校、社会和家庭共同构建的"三位一体"的教育网络面临着瓦解的危机。教育责任分配的不平衡体现在家庭责任的转移，社会责任的淡化甚至退化，教师社会责任职能的延伸和学校负担过重。总的来说，教育中责任分配的不平衡削弱了教育的整体功能。

事实证明，教育是一个连接家庭、学校和社会的多维系统，教育的责任必须合理分担。合理分担责任，不仅可以减少重复和替代性劳动，还可以及时解决教育中的问题，有效避免相互推诿责任导致的教育存在空白、空缺的状况，从而优化教育效果。合理分担责任并不是否认相互融合和合作，而是根据家庭、学校和社会的教育功能来区分责任，各有侧重。目前在中国，家长与教师的教育方式、教育理念还存在着比较大的差异，家长与教师之间还存在相互推诿教育责任、共同教育的意识不强、缺乏信息共享和沟通的现状。一方面，一些家长只"养"不"教"，或只重智育不重德育，没有共同参与培养的意识，甚至认为学生到了学校，有老师教着管着，自己的任务便完成了，便万事大吉了。另一方面，在一些学校存在着忽视、轻视或反感家长参与学生的教育的现象，甚至存在着不成文的时空划分，即家长在家里负责，老师什么都不做；老师在学校负责，出任何事老师承担；而社会则出现了什么都有责任，也什么责任都没有的怪象，这是对责任的严重误解。

家校教育伙伴关系构建的责任理念具体内涵如下。

1. 厘清边界，各司其职

2022年1月1日起施行的《中华人民共和国家庭教育促进法》明确了家庭教育职责。在教育中，老师和家长扮演着完全不同的两种角色，明确谁该负责什么，界限清楚，泾渭分明。只有家庭教育和学校教育明确边界、各司其职、齐心协力才能更好地培育孩子。学校有义务有责任引领家长认真履行家庭教育职责，更新家长教育理念，使家长把更多精力投入孩子的成长中来。

2. 协同育人，彰显担当

家校教育的伙伴关系是基于一种共同的责任意识，建立以学校教育为重点、家庭教育为基础、社会教育为支柱的综合"协同育人"模式，实现时空教育的密切协同，并发挥不同教育要素的优势互补、融会贯通以及多重渠道的联合作用的叠加效果，从而构成一种利益相互分享而又融合的巨大合力，以达到社会教育目标实现的最大化，生动而深刻彰显了新时代的家校社教育责任担当。因此，构建家校教育伙伴关系要求家校双方秉承责任理念，构建良好的家校责任共同体，分工合作、共同承担社会赋予我们的育人职责，从而实现对学生的合力培养，推动学生全面健康成长。构建家校教育伙伴关系遵循和谐的理念，以完整的人的发展为根本，秉承责任意识，统筹学校、家庭、社会多方力量，协同育人，开启创造性家校合作实践。它是我国新时代教育发展的迫切要求，是新时代社会对全面发展人才的客观需要，是新时代学校教育发展的必然趋势。

在我国，构建家校教育伙伴关系仍处于探索的初级阶段。相关资料显示，家校合作关系在思想理念、运作机制、内容方法、资源分配和职能结构方面都需要进一步改革和创新。因此，如何使我国的家校教育伙伴关系在整个教育事业发展中发挥其应有的作用，值得我们认真探索。我们要在理论上不断思考，在实践中不断完善。

构建家校教育伙伴关系的意义

学者尉诚曾说过："教育是一个圆，是一个整体，家庭教育、学校教育，甚至包含社会教育都是不可分割的主体，它们相互支持、相互补充。"家庭教育是孩子成长的起跑线，是学校教育和社会教育的起点，是学校教育的基础和补充。所以，将家庭和学校教育资源整合以实现教育效果的最大化已经成为全社会的共识和孩子健康成长的现实需要。"双减"背景下，要营造学生主动发展的良好教育生态环境，离不开家庭和学校价值观念和引导方法的协调一致。因此我们学校进行了城区小学家校教育伙伴关系的构建与实践研究，大胆更新家校工作理念，使学校主导的家校合作变为家庭、学校平等的合作关系，家长由被动参与、片面参与、浅层次参与变为主动参与、全面参与、深层次参与，让家长从学校教育旁观者逐步融入学校教育，与学校老师一起成为教育共同体。

天台小学家校教育伙伴关系模式，促进了家长教育责任的回归和教育行为的自觉，点燃了学校每个教育工作者的教育激情和教育创新才能，激发了每个孩子的成长自信与自主发展的潜能，推动了学校教育与家庭教育的优势互补、融会贯通、相辅相成。最终，孩子真正能成为新型家校教育伙伴关系的最大受益者。

一、促进学生成长

苏联教育家苏霍姆林斯基非常重视家庭和学校的合作，他说："只有学校教育而没有家庭教育，或只有家庭教育而没有学校教育，都不能完成培养人这个极为细致、复杂的任务。最完备的教育是学校教育与家庭教育的结合。"学校教育和家庭教育是社会的两大教育系统，对人一生的发展都起着举足轻重的作用。

1. 有效优化学生成长的环境

家校教育伙伴关系构建便是让教师主动深入到学生家庭生活中去，家长主动参与到学校管理中来，让双方实现真正的沟通与互动，使家校双方力量有效有机地聚合。如我校家长在家长委员会的组织下，不断提出改善学校教育环境的要求，不断提出学校管理金点子。学校充分采纳家长建议，不断整合家校教育资源优势，拓展学校教育资源。"天台家校伙伴委员会"成立一年多以来，积极引领家长不断学习育儿理念，改进育儿方法，使他们全身心投入家校教育伙伴关系建设中，积极给学校发展献言献计。学校也十分重视家委会提出的问题，针对他们提出的校门口车辆规范停放、食堂菜谱公开等问题及时予以采纳、整改并落实到位，受到家长一致好评。学校也先后就聘请家长志愿者、家长进课堂等工作征取家长委员会意见，均得到家委会积极配合与支持。家委积极建言，家长主动参与，畅通了家校共育"绿色通道"，如学校场地有限，就与学区内小区湘水湾的游泳馆合作办学开设游泳课程，整合游泳教育社会资源，使我校成为株洲市首批中小学生游泳教育试点学校。

所以，家校共育能为学生创造良好的学习和教育生态环境，为孩子茁壮成长奠定坚实的基础。

2. 有效培养孩子良好品行

家庭教育的熏陶对孩子的一生影响深远且重大，家庭教育的方式、方法正确与否直接影响孩子接受学校教育效果的好坏。学校是培养学生良好的品德修养、行为习惯的主阵地，学校根据《中小学生守则》和《中小学生日常行为规范》的要求和标准，对学生进行行为规范、礼仪养成、品德修养等方面的培养教育。教师与家长要联手同盟，站在统一战线上，使家校互动交流畅通无阻。家长对学校教育方式、内容和要求知晓并领会，对孩子在学校里的点滴动态表现了然于心，就能在对孩子的教育过程中，主动及时配合学校开展教育，保持与学校教育的一致。而老师也能及时了解孩子在家里的不同表现，调整教育对策，及时纠正孩子的不良行为习惯和品质。天台小学家校共育实践中有许多好的举措，其中"家校联系手册"就是家校交流沟通的桥梁，利用该手册对孩子的各方面表现进行包括校评、家评的综合性评价，家校行动同频，互动和谐，实现了家庭教育与学校教育无缝对接，达成了家校精神频率和谐共振。

因此，家庭教育和学校教育行动一致、步调一致，形成联动联发局面，将更有利于培养孩子优秀的品性和良好的行为习惯。

3. 有效促进孩子健康成长

学校教育目标、教学计划、教学行动的一致性、整体性与家长教育子女的教育理念、育儿目标、人才观的个别性、差异性是客观存在的。构建家校教育伙伴关系的过程就是家校互通互融的过程，家长知晓学校的教育理念、目标、行动，老师熟知学生家庭背景、经济、生活情况，在了解信任的基础上，对学生进行有针对性的教育。双方在互动中获益，在交流中发展，孩子在和谐的环境中得到全面培养。

我校在进行家校教育伙伴关系的构建实践过程中，教师和家长彼此包容并团结一致，学校和家庭明确分工，双方发挥着各自优势，学校、家庭和社区的资源不断得到优化整合，使家校社"重叠影响"最优最大化，给所有孩子的成长创建了一个绿色、和谐的教育生态环境，助力孩子健康茁壮成长。

二、增进家庭品质

1. 提升家长育儿能力

学校是指导和推进家庭教育的主阵地和主渠道，在构建家校教育伙伴关系的过程中，我校课题组核心成员积极参与北京师范大学家庭教育指导高级研修项目，不断提升对家长家庭教育的指导能力。针对缺乏教育理念、教育方法不当、能力不足的家长，进行重点培训、精准指导。家长育儿理念更新了，能力提升了，与学校间的认知误差和理念分歧就会缩小；共识达成，家校矛盾和冲突自然得到规避。我校开展家庭教育指导围绕以下几个方面展开：更新家长育儿理念，让家长端正态度，正确认识家庭教育、家校合作的重要性，改变以教师权威为中心、家长只是被动配合学校的"伪合作"状态的传统家校关系，使家长与老师们都能更充分地认识到，双方在教育目标、情感与实践方面之间的关系，成为一个可以接纳彼此的教育实践共同体。我校根据家长实际需要，开发设置了系统的家庭教育指导材料和各类资源丰富的家庭教育课程供家长自由选择、学习。这样，家长的视野开阔了，理念更新了，育儿的水平和能力相继得到提升。

2. 促进亲子关系和谐

构建家校教育伙伴关系的过程也是助力每个家庭构建亲子关系和谐的过

程。我校从学习小组、班级、年级组、学校不同层级范围分级分阶段、序列化地开展丰富多彩的亲子活动、家长开放日活动。如学校常规亲子德育活动，包括一年级启智礼、二年级入队礼、三年级感恩礼、四年级十岁成长礼、五年级立志礼、六年级毕业典礼，还有孩子在节假日和周末的家庭劳动日、感恩日、当家日等。这些体验大大培养、锻炼了天台学子综合素养，增进了亲子关系。特别是家长教师读书班共育共读活动，让家长、孩子、教师同读一本书，定期邀请家长来主持读书分享会。共育共读就是增进亲子关系最好的契机。有家长兴奋地说："谢谢老师给我们的提议，使我们有机会真正静下心来陪孩子阅读，真是太难得了。现在想想真是陪伴得太少，特别是爸爸和孩子通过阅读才有这样和谐相处的时光，也让孩子看到了爸爸身上的闪光点，让孩子对爸爸多了一份崇拜。"瞧，短短一个多月的亲子阅读时光，使爸爸的形象在孩子的心中不知不觉地高大起来了。

孩子是家庭的核心，孩子的学业成长无不牵动着家长的心。学校教育服务的主要对象是学生。家校关系融洽了，亲子关系也会随之变得密切融洽，家庭关系也会变得和睦和谐。

3. 推动家庭文化建设

家校共育中，不断挖掘整合家长资源，不但能够提高学校的教育实践活动效率，营造学校浓郁的教育氛围，还能提高家长的文化素养，增进家长与学校、社区人员的沟通交流和关系融合，推动家庭文化的建设。教育实践家朱永新呼吁，将全民阅读作为国家战略，致力于让更多家庭热爱阅读、投身阅读。在我校的指导下，我们开展家长教师读书班、家书传情、我家故事、芳菲读书会等系列"书香活动"，让老师、父母成为孩子的阅读伙伴和榜样，营造浓郁的家庭共育、共读、共生长新气象。这些家校协同活动有助于家庭文化的建设与家风的传承，特别是在活动中涌现出一批批优秀家长、优秀家庭，对其他家长、家庭有着无形的榜样力量和积极的引领作用。家庭与家庭之间在互相学习、互相借鉴、共同提高中建设良好的家风家规，促进亲子共成长，不断提高家庭教育的质量；使家长在参与学校教育过程中全面了解孩子、学校，开阔视野，增长见识，最终能很好地促进孩子的发展。家校共育使家庭教育与学校教育协同一致、有效补充，很好地为孩子成长创建了安全、和谐、美好的家庭教育生态环境。

三、提升学校文化

1. 丰富学校教育文化内涵

有研究证明，家庭环境、学校环境之间存在显著的正向相互影响关系。家庭的文化资源受到学校环境的影响，而家庭环境的社会文化经济水平决定了学生所处的学校环境。家校合作共育是家庭与学校相互联合并共同发挥教育功能的行动过程，是现代教育管理的方式之一。在共育共融中，我校形成了独具特色的家校共育文化，如芳菲书社、柚子学院、星空读书会等。这些共育文化促进了家校文化融合，丰富了学校文化内涵，成为学校精神文化建设的一个重要部分。

2. 打造学校教育文化品牌

教育伙伴关系构建对学校的发展具有重要意义。对学校管理人员而言，通过学校与家长深度合作，可以开阔视野，进而推动学校管理品质的提升。通过开门办学、接受社会公开监督，有利于学校掌握家长对学校的意见与建议，以此推动教学变革，提升教育教学品质，增加社会认可度。对于老师而言，家长与学校联合教育给老师们提供了成长发展的新平台，也能带动老师的发展，甚至可以克服"职业倦怠感"。学校的核心功能是育人，育人效能从根本上说就是学校实现育人功能，达成育人目标。

家校合作共育，有了家长的支持加盟，有了社会有力监督，天台小学发展内驱力十足，与时俱进。以小组合作课堂改革，落实"双减"；以德育序列化课程、书香校园建设等立德树人；以"生生不息的校园精神文化"引领教师教育魅力提升塑造，提高教师育人水平，引领学生全面发展与个性发展相结合。因为注重学校内涵式发展，不断提升学校软实力，提高办学水平，使得学校在社会、家长中的满意度、美誉度提高，无形中就"俘获"了社会、家长的"芳心"，家长与老师配合度、默契度极高。家校教育伙伴关系构建的核心是家长、社会对学校的信任，而家校合作共育，能更有效整合家校社教育资源，凝心聚力，使其同向而行，不断提升学校育人效能，不断深化、打造、重塑天台小学教育文化品牌。

四、融洽家校关系

1. 家校共性与个性教育统一

家校共育既利于家庭教育优势的互补，又有利于家庭资源共享。家校合作是学校共性教育与家庭个性化教育有机契合、互补相融的过程，能够真正培养社会发展所需要的全面发展的人才，从而提高教育的效率和质量。近年来，学校为了满足家长个性化教育需求，开发建设了多样化校本培育课程和多彩的社团班，供家长、孩子自由选择，培养发展了孩子的兴趣特长，为培育"五育"并举全面发展的人才奠定了坚实的基础。

2. 家校教育伙伴关系可持续发展

我校"家校教育伙伴"构建了更平等、开放且彼此包容的家校关系，破除了传统家校合作关系——以教师权威为中心，家长被动配合的"伪合作"关系。教师、家长都能充分意识到彼此在育人目标、情感和价值上的关联，自发凝聚成一个能够包容彼此的实践共同体。而且，家校教育伙伴关系的构建不是既定的、静态的，而是在持续的关系建构过程中形成、变化、稳定的。家长和教师在不断实践中相知相交、相通相融，充分发挥主人翁意识，在共育共融中达到和谐统一，使教育教学力量达到最大值，从而构建了一种牢不可破的可持续发展的教育伙伴关系。

五、助力社会和谐

1. 小家和谐保社会稳定

《习近平扶贫论述摘编》一书中阐述道："我们的人民热爱生活，期盼有更好的教育……期盼孩子们能成长得更好……"养育和培育孩子成才关乎每个家庭的幸福命脉。2018年召开的全国教育大会强调，办好教育要有大教育观，家庭、学校、社会合作共育，不仅能够加强家庭教育，而且能够促进教育思想、培养模式、学校制度的根本性转变，提高育人质量，提高学校办学质量。家庭是人一生中最重要的场所，孩子在家庭生活中也潜移默化地接受着家长的为人处世、是非观念等方面的影响，这些都影响着孩子性格的形成和未来事业的发展。家庭教育对学校至关重要，而构建家校教育伙伴关系，向家长与孩子提供组织家庭活动的科学知识与技能，有利于培养他们正确的生活态度和价值观念，使他们形成准确的理解和有效履行自己职责的能力，有利于发展全民教育和终身教育，从而提高国民综合素质，建设学习型社会，促进家庭幸福的实现以及社会的稳定与和谐。家长主动参与到学校教育中来，与学校教师相互尊重、相互沟通、相互配合、相互学习，家庭和学校、家长和教师将教育资源结合在一起，进行资源互补，更能促进孩子健康成长。由于家庭环境不同，不同家长的教育理念不同，教育孩子的举措也有所不同，但父母和教师期望孩子健康成长的目标是一致的。另外，通过学校对家庭教育的引导还能帮助那些特殊的弱势家庭，从而更好地为孩子的成长提供有效的支持，在一定程度上能遏止贫困的代际传递，也具有促进教育公平、社会和谐的作用。

2. 学校优质促社会发展

家校合作作为实现教育现代化的有力举措，是教育高度回应社会经济发展需求的新表现，是现代学校教育体制下教育改革与发展的新常态，是培养德智体美劳全面发展的社会主义建设者和接班人的新要义。构建家校教育伙伴关系也有利于学校管理水平的提高。家长参与、支持和监督学校教育，家校理事会、家长委员会、家校委员会等家校合作教育组织建立相应的制度规范家长、教师、学生的行为，能够提高学校管理的水平。建立家校教育伙伴关系有助于对阻碍学校发展的管理体系进行改革和创新，而构建家校教育伙伴关系本身就是一场家校合作的改革创新，为学生的全面发展创造了更多的途径方式。构建家校教育伙伴关系能够加强家校交流与沟通，通过开发和利用家长教育资源和指导家庭教育，能够促进学校教育的民主化与家庭教育的科学化，从而实现家校双赢，提高家校合作的效率，全面育人，为社会发展需要培养更多健全、合格人才。总之，构建家校教育伙伴关系能够挖掘整合社会教育的有利资源，抵御不利影响，求得家、校、社教育合力最大值，真正办人民满意的教育，促进全民教育和终身教育，提高全民综合素质，加快现代化教育进程，强有力地促进社会的和谐、稳定、发展。

家校合作具有不同层面上的意义和价值，从宏观意义上讲，家校合作是国家提高教育质量、推进教育公平的重要举措；从中观意义上讲，家校合作是健全学校民主管理制度、提高办学水平的重要路径；从微观意义上讲，家校合作在提升教师素养、完善家长的教育理念、促进学生全面发展方面发挥着重要作用。苏霍姆林斯基曾说过："教育的效果取决于学校家庭的教育影响的一致性。"家校教育伙伴关系的构建正是培养教师与家长合作共育的意识、提高共育能力，让家庭与学校形成合力，共同提升学校办学品质，培育新时期好少年，共同建设富有天台小学鲜明特色的质量天台、同心天台、幸福天台、现代天台。

构建家校教育伙伴关系的策略概述

为解决一个小而简单的微观问题，我们会寻找一个具体的办法，但解决一个大而复杂的宏观问题，比如想让一个组织达到它的某个基本目标，仅仅一个具体办法就不够了，而需要寻找一系列的具体办法——这些具体办法整合而成的完整计划就叫作"策略"。故"现代管理学之父"彼得·德鲁克说：策略是为达到组织的基本目标而设计的一套统一、协调、广泛且整合的计划。

构建家校教育伙伴关系是因为家庭与学校这两类组织想合作达到一个宏观目标——立德树人。为此要采取一系列办法：明确划定各自的基本责任，协力构筑最有利于未成年人积极、健康、持续成长的合作机制，创建科学、有效的合作育人模式，创设充足的合作育人物质条件，等等。这就需要制定并运用达成构建家校教育伙伴关系目标的一套基本策略。通过多年的学习、思考与实践，我们觉得可以通过一些策略的运用与实施，来促进家校教育伙伴关系的形成，使教师和家长围绕学生的成长结成友好的同盟，遵循规律，达成共识；彼此尊重，协调分工；携手接力，行动支持；良性互动，坦诚沟通；创建平台，促进共育。

一、遵循规律，达成共识：让每个孩子享有出彩人生

认识是行动的先导。要构建家校伙伴关系，实现家校和谐、协同共育，先要对有关孩子的培养和合作共育问题有正确的认识。我们知道，教育最大的特点就是它面对的是鲜活的人，是在成长中的有思想、有头脑的独特的个体。且我们所经历的生活、所处的社会和时代不是一成不变的，我们始终处于一个动态的、变化着的复杂环境中。所以我们在教育孩子的问题上，应该尊重孩子的身心发展规律、教育发展规律、社会发展规律，形成教育共识。一切违背人的

成长规律、教育发展规律、社会发展规律的教育行为都会是徒劳且失败的，无论是教师还是家长，都应该清晰地认识到这非常重要的一点。

（一）在要"分"还是要"人"的意识中明确培育目标

家校合作共育的根本内涵是"协同育人"，其存在的意义是：在家庭教育系统中植入一种更具能动性、正向性的教育力量，促使家庭育人工作向科学、健康、理性的方向发展。在这一意义上，"家校共育"概念的第一要义是"育"，即育人的根本属性和价值归属，而"共"是实现育人目标意图的一种方式手段、组织形式。

客观地讲，目前在我国，家校双方在许多核心育人目标上仍旧存在剧烈冲突：是育时代新人还是育造分机器？是只想到个人还是要有家国情怀？这些冲突是导致家校合作难以实质性开展、家长育人主体性缺位、家校关系不和谐的根源所在。当前，许多家长在"育分"目标驱动下，一味地追求高分，将中高考科目课程学习看得高于一切，忽视孩子的身心健康发展，忽视孩子生活技能的掌握，忽视孩子适应社会的能力的培养，忽视孩子关心他人、关心社会、关心自然的情怀，等等。更有甚者，带着这种价值观来评价学校、评价教师、评价教培机构，迫使其就范于自己病态的教育目标认知，这不利于家校合作共育实践。

有鉴于此，家长应与学校的育人理念保持步调一致，加强对教育理念的学习，转变观念，用正确思想、方法和行为教育未成年人养成良好思想、品行和习惯。家长应当以更加宏观、动态的方式看待孩子的成长与发展，而非从过于狭隘的功利主义视角定位学校的教育教学功能；应关注孩子的终身成长，要有大写的"人"字观，要从更长远的时间尺度来看待孩子的成长，认识到教育终归是为了培养一个健全的人、一个积极进取的人，积极促进青少年为适应未来社会发展需要、为积淀未来建设国家的能力和素养而学习。

（二）在独特个体生长规律中让每朵花都能精彩绽放

孔子对于教育实践有"因材施教"的主张。"不要让孩子成为奋力爬树的鱼"的故事也让我们认识到，鱼是永远爬不上树的，只会离目标越来越远，不能用一个标准去衡量所有人。这些都告诉我们，每个孩子都是独一无二的个体，应该尊重每一个孩子的个性发展，让孩子成长为他们自己的样子。花有花的芳香，叶有叶的翠绿，根有根的价值。拿根雕来说，根雕与育人同理，教育就需要出色的"根雕师"。看似是废材的奇根怪瘤经过精心雕琢、打磨着色，皆能成为独一无二的艺术珍品，为人师者若皆有根艺匠人不弃之心、因势利形之慧眼、化朽为奇之匠能、雕琢打磨之耐力，那么每个生命都会绽放出属于自己的魅力。

《深化新时代教育评价改革总体方案》中指出，要改革学生评价，促进学生德智体美劳全面发展，其途径之一就是要树立科学成才观念。坚持以德为先、能力为重、全面发展，坚持面向人人、因材施教、知行合一，坚决改变用分数给学生贴标签的做法，创新德智体美劳过程性评价办法，完善综合素质评价体系，切实引导学生坚定理想信念、厚植爱国主义情怀、加强品德修养、增长知识见识、培养奋斗精神、提高综合素质。因此，作为教育者要跳出分数的怪圈，促进学生全面发展、个性成长，鼓励孩子发展自己的兴趣爱好、特长，要将综合性与创造性作为衡量教育教学的学生学习的重要指标。

新出台的"双减"政策之所以呼吁家校共育，其用意在于提升家校双方对育人目标的认同度，校正偏离育人目标的不合理的家校合作行为，促使家校共育工作走上"育人本位""育人为先"的正确轨道，在共同育人目标的统领下聚焦家校教育力量、教育资源、教育智慧。因此，走向"协同育人""共同育人"，实现育人主体间的深度合作与协同联动，是家校合作共育新思维的本质内容。在"双减"背景下，学校要引导家长们更加关注孩子的终身成长，让他们把一些朴素的、本质的规律性问题想清楚、做明白，充分达到思想和目标上的共识。

家长不拿自己的孩子跟别人的孩子比，允许差异，善于赏识、激励孩子，不断激发孩子的主观能动性和内驱力，就会让每个孩子发光、出彩。

（三）在优化教育生态发展中让家校合作为孩子成长助力

无论是学校还是家庭，培育对象都是孩子。在教育对象和教育目标一致的前提下，家校合作协同育人能使教育产生更好的叠加效应。而在"双减"政策实施之前，我国家校合作的明显特征是"校强家弱"，具体体现是：学校、班主任是育人工作的首要主体，而家庭则一直处于一种配角地位，其功能只是辅助学校做好思想教育和日常教育教学工作，家长的主动者、责任者角色被严重地弱化；尤其是近年来在校外培训机构资本的疯狂渲染，家长、孩子普遍存在分数焦虑等一系列因素的推波助澜下，家庭被学校化，家庭教育也被资本牵着鼻子走。因此，家校共育工作受时代背景冲击，面临多重困境，呼唤新一代家长共育思维的诞生。

而现代教育体系中，学校不再是一个"教育的孤岛"，家校紧密合作无疑对优化教育生态有重要意义，家校合作状况，就是其教育生态的真实写照。教育生态系统中的任何一所学校、一个家庭及其他主体间都形成有机联系，相互间有物质、能量和信息的交流与传递，没有任何一项学校教育改革能在破碎的家校关系中取得成功。家庭是整个学生教育系统中的原生系统，学校则是学生教育系统中的次生系统，学校是因家庭教育上的缺陷而诞生的，二者本应优势互补、协同育人。尤其在今天实行"双减"政策的背景下，要将学生从不合理的校外学科培训和过重的校内学业负担下解放出来，一方面急需家庭对子女尽到更多的教育责任，一方面学校又急需做好家庭交予的教育托管任务并指导家庭教育，这就更需要做好家校双方的教育协同。因为更好地育人是家校双方的共同目标，所以很多事都可以从客观的角度谈开，什么是最科学的安排、家校应如何分工，这些问题最终是可以得到妥善处理的。学校应通过各种途径，不断向家长传递新的教育理念和观念，在宣传和讨论中，帮助家长意识到家庭教育的必要性和独特价值，让家长充分认同家庭教育是教育的基础、家庭教育在孩子的成长中不可或缺，同时意识到家校合作的意义与价值，并愿意支持学校工作，加强与学校的合作。

因此，教师和家长都应坚定家校共育的信念，打破以往"单打独斗"的局面，以坚定、友好、热情的态度积极构建家校共育伙伴关系，达成"立德树人""成才成人"的育人目标，树立正确的人才观、成长观，让学生获得良好的发展。

二、彼此尊重，协调分工：学校与家庭权责互不越位

在孩子成长发展这桩大事上，家庭和学校既要各司其职，又要讲平等，相互尊重，构建相互信任的"同盟"伙伴关系，才能更好地合作。

（一）充分发挥学校的主导引领作用

学校是学生接受教育的正规场所，拥有充足的专业人才、物质条件和时间，能有目的、有计划地实施规范化的教育。学校教育具有较强的制度性，各项要求比较明确，在具体目标和制度管理方面都有明确要求，根据国家需要和社会实际需求来培养人才。学校作为办学主体，应该是家校合作的发起单位，

要积极承担、主动作为。因此学校在家校共育中应坚定家校共育的信念与能力，积极发挥在家校共育中的主导作用，包括其对家庭教育的组织与指导作用，比如通过家长学校、家长会、家长沙龙等方式为家长提供有关家庭教育、学生成长和家庭环境构建等方面的各类服务与指导，提升家长的教育理论与实践水平，解决家长遭遇的某些突发性和恒常性问题。

学校领导特别是校长，要在学校管理中充分发挥主导作用，让家长充分感受到校长及领导班子在家校共育中的领导力。一是要提升宏观整体架构能力，要能深入发现和了解家长的想法、困惑、需求，以需求为导向，进而设计或调整家校共育的目标内容、方式方法，不要只搞大活动，而应在制度建设、方式方法、环境条件、实施保障等方面进行系统规划、整体设计。二是要提高微观管理实施能力，比如积极创造"家长—教师共同体"，搭建家校共育工作坊，为教师提供与家长合作的相关培训，努力构筑健康、远视、高效的合作共育文化，确保家校共育可持续发展。

全体教师要在学校管理中充分发挥实施家校共育的主导作用。一是要树立全员育人、全科育人的理念，在深化教育改革中积极开展家校共育研究，以家校共育研究小组的形式吸引家长参与，促进双方相互交流。二是要做好班级层面的家校交流互动，班级中的家校交流主要是班主任及科任教师和家长围绕孩子的具体行为和学习问题，多次进行有逻辑关联的系列沟通的互动过程。教师可能一开始并不明确解决问题应该采取什么策略，但会在与家长的互动交流中，共同探索出一步步的互动行动方案，直至最后问题得到解决，这是最有效的互动。三是在家校互动对象上，除了要有覆盖全班所有家庭的合作互动交流，还应考虑到典型的核心家庭、单亲家庭、重组家庭、留守儿童家庭、贫困家庭等不同类型的家庭，避免"一刀切"。教师也应通过自主学习、参与培训等方式获取、掌握和运用家校合作相关专业知识和技能，并在学习过程中不断进行反思调整，促使自我成长，进一步作用于家校共育的实施。

（二）家长的教育角色不可或缺

家庭在家校共育中虽然受到时间、物质条件、组织程度及教育能力等方面的限制，但其教育角色不可或缺，教育责任不可推卸。

家庭教育与学校教育不同，它的本质是生活教育，是给生活以教育、用生活去教育，是在日常生活中培养子女良好的思想品德、行为习惯、社会适应能力等。家长应积极为学校提供直接与间接、显性与隐性的各类教育资源，让此类资源经过学校场域的再组织，最终成为能够促进孩子成长的动力之一。

"家庭是人生的第一所学校，家长是孩子的第一任老师，要给孩子讲好'人生第一课'，帮助孩子扣好人生第一粒扣子。"这句话对新时代家庭教育建设和家校共育实践具有重要的指导意义。《中华人民共和国家庭教育促进法》第二章家庭责任，也对家庭教育做出了明确的规定和指导。因此，在育人问题上，家长也应积极参与和承担责任。

注重优良家庭家风建设，培育积极向上的家庭文化。家庭是养育孩子的温床，每个家庭应树立和传承优良家风，弘扬中华民族家庭美德，共同构建文明和睦的家庭关系，为未成年人健康成长营造良好的家庭环境。应当针对不同年龄段未成年人的身心发展特点，围绕思想品德、安全意识、学习与生活习惯、体育锻炼、家庭劳动教育、人际交往等展开家庭教育，并且家长要以身作则、潜移默化、润物无声，做孩子的好榜样，让家庭成为孩子成长的肥沃土壤。

家长要主动进入学校和班级，自觉成为学校教师教育孩子的合作者。家长应当提升自身参与家校共育的热情，尽可能主动参与学校组织的有关会议、学习活动、交流研讨活动、开放性活动，尽可能成为教师的同盟军、知心人，理解教师、支持教师，针对育人问题、教学问题、成长困惑，提出自己建设性的意见或建议，保持与学校、与教师间的良性互动。

增强参与家校共育的反思意识，帮助孩子获取更大的进步。家长要时常反思，且这种反思要紧密联系学生的实际情况。对于学优生而言，家长不仅应反思如何使学生学业更进一步，更要关注其道德品质的提升，还要对其进行适当的挫折教育，使他们形成良好的自我认知。对于中等生而言，家长应反思如何培养其良好的学习习惯、坚持不懈的品质，让他们朝着一个明确的目标不断进阶，并在此过程中给予他们充分的情感激励。对于学困生而言，家长需要从多视角寻找孩子的闪光点，对他们进行针对性赏识和激励，培养孩子的自信心，让他们从树立小目标开始，提升效能感，积跬步至千里。

三、携手接力，行动支持：输送并储存丰富的教育能量

（一）建章立制，提高共育效率

无规矩不成方圆，任何一个组织的有效运行都必须依靠一套完整且严谨的

规章制度来进行组织和调节。家校共育是学校、家庭两种组织的合作，其有效运行就更需要完整且严谨的规章制度来进行组织和调节。但事实上，当前学校、家庭两方面教育上的组织和调节还相当薄弱，权责划分不明确，合作途径不畅通，教育活动分离，家校共育效果不良，故需建章立制，以改进共育效果，提高共育效率。

1. 建立家校双方合作共育的有效运行机制

建立各级家长组织与各级学校组织的合作机制。学校应从高处、远处、宏观处着眼，进一步完善学校发展规划、学校年度计划、学校重要活动、学校家长组织、学校重大事务等的建章立制，这其中都必须要有家校合作共育方面的明确规定，提高家校双方合作共育的思想意识高度。

建立高效畅通的家校信息沟通机制。有效沟通是家校双方建立信任关系、达成共识、解决问题的重要途径。比如建立校务公开制度，让学校通过线下和线上的多种沟通渠道适时公开学校管理、教育教学等校务，让家长得以了解学校在管理上的理念举措，教育教学进度、方法、成果等。还可以开放校长信箱、办公电话，设立长期沟通渠道，听取家长意见，减少分歧，增进交流。建立个性化的咨询沟通机制，在真诚与温暖的环境下，为家长答疑解惑，使学校获得家长精神上与方法上的支持。另外，还可以创建家长之间的个性化沟通渠道，帮助家长们相互交流教育孩子时遇到的问题、好的家庭教育方法，为开展更多、更好的家庭教育提供资源，让家长获得更多家庭教育实践知识。

加强家校冲突的预防与应对机制建设，必须成立家校冲突应对管理小组。要做到责任明确，也要组织教师加强对相关案例和法律规定的学习。学校通过研读现有的各种家校矛盾处置案例，或者就学校新近发生或曾经发生的事件开展家校冲突协调经验交流主题活动，集思广益、深入研讨、获得方法，吃透相关法律规定，从而保障学校在家校冲突发生时，能做到及时反应、有效应对，最大可能降低冲突带来的消极影响。

2. 建立教职工履行家校共育职责的管理、考核、评价等制度

教师是家校共育实施中的主体，完善教职工履行家校共育职责的管理、考核、评价等制度是很重要的。在学校管理中，首先需要帮助全体教师树立长远、正确的职业发展愿景和目标，明确将促进家长参与家校共育纳入教师职业发展体系，让教师有意愿、有能力促进家长参与、组织家长参与，提高家校合作的主动性与方法水平。还要通过教师大会、研讨会、专题培训等途径，让教师树立正确的育人理念。教师先要从分数中跳出来，把育人的使命贯穿教学的始终，破除唯分数论，从而引导家长一起树立正确的科学育人理念，而不是与家长卷在一起，在分数论中不能自拔。教师在教育教学中要切实履行全员育人、全科育人的理念和要求。建立教师课堂开放制度，比如家长可以持学校发放的听课证观摩教师课堂教学，这样的制度能促进家长对教师工作的全面了解，增进家校间的互信。还可以建立家校联系册制度，开展"大家访"，积极主动和家长沟通，有效开展家校共育。建立每学期组织家长会的制度，要求班主任和科任教师把班级的整体情况和学生的某些特殊情况向家长全面反馈。建立成长导师约谈家长制度，为家长提供个性化的辅导交流服务。

不仅要在管理中切实履行家校共育职责，还要有配套实施的考核评价制度作为保障。一方面，我们完善优化考核评价制度，定期考评教师家校共育的开展情况，并建立家长对教师的满意度调查制度，将调查结果纳入教师绩效考核和年度考核，并作为教师评优晋级的重要依据等。通过绩效奖励、评选优秀教师等方式对家校共育工作表现优异的教师进行激励。绩效工资和精神激励等均有助于激发教师对家校共育工作的积极性，使他们更愿意投入到家校合作工作中去。另一方面，可以通过重视学校组织文化的培养及导向作用，为教师提供更多、更好的资源和外部支持，加强对教师的人文关怀等，让教师在开展家校共育的活动中获得方向与力量。学校领导要在态度、情感和资源上对他们予以支持与肯定，帮助他们积蓄更多的积极心理资源和更强的内驱力去获得更大的专业发展。

3. 建立激励、督促全校学生家长积极参与家校共育的制度

当前家庭教育学校化的情况比较严重，为了让家庭和学校更好地各司其职，更好地合作，我们可以以"亲子共成长工程"为主线，建立一系列制度来激励、督促全校学生家长积极参与家校共育，密切家校联系，共创和谐氛围。

学校建立完善家长委员会章程、家长学校章程、家长课程制度、家长参与学校规划与管理的制度、家长参与学校教代会和大型活动的制度、家长参与学校管理评价制度以及对教师满意度评价制度等，形成日常管理、教育教学、监督评估等家校协同管理制度体系，将家长的智慧和其监督、促进作用发挥到最大化。同时把家长参与学校活动的情况、与学校的互动情况以及家长的学习

情况等，通过积分累计等形式，纳入优秀家长（星级家长）评价表彰制度，激励、督促家长积极参与家校共育，促进家长与孩子一同成长。

学校还应主动激活家长参与合作的意愿。家长积极性的激活，既需要家长自身的潜在主观能动，也需要通过学校激活唤醒家长的正向主体参与意识和角色责任感。有研究发现，学校、教师主动对家长积极邀请、表达需求和提供机会等可以直接激活家长参与的意愿，释放其自身参与活动的潜能。江西省家校合作大样本调查的两轮数据显示，家长参与的意愿和实际行为存在很大差距，具体表现为有意愿参与家校合作、营造良好教育生态的家长比例在70%以上，但实际参与的家长在30%以下，家校合作可能存在学校的制度性抑制。这也就是说，任何家庭都有参与的潜力，但抑制他们参与热情的原因可能在学校一方，值得学校反思与改进。

（二）赋能支持，提升教育能力

1. 为教师赋能，提升家庭教育指导能力

教师作为学校育人的主体责任人，要在教育教学中提升实施家校共育的能力。教师是家校共育实施的具体执行者。这就要求教师要有家校共育的胜任力，能去指导家庭教育。

学校要把教师的家庭教育指导、学生发展指导等纳入学校校本研修课程体系，开展系列化培训课程。领导和教师都要加强学习，应用现代管理学、教育学、心理学、心理咨询辅导方面的专业知识，不断完善自己的方法体系和知识体系，并在平时学校管理、班级管理、学科管理、家校沟通等的实践中加以应用，做到科学管理、科学育人；要加强相关法律政策知识以及国家领导人在各种重要场合的相关重要讲话等的学习，在法律方面比如《中华人民共和国教育法》《中华人民共和国义务教育法》《中华人民共和国教师法》《中华人民共和国未成年人保护法》《中华人民共和国家庭教育促进法》等，政策方面比如《关于深化教育教学改革全面提高义务教育质量的意见》《关于进一步减轻义务教育阶段学生作业负担和校外培训负担的意见》等，使育人轨迹不偏不倚，朝着正确的方向发展；要认真钻研学科课程标准，注重教学目标、教学方式、评价方式等的变革，以"五育"并举为抓手，切实培养学生的学科核心素养，全面落实立德树人的根本任务，适应新时代对教育的要求；还可以通过对典型案例的分析，找到一般规律，从案例中受到启发，运用、迁移相关经验。这样，通过参与培训与自主学习，能有效提升教师开展家庭教育指导的能力以及与家长进行有效沟通合作的能力，能促进家校之间高质量的互动与资源传递。

2. 为家长赋能，提高家长教育子女能力

办好家长学校，让家长成为家庭教育的行家里手。家庭作为学生成长的第一所学校，在孩子成长过程中发挥着不可替代的作用。目前，家庭教育面临的问题主要有家长学历素养层次存在差异，孩子隔代抚养的普遍问题，很多家长教育常识的缺乏等。因此，需要开展各种形式的家长培训，以提升家长素质，使其能更好地胜任家庭教育工作。一是开发合适的学习课程，满足家长需求。遵循孩子的成长规律，围绕法律法规与政策解读、学校管理与教学汇报、道德修养与理想志向、良好习惯与生活能力、学业规划与学习能力、个性品质与心理健康、职业规划与生涯发展等，制订开课计划并逐步实施。比如天台小学基于学校"生命教育"的理念以及学生的身心发展规律，结合家长的实际需求，确定了"做有爱的教育，共享生命成长"为主题的家长课程，将课程分为四类，包括基础课程、专题课程、亲子课程、活动课程，让家长成为"懂教育、善欣赏、肯接纳、愿等待"的学习共同体，让家长和孩子共同成长，做孩子的榜样。二是组建学校家庭教育讲师团，落实课程的实施。邀请校外专家开展培训，对家长进行教育学、心理学、家庭教育方法等方面的专项辅导。学校也可以选派有经验的中层干部、班主任、任课教师，定期对家长进行有关学生学习习惯养成等方面的培训。同时也可以让家长培训家长，邀请一些品学兼优学生的家长，现身说法讲授家庭教育经验，给其他家长做出示范，这种接地气的培训更容易让家长产生信赖感。通过线上与线下相结合、系统规划与分层分类相结合、共性课程与个性课程相结合、必修课与选修课相结合，让家长学有所获，其中的重点内容又可以进一步遴选并系统整编到家长手册中，供家长学习。总之，要通过这些生动又丰富的形式，让家长乐于参与，乐于学习，从中受益。

四、良性互动，坦诚沟通：开放有温度的双方交往时空通道

家校共育实施的过程就是家校双方教育活动的互动过程。光有家校共育的良好理念、坚定信心及相关制度还不够，因为它们只是实施家校共育的前提条件，而家校共育的实际实施需要家校双方多层次、多内容、多方式长期互动，

这个过程很复杂，只有在良性互动、坦诚沟通中才能取得良好效果。构建和谐的家庭、学校、社区合作关系，完善家长委员会，设立家长开放日，邀请家长参与学校治理等，实现互动中的深度沟通合作。

（一）进一步完善家长委员会网络体系

家长委员会是构建家长和学校交流的桥梁和平台，能有效促进家校沟通合作，推动家长正确理解和认识教育工作，促进家庭教育和学校教育同向同步发力，创设良好的教育发展环境，完善学校、家庭和社会三位一体的教育体系，对全面推进中小学素质教育健康有效实施具有重要意义。家长委员会的建设需不断优化，除纵向设立校级—年级—班级三级家委会外，在横向上应有更多、更合适的组织设置，比如可以在每一级中设置对应的组织委员会、信息及宣传委员会、志愿服务委员会、家长课堂委员会、膳食委员会、家长读书委员会等，形成网络化的家长组织，积极创造家长深度参与学校文化建设、教育管理、课程建设、后勤服务、学生活动、学生发展评价等项目的机会。通过网络化设置，使广大家长能参与学校的民主管理，使家长由客体变为主体，由被动变为主动，成为学校的最佳参谋和坚强后盾，促进学校工作发展。

（二）在家长开放日活动中拉近彼此距离

基于我国9省市的调查研究发现，我国家长参与家校合作的方式以家长会和家长委员会为主，而较少参与志愿类、开放性活动。除了参与方式单一需要改进以外，其有效性也有待提升：一是参与深度不够，家长只有参与学校一般事务的"边缘性参与"倾向；二是有些参与方式并不受家长的欢迎，受到质疑。家长到学校参加家长会，很多时候也只是扮演单纯的听众角色。所以，学校要想办法改善家长参与学校合作的方式，提高家长参与学校合作的积极性和有效性。设立家长开放日不失为一种好办法。让家长近距离深入观察学校，观摩课堂，校园功能室场所，阳光大课间活动，孩子们就餐、午休等；进一步感受校园风貌、师生风采，了解学校管理、教师教育教学情况，进一步掌握孩子在校的学习和生活情况，充分感受校园文化魅力。还可以开展"亲子课堂""亲子活动""家长沙龙""家长百家讲坛""家长才艺展示"等丰富的开放交流活动，让家长与学校亲近、家长与孩子亲密、家长与家长互通，使他们思想被激活、情感流淌，产生智慧碰撞，在积极正向的互动中引导家长更新观念、摆正心态、获得方法，不盲目，不焦虑，家长将更加理解、支持孩子，配合与支持学校。

（三）热情诚恳邀请家长入校共商共建

对于学校一些事项，特别是关于学生的重要事项，以往很多时候，家长只是知晓，到最后才被通知，没有参与议事和决策的途径与过程。比如学生校服样式、颜色的确定，大多时候是校长或是行政人员、教师的个人意见或某个群体的意见，很少把教师代表、家长代表、学生代表邀到一起来听取意见，表决确定。研学活动的开展亦是如此，关乎研学路线、研学公司、研学方式、研学作业等的确定，又有多少学校真正是在教师、家长、学生的真诚共商共议中敲定的？还有学校文化建设、重要项目实施、学生活动设计与组织等，家长真正参与的又有多少？像这样，家长有知情权、参与权且感兴趣的重要事项决策，学校都应主动邀请家长参与议事，主动征询家长的意见和建议。家长获得了参与权、发言权、决策权，学校同样也就能获得家长的信任、理解与支持，这是相辅相成的，能够促进家校共育和谐健康持续发展。

五、创建平台，促进共育：双线场所平台作用相得益彰

在家校共育工作上，不但要提升和谐共育的软实力，还要积极为家校共育的实施提供场所、创建平台。要配足并用好线下场地、时间及相关设施设备，在新环境、新时代里更要积极运用现代信息技术，主动探索构建线上共育平台，让线上与线下场所平台双管齐下，互为补充。

（一）充分利用线下场所功能

学校的多媒体厅、家长学校阵地、心理咨询室、家长接待室、文化场馆等场所，都应是家长学习、咨询以及家校沟通交流的线下主阵地，学校应想办法组织家长感兴趣的、丰富的活动，让家长愿意来，来了有收获，今后还想来。开学时、学期中、学期末的家长会，以及学校各种重要活动都是家校互动的好时机，学校都应很好地加以利用。

（二）积极创新线上平台模式

随着互联网、物联网、智能硬件的发展，让数字化赋能家校协同育人，大胆构建家校协同智慧学校建设平台，提供数字时代协同育人理念转型与素养提升培训，是新时代的强音。要做到这一点，一是打造协同治理的线上平台，使得家校共育更为扁平化与灵活化。线上平台为更多家长的参与提供了可能，并

去除了家庭背景不同所带来的隔膜，可让大家及时发声，了解他人需求，参与互动，甚至能够进行集体决策，进而形成当前以"共商共建共享"为内核的数字协商治理机制，真正推动教育中的科学、民主走向更远更深。二是建立线上优质资源库，明确优质教育资源的服务属性。建立学校、家庭和社会教育资源线上图谱，动态实时呈现学校和家庭"附近"育人资源的内容与适用建议。对各类资源的服务对象、内容领域、实现载体、适用范围等进行"登记造册"，建立清单，比如建立优秀家长资源库、校外专家资源库、优质校外培训机构资源库、课外实践基地资源库等，让资源真正流动起来，扩大优质教育资源的辐射范围，提高教育服务供给的质量。三是开发网上家长学校，推动家长广泛学习。切实建立家庭教育指导服务者网络培训体系，家长按课程计划完成必修、选修课程，获得相应学分，借助数字化技术融合传统教学与数字教学实现"时时可学，处处可学"。使家长成为优质教育自媒体内容的提供者与传播者，让参与主体在学习过程中不仅消费知识而且生成知识，并逐渐成为知识的创造者，让理念转型、能力提升的号召与指导更为真切、有效。在网上家长学校平台的学分累积又能作为评价表彰优秀家庭、优秀家庭教育讲师团成员与优秀家长个人的重要依据，让学生给教师颁奖，给家长颁奖，让满满的荣誉感、成就感充盈家长内心，进一步增强他们做好家庭教育工作的责任感、使命感，让他们自觉担负光荣而重大的任务，助推家校共育蓬勃发展，使友好家校伙伴关系持续升温。

在今天和未来的社会中，家庭教育的重要性将日益凸显，家校共育在整个教育体系中将发挥更大的作用。我们要让家庭与学校充分联系起来，构建全新的合作伙伴关系，从学校的孤军奋战转变为家校携手共育，使教育资源得到更大的拓展，使教育治理得到进一步深化，使孩子拥有更大、更好的教育环境，从而大大提升教育质量，让孩子们获得更好的发展。

以"心灵契约"构建家校教育伙伴关系

　　王彦博在《心灵契约》一书中提到心灵的契约是双方从内心认可并共同遵守的一种精神理念和道德标准，这种契约已经固化成为人的潜意识，指引着人们按照这种契约做出行为。那么，在家校共育中，"心灵契约"就是学校与家长在双方遵守"家校双方是平等的教育者，家校双方是亲密的合作者"的原则上建立的一种有形或无形的合同、协议、精神约定等。"心灵契约"是家长与学校、老师培育理念、方法等一致，精神频率和谐共振，是存在于家校之间的隐性契约，其核心是家长满意度、社会满意度。家校教育伙伴关系则是家校双方在相互尊重的基础上，以学生权益最大化为共同出发点的平等协商的伙伴式关系。"心灵契约"能更好地强化家校融合，深化共育内涵，构建稳定和谐、可持续发展的家校伙伴关系，更好地为社会主义现代化建设培养德智体美劳全面发展的建设者和接班人。

一、"心灵契约"是构建家校教育伙伴关系的基础

　　习总书记提出，要推动全社会注重家庭家教家风的建设。中共中央、国务院印发的《关于深化教育教学改革全面提高义务教育质量的意见》明确要加强家庭教育指导、密切家校联系。随着《中华人民共和国家庭教育促进法》的颁布和"双减"政策的落实，如何创新家校协同育人机制提高育人水平成为学校发展必须面对并解决的新课题。信息化时代给人才培育提出了更高的要求。学校不是孤岛，不能闭关自守，而且学校本身的教育资源、教育力量远远无法满足社会个性化教育需要，必须依靠家校合作。但当今家校合作仍存在不足：部分家庭教育责任缺失，教育定位界限不清，家庭教育与学校教育未完全形成合力。

家校之间需要心灵和精神的默契——"心灵契约",来凝聚家校力量,构建家校教育伙伴关系,达成深度合作。"心灵契约"能使家校双方在动态条件下保持良好的信任关系,使家长成为家校共育的主体,将个体的能量充分融合到学校发展之中。可以说,"心灵契约"是家校共育发展的时代需求,是家校共育共赢的根本保证,是构建家校可持续发展伙伴关系的基础。

二、"心灵契约"构建家校教育伙伴关系的途径

教育家苏霍姆林斯基说:"两个教育者——学校和家庭,不仅要一致行动,要向孩子提出同样的要求,而且要志同道合,抱着一致的信念,始终从同一原则出发,无论在教育的目的上、过程上,还是手段上,都不要发生分歧。"那么如何使家长与学校老师的精神频率达成和谐共振,自发达成"心灵契约",构建家校教育伙伴关系呢?

(一)共育文化促"心灵契约"形成,建立教育伙伴关系

以家校"心灵契约"来凝聚家校力量,构建家校教育伙伴关系。为此,学校进行了一系列实践探索:

1.调查家校共育现状,家校协同制定"心灵契约"

我校面向全体学生、家长发放问卷,进行学生学习现状及家庭教育现状的问卷调查,通过调查了解当前学生学习上存在的优势、不足和个性发展需求,了解"双减"背景下家长育儿过程中存在的实际困惑和需求,建立家庭教育档案卡。学校与各年级家委会成员一起商讨拟定家校共育公约,规范家校共育行为,签订"家校伙伴关系协议书"——看得见的有形的"心灵契约",促进家校合作发展,建立家校教育伙伴关系。

2.成立家校伙伴委员会,开通共育"绿色通道"

学校大胆更新家校共育理念,充分利用家长教育资源,把家长委员会作为家长参与学校管理的重要组织,把家校伙伴关系构建作为学校重要的办学制度,提出了家校教育伙伴关系构建的总体工作思路,统筹规划家校共育。成立家校伙伴委员会领导小组,由上自下形成校、年级、班三级家长委员会,定期开展家长委员会会议、家长会议等,指导家委会直接参与学校重大议题议事决策。

学校充分尊重家校伙伴委员会意见,先后对他们提出的规范校门口车辆停放秩序、学校食堂菜谱公开等问题及时予以采纳并整改落实,受到家长好评;

学校也先后就聘请联防联控家长志愿者、家长进课堂等工作听取家长委员会意见，均得到积极配合与支持。家委会成员主动参与、积极建言，畅通了家校共育"绿色通道"，家校教育伙伴关系出现了前所未有的合作互动局面。

3.开展家校课堂、家校课程建设，构建家校教育伙伴共同体

开设家校课堂，不断充实丰富家校课程，不断整合家校教育资源优势，拓展学校教育资源。如学校场地有限，与学区内小区湘水湾的游泳馆合作办学开设游泳课程，整合游泳教育社会资源，使我校成为株洲市首批中小学生游泳教育试点学校。在不断合作解决问题的过程中，家校教育伙伴关系也越来越紧密，家校教育伙伴共同体在学校教育中愈发发挥重大作用。

4.成立家长膳食委员会，充当学校"大管家"

分管膳食委员会的副会长每周会组织膳食委员们分组不定期来学校，从原材料、成品菜、食堂卫生等方面来检查监管食堂。学校定期收集委员们反馈的信息，及时解决问题。膳食委员会推荐合理的营养食谱，协助学校食堂努力提高伙食质量；组织学生成立"小小膳食家"团队，深入食堂参观、劳动实践。家长、学生通过角色体验，充当学校的"大管家"，有力促进了家校关系和谐。

5.开展家校系列活动，开通家校共育"直通车"

学校关爱每一个生命，组织序列化共育活动，密切家校关系。一是家长进校园，参与"礼育"共育、课堂共育、艺体共育等。二是学校带动家庭，如家校阅读、"美丽早晨"、亲子运动、亲子劳动等，一般由校倡议、家实施、班评价，每期评选出一批"好妈妈"、"好爸爸"、有爱家庭。三是家校协同实践，如禁毒、防溺水等基地教育和研学活动等。"大家访"活动实现了全覆盖且突出了重点家庭帮扶教育。序列化活动促进了家校大融合，畅通了家校共育"直通车"。

学校以家校教育伙伴关系协议为原则，建立家校合作组织机构，开发家校教育系列课程，常态化开展系列亲子活动等规范家校共育行为，整合家校教育资源，拓宽教育渠道，形成具有学校特色的天台小学家校共育文化。这种特色的共育文化为"心灵契约"的形成奠定了坚实的基础。有形的"家校教育伙伴关系协议书"逐渐向无形的"心灵契约"升华并充满强大向心力，从而构建并稳定了家校教育伙伴关系。

（二）内涵发展促"心灵契约"深入，稳定教育伙伴关系

家校伙伴遵从外在的协议、制度等还只是被动式的关系建立，还无法达成家校互动的主动性、创造性。只有家校之间由外到内有共同的文化价值取向和精神追求，有精神频率的和谐共振，"心灵契约"才真正深入人心，变成家校自主遵从的精神契约，家校教育伙伴关系才能牢固稳定。

1.学校内涵发展，教育魅力聚人心

天台小学与时俱进，以小组合作课堂改革，落实"双减"；以德育序列化课程、书香校园建设等立德树人；以生生不息的校园精神文化引领学生全面发展与个性发展结合。因为注重学校内涵式发展，不断提升学校软实力，提高了办学水平，使得学校在社会、家长中的满意度、美誉度提高，无形中就"俘获"了家长的"芳心"，从而使家长自发自觉遵从契约精神。我校有许多充满教育智慧和魅力的老师，他们专业敬业，有爱心有耐心，在家长中威望高、口碑好，家长也特别拥护和支持他们的工作。家长与老师配合默契，自然就有着无形的"心灵契约"，牢牢地稳定着这种教育伙伴关系。

2.家校共同读书，精神纽带紧联结

我校结合书香校园建设开展了家长教师读书班活动。通过老师、家长一起开展线上、线下读书活动，构建一种共读、共享、共育的家校阅读模式。校级开展了"什么是最好的教育""解码青春期"等"共读一本书"活动。年级组也有特色分享活动，如"亲子共读交流会""小组家庭读书漂流"等一系列读书活动。期末，学校会评选出一批"书香家庭""书香明星""书香班级"等先进典型，营造浓厚的共育氛围。1702班文基镓同学的妈妈在家校读书班的启发下，自发创办"幸福书屋"，定期组织家长孩子读书交流活动，得到社会赞誉。通过读书班成长起来的家长自发凝聚成学校发展的"智囊团"，无形中加速了家长与老师的思想融合。

3.家校共育课程，春风化雨润心灵

家长和老师地位是平等的，对待家长不能说教，要以春风化雨的方式感染家长。我校以"共享生命成长"的家长课程理念，打造了"家校彩虹桥"共育课程，包含基础课程、专题课程、分享课程，让爱与教育理念在潜移默化中渗透到每个家长的心里，让家长从内心深处信赖学校、老师，精神上自发地与学校、老师共鸣，从而全面提高家庭育儿能力。

学校共育文化由外到内积极影响家长，从而提高了家长对学校的好感度、信任度、满意度。有形的"家校教育伙伴关系协议书"悄然化为无形的"心灵契约"，充满强大的向心力，让家校关系越来越和谐稳定，经得住时间和困难的考验，从而在真正意义上构建了一种可持续发展的牢不可破的家校教育伙伴关系。

三、以"心灵契约"构建家校教育伙伴关系的意义

苏霍姆林斯基说过："教育的效果取决于学校家庭的教育影响的一致性。""心灵契约"唤醒家长教育责任的回归和教育行为的自觉，家长由被动、浅层次参与变为主动、深层次参与，推动学校教育与家庭教育的融会贯通、优势互补。

家校以"心灵契约"凝聚力量，形成强大合力，让家长成为学校教育强有力的可持续发展的合作伙伴，让家庭教育成为学校教育的强大后盾，不断壮大学校教育力量，全面提高育人水平。

打造家校协同育人的"天台样本"

为了深入贯彻习近平总书记在十九大报告中提出的"让每个孩子都能享有公平而有质量的教育"的精神和注重家庭家教家风建设的重要论述,有效落实中共中央、国务院《关于深化教育教学改革全面提高义务教育质量的意见》中加强家庭教育指导、密切家校联系的要求,株洲市教育局打造了一批家校共育示范校。我校积极响应,依托省级规划课题"城区小学家校教育伙伴关系的构建与实践",打造家校协同育人的"天台样本"。

一、组织保障促发展

(一)高位统筹细致规划

我校的愿景之一是建立"同心天台",让每一个与学生相关的群体都能目标一致、功能互补,形成教育共同体。我校非常重视家校共育,把这项工作纳入学校的"十四五"规划当中,年度工作计划中有具体实施内容,每年都制定家校共育实施方案,做到年年有目标、月月有活动。我校坚持不懈地探究家校协同育人的新模式,努力实现家校合作,合力育人。

(二)领导重视机制健全

我校高度重视家校协同发展,成立了家校共育工作领导小组,进行明确的职责分工,每月组织开展组内会议,对目标计划、共育措施做出整体规划,做到周周有总结、月月有推进。

(三)师资充足队伍精良

为了提高家庭教育指导水平,学校每期至少举办4次面向全体教师的家校培训,有14名教师获得北师大家庭教育指导者高级研修班培训证。学校邀请优秀的学生家长、省内外有丰富家庭教育经验的专家领导和骨干教师一起,成立了天台小学家庭教育讲师团。一年下来，讲师团共计现场讲课11场、设置专题课程8节、制作视频课程6个。

（四）优先保障经费支出

2022年，我校家校共育队伍培训专项经费支出约5万元，共育平台建设4万元，各类活动开展约6万元，有力保障家校共育工作的开展。

二、落实措施保实效

（一）规范运行共育机制

1. 办好家长学校

我们健全了家长学校组织领导机制，加强对家长学校工作的指导，落实活动经费，制定了天台小学家长学校章程和工作计划，强化"一场、一室、一墙、一栏"阵地建设，真正做到领导重视、组织保证、课程精设、及时反馈，一年来面向全体家长的家庭教育讲座达8场。

2. 组建三级家委会

民主选举组建学校、年级、班级三级家委会，分工明确、组织有力、沟通顺畅。每学期至少召开2次会议，充分发挥家委会的桥梁纽带作用，带领家长们参与到学校的管理活动中，让家长的参与权、表达权和监督权真正落到实处。

（二）畅通家校沟通渠道

1. 开设家长接待日

学校每周星期五是固定的家长接待日，一年内，我们接待家长达23次。

2. 收集信息追踪落实

我们通过校长信箱、校长邮箱、膳食委员会、家长会反馈表等各种渠道收集家长诉求，并及时接受家长的意见和建议，召开专题会议，各部门认领意见，做到件件有记录、条条都落实，进一步拉近学校与家长之间的距离，形成家校教育合力。

3. 开展社区教育指导

我校建立了泰西社区"家庭教育指导中心"，开展家庭教育讲座，提供义务咨询服务。

4. 万名党员进万家

党员领导干部带头进行家访，2022年全校教师线上线下家访次数累积达2103次，大大拉近教师与家长、与学生之间的关系，让三者的关系更加融洽，提升教育针对性和实效性。

5. 构建多种沟通平台

我们通过视频号、抖音号、公众号、班级群、家委群等与家长建立沟通渠道，还利用微信建立了家校共育平台，使家长能快捷地从平台上获取孩子在校情况、学校活动资讯、最新家教理念，做到家校有效沟通。

（三）开展家校共育活动

1. 家长走进校园

让家长深入参与学校的活动与管理。通过展现校园风貌，展示师生风采，创设和谐育人氛围。

（1）在节庆日、纪念日、典礼日等开展礼育活动。

（2）实施课堂共育，如观摩教学比武、家长课堂、家长社团、乐学嘉年华等。

（3）开展艺体活动，如运动会、艺术节。

（4）接受督促及时反馈，如膳食、核算公示等。

2. 学校带动家庭

（1）亲子阅读。营造亲子共读的读书氛围，激发学生的读书兴趣，培养家长和孩子的读书习惯。

（2）"美丽早晨"。发动家长工作日早晨精心为孩子准备一份营养早餐，亲子共进早餐，共享温馨时刻。

（3）亲子运动。倡导健康生活，亲子共同运动，强身健体。

（4）亲子劳动。我校"五自"能力中生活自理能力对各年级学生劳动能力都有具体要求，因此我们倡导亲子劳动，培养孩子形成良好劳动习惯。

以上活动以学校倡议—家庭实施—班级评价表彰的形式开展，每学期评选出一批"好妈妈""好爸爸"和有爱家庭。

3. 家校走向社会

（1）研学活动。带领孩子去秋游、去红色基地，既让孩子增长了知识，又增强了亲子亲密关系。

（2）主题活动。邀请家长一起到社区开展禁毒教育工作、防溺水安全教育工作、"我爱株洲"等主题活动。

（四）关爱帮扶特殊群体

1. 全面摸底特殊群体

每学年对学生家庭情况和健康情况进行摸底，摸清五类学生底数。

2. 中高年级心理筛查

我们学校参加了清华大学"积极教育百城计划"，让四、五、六年级孩子通过清华大学课题平台进行三次心理品质调研，平台上会赠送心理课程供学生学习，并给出专业的建议辅助学校对学生进行帮扶。

3. 关爱帮扶特殊学生

学校分类组建帮扶小组，以行政加个案小组、多对一的形式，针对性地制订帮扶计划，进行帮扶。

（1）二年级多多同学是单亲家庭，父亲忙于赚钱，常常不是忘做饭就是忘了接人，多多总是愁眉苦脸。班主任涂老师和任课老师家访了解他们家情况后，每天关心他的温饱，放学后陪伴他做作业、玩耍，也经常与其父亲沟通孩子的教育问题。渐渐地，多多脸上的笑容多了，开朗了很多。

（2）五年级刘同学，有自己打自己脸的异常行为，无法控制情绪，家长十分焦虑却无解决办法。班主任刘老师与任课老师去家访，通过心理疏导、行为调整、阅读内化、成果激励，帮助学生克服成长中出现的问题，家长由衷地感谢学校。这种互相信任、互相倾听、互相帮助的亲密团体氛围越来越浓。

（3）六年级颜同学，沉迷游戏不愿上学。班主任陈老师和学校行政人员多次上门与孩子和家长沟通，带班上同学与颜同学聊天，谈学校的丰富多彩生活、同学之间的美好情谊。终于，颜同学又回到了校园。

（4）五年级杨同学，听力残疾，所以感到自卑，是我校资助帮扶的对象之一。他的老师们上门家访了解他的家庭情况，针对性地制订帮扶计划，经常在学习上对他进行单独辅导，班主任还常和他谈心，了解他的思想动态，鼓励他积极乐观向上。现在杨同学非常积极自信，篮球场、田径场都有他的身影。

（五）评选优秀宣传先进

1. 评选"书香家庭"

我们对读书班的优秀家长进行了表彰，评选了"书香家庭"，获奖的家长以及他们的孩子都特别自豪和激动。

2. 评选优秀家长、优秀家委会会长

为了增强家长参与学校教育、关注学生发展的意识，创造良好的共育氛围，学校每学期都评选出一批优秀家长、优秀家委会会长，并在公众号上对他们的典型事迹进行宣传。

三、教育成效创品牌

（一）科学研究成果显著

1. 课题引领研究

我校立项省级规划课题"城区小学家校教育伙伴关系的构建与实践"，系统全面研究家校共育工作。

2. 家教研究获誉

文艳云校长被选聘为株洲市首届家庭教育讲师团讲师，唐婷老师被选聘为天元区家庭教育讲师团讲师。文艳云校长主持的家校共育案例《心灵契约：架起家校共育彩虹桥》获株洲市2022年度优秀教育改革创新案例成果评比一等奖。文校长撰写的家校共育论文《父母如何激发孩子的学习动力》发表在《学生·家长·社会》，刘晓撰写的论文《"双减"背景之下校本德育课程的迭代升级》发表在《湖南教育》，且双双荣获株洲市基础教育研究论文一等奖。

3. 编著共育书籍

研究摸索出我校低、中、高年级段学生个性发展规律，撰写了典型家校案例集，总结梳理了家校共育经验，编写了《教育伙伴关系下的家校合作共育实践》书籍，为其他学校在家校共育方面提供了很好的范例。

（二）惠及周边社区学校

1. 社区家长满意

社区以及家长对学校提供的家庭教育指导服务的满意度和美誉度极高。

2. 经验介绍推广

文艳云校长在国培计划（A168）校长工作坊为几十个学校做了共育工作经验介绍，在株洲市龙洁名校长工作室活动中也做了经验推广。

（三）打造特色共育品牌

我校努力推动特色品牌建设，积极构筑区域家庭教育领头地位，打造了不少共育品牌。

1. 家校彩虹桥课程

我校坚持不懈地运用家长学校这块阵地为广大家长进行家庭教育知识的培训。基于学校"生命教育"的思想，天台小学家长学校课程观确定了"做有爱的教育，共享生命成长"的课程理念，打造了"四位一体"家长学校课程体系，梳理并形成了课程框架，根据不同课程的特点，采取不同的实施路径。

（1）基础课程

这是全体家长参与的课程，包含家庭教育法律法规、通识教育两个部分。家庭教育法律法规有《中华人民共和国家庭教育促进法》等。通识教育课程是为了培养家长科学育儿的教育观和能力。如我们的"始业课程"，编写了《遇见天台，预见美好·家庭教育始业课程手册》，还有一年级班主任的《新生成长手册》，缓解了家长对幼小衔接的焦虑，加强了家校沟通；"假期系列课程"指导家长在假期里积极关注孩子的行为和情绪表现，及时调整孩子状态，使孩子平稳顺利迎接新学期。

（2）专题课程

相当于选修课程，由部分家长参与，针对家长存在的问题确定专题。如"心灵在线课程"针对家长家庭教育困惑调研反馈的问题，分成学习动力、学习习惯、学习方法三类，针对教养难题设计编写教材，进行案例分析。引导教师和家长关注学生的心理健康、情感需求，为孩子成长赋能，让家长在教育问题上不再束手无策。"安全课程"从儿童心理特点角度出发，指导家长与孩子进行良好沟通，提高孩子自护能力。

（3）分享课程

即"家长智慧说"，聚焦八大板块：家庭意识增强、家风引领教育、阳光心态培训、运动能力培养、营养健康管理、安全教育护航、生活技能培训、人文通识知识等。发动家长通过录制视频的形式面向全校家长进行经验分享或讲座指导，帮助家长掌握科学的育儿方法，解决家长的教育困惑。如"预"见未来的自己——天台小学家校共育微课序列之职业启蒙课：由家长代表介绍自己的职业及工作内容，让学生能够了解常见的职业形态和技能要求，了解知识是怎样应用于具体工作岗位的，从而更加明确当前学业与未来职业的关系，体会到学习的意义和价值。

2. 家校读书班

结合学校书香校园建设，学校开展了家长教师读书班活动。家长教师读书班就是学校、家庭一起开展线上、线下读书活动，构建一种共读、共享、共感、共情的家校阅读模式，以此来增强家庭的教育功能，营造"书香家庭"氛围。现在学校每个年级都开展了特色读书班分享活动，如"亲子共读交流会""亲子朗读会""我家的阅读故事分享会""我家的书柜""小组家庭读书漂流""家庭读书推荐会"等一系列阅读活动。每学期末，学校会评选出一批"书香家庭""书香明星""书香班级"并对其进行表彰，班级也会评选优秀家长，在公众号上广而告之。家校读书班使家校协同育人的伙伴关系更牢固，使家校双方拥有了共同的语言密码，大大地消除了沟通的障碍。

3. 我爱"美丽早晨"

以爱之名，从晨出发，我校提出亲子早餐的倡议：周一至周五，由家长给孩子做早餐，周末由孩子给家长做早餐，"父母抚养尽义务，孩子尽孝表感恩"。制作亲子早餐要营养均衡，使孩子养成良好的饮食习惯，让孩子爱上早餐的同时，家长也在言传身教"何为坚持"。一家人谈笑共餐，其乐融融，学生到校后也有了这个年纪该有的阳光和乐观。制作亲子早餐，既有父母的爱心，又有子女的感恩，这种亲子和谐关系是非常美好的。

4. "润物无声"家庭教育咨询

（1）文艳云校长成为株洲交通广播家长服务热线的特邀嘉宾，指导家长如何引导孩子解决问题，并配合交通频道录制了开学收心秘籍系列微视频。

（2）学校家庭教育讲师团老师周末在泰西社区进行家庭教育义务咨询指导服务。

家校共育，为爱同行。学校将进一步凝心聚力，全力以赴，一如既往地探索家校共育的新思路、新方法、新机制，打造"天台样本"，用我们的努力让每一个生命都幸福绽放。

儿童认知发展的一般规律和基本教养原则

家长朋友们好！今天我们一起来探讨关于儿童认知发展的一般规律，以及怎么针对孩子的特点进行有效的教导，希望能对您有所帮助。

一、儿童认知发展的一般规律

在每一个成长阶段，个体的思维模式、认知特点是不一样的。0—2岁我们叫感知运动阶段，2—7岁是前运算阶段，7—11岁叫具体运算阶段，从11岁到成人我们叫形式运算阶段。

我们用一个案例，来看不同阶段的孩子认识事物的视角有什么不同。拿到一只鞋，不同的阶段的孩子对鞋的反应是不一样的。对于婴儿来说，他看到这只鞋子的第一反应是，这只鞋子我要捏一捏、摸一摸，它的感觉怎么样，手感是软的、硬的、舒服的、不舒服的，然后拿到嘴巴里面去嚼一嚼。婴幼儿认识这个世界是用感官直接去感受。而2—7岁学龄前儿童会赋予一个东西他认为的意义。看到这只鞋子，有点儿像电话，所以他的第一反应是把鞋当成一个假想的玩具或器材。而对于小学儿童呢，他看到这只鞋子，已经很直观地知道，这是可以穿在脚上的鞋子，对它的功能、特性有了很全面的了解，对于这个事物的理解是非常具体形象的。他看到这只鞋，可能首先要数一数这只鞋子上面有多少个孔可以穿鞋带。而对于初中以上的处于形式运算阶段的孩子，他的思维抽象水平有一个质的飞跃，当他看到这只鞋子可能就会想，这个是不是我的尺码，是新款的吗？他的思维水平到了一个更抽象的、更高的状态。

0—2岁的孩子处于感知运动阶段，会通过动作尝试引发先前动作偶然引发的事件。2—7岁的孩子发展了表象思维能力，能超越感知经验，可以想象和思考进行假装游戏，主要的认知特点表现为泛灵论、自我中心、未掌握守恒概念。婴幼儿时期要注重对孩子进行大自然中的教育、生活中的教育，让孩子积累起丰富的感官体验和对这个世界的直接经验。

7—11岁是具体运算阶段，就是小学这个阶段，进入这个阶段对于孩子来说是非常大的一个进步。前面的阶段中，他们不能掌握守恒概念，也不能掌握可逆概念。守恒和可逆是什么呢？就是一个东西我们发现它形态变化了，但总的来说它的性质是不变的、可逆的，我们可以把它来回进行转换，比如根据一加二等于三，孩子可以推测三减二等于一。守恒和可逆这两个重要概念的获得，是进入小学这个具体运算阶段的孩子，能够学习知识、进行比较抽象的认知加工的很重要的基础。进入这个阶段之后，孩子可以学加减法，可以学乘除法，可以做一些推理运算，但是还要依赖于具体的案例，依赖于具体的现实中的一些教具也好、实物也好，来作为参考和支撑。理论与知识的传递要与现实世界结合，能满足孩子对形象生动的情境的依赖。

下一个阶段是形式运算阶段，孩子的能力又有一个质的飞跃，这个时候孩子已经可以完全脱离实际事物的支持，去进行抽象的思考。进入形式运算阶段，中学生不用太多的案例，就可能直接领会一个公式，直接推导这个公式怎么来的，推导理论是怎么产生的。

青少年时期，孩子进入形式运算阶段，这个时候他们的抽象思维水平、逻辑水平已经接近成年人，我们要跟他们进行平等的对话，进行更多的、比较抽象的、形而上的思维碰撞和交流，进行人生哲理的探讨。

每一个阶段，都有这个阶段专属的发展任务，如果有很好的教育环境，孩子就能很好地完成这个任务，形成积极的正向的品质，否则就会产生消极的负面的品质。在婴儿阶段，从出生到2岁，这个阶段孩子的主要任务就是发展信任感，克服不信任感，最重要的影响者是母亲和其他照料者。第二个阶段是幼儿阶段，2—4岁这个阶段，主要任务就是发展孩子的自主性，让他克服羞愧感，重要的影响人是父母。学龄前这个阶段，我们的主要任务是发展孩子的主动感，让他克服内疚感，重要影响因素是家庭。进入小学阶段，主要任务是发展勤奋感，克服自卑感，重要影响者增加了老师和同伴。进入青少年这个阶段的主要任务是发展孩子自我认同和自我同一性，并克服自我同一性的混乱。到了成年早期，孩子的主要任务就是要发展亲密感，建立亲密关系，建立家庭，来克服孤独感，重要影响者是同伴群体和理想英雄。

　　小学阶段对孩子来说是养成良好的学习和工作习惯的时期。孩子进入这个阶段，不用我们特别强调"你要去跟别人PK""要去拿多少名"，他自己就有一个动力。他要在他的班级里找到自己的位置，希望自己能够在群体当中获取价值感，会去为了进步而努力。如果他在努力和进步的过程当中，获得了他人的肯定和认可，这种进步和努力就会持续下去，并且他的自信心会越来越强，对自己的认可程度也会越来越高；否则就会产生自卑，会感到内疚。所以在这个阶段你会发现，我们用什么样的评价标准去对待孩子是非常重要的，很多的时候父母可能会视野狭窄，认为只有学习成绩好坏才是评判学生的唯一标准，孩子学习不好，其他都是白搭。事实上并非如此，因为学习可以是狭义的学习，也可以是广义的学习。狭义的学习就是学习语、数、外等，而广义的学习包括方方面面的，如生活技能、与人交往的能力、身体动作协调能力、音乐的感知能力等的学习。有一个非常著名的心理学家加德纳，他提出了一个多元智力理论，他认为我们对于孩子的评价不能只有语、数、外这样的学业能力的评估，而应该是多元的。有的人可能真的不擅长数学，但是我们不能因为他数学成绩不好，就把他整个人否定了，他可能在音乐、体育或文学方面有他独特的天赋。我们每个人都是凭借自己的优点生活在这个社会上的，父母要发现孩子的优势智能并帮助其发展。

二、家长该如何更好地促进孩子发展

（一）父母榜样示范

　　家长在教养孩子时，要保持情绪、行为和态度的稳定，身教重于言传，育儿先育己。很多家长的一个想法是：我自己的发展已经受限了，我要好好培养我的孩子让他有更好的起点。这样实际上是把你自己的压力和焦虑转嫁给了孩子。只有你身体力行，不断地去完善自己、发展自己，才能给孩子一个看得见、摸得着的榜样。

（二）建立良好亲子关系

1. 积极倾听，多听少说

　　倾听有两个层次，表层的倾听是听见语言、行为和情绪，深层的倾听是透过这些听见孩子内在的情感需求。

2. 共情式的表达

"人"字实验：请拿出你的两个食指，比出一个"人"字。你想想：你做的"人"字从观者的角度来看是正的还是反的呢？这个实验说明，我们都会自觉或不自觉地从自己的角度思考，忽略了倾诉者的视角和感受。

我们与孩子交流时，要从孩子的角度出发去理解他/她，不带评判地用心体会孩子的情绪和感受，并用我们自己的语言、动作表达对他/她的共情，让他/她感受到被理解、被接纳。

3. 建设性的引导

当你需要给孩子一些引导和建议时，要化说教为启发式提问，就像苏格拉底所说的产婆术。不要用命令、威胁或者发脾气的方式去要求孩子或指出他们的问题，而要用是什么、怎么样、为什么等提问的方式，让孩子自己找到问题的答案。

在这个过程中，首先要做到信任，相信孩子能够在我们的细心引导之下解决问题。其次要注意情绪，确保我们和孩子都是情绪平和的状态。最后是家长的态度，要真正对孩子的想法和感受感到好奇，保持一颗"探究"心。要相信，生命自己会找到出路，你的经验不一定适合你的孩子，他自己探索出来的，才是他最需要和最适合的。

高质量陪伴是建立良好亲子关系的重要基础。婴幼儿时期要满足孩子的亲子依恋，儿童时期要有深度的成长陪伴，孩子进入青少年时期更多的是需要家长的理解与支持。这样，家长才能成为孩子心目中的坚强后盾。

最后，祝愿每一个家长都能遵循孩子成长规律有效地教育孩子，祝愿所有孩子都能健康快乐成长！

（本文为株洲市家庭教育讲师团公益课程讲稿）

父母如何激发和保持孩子的学习动力

在研究如何构建家校教育伙伴关系的过程中，我们曾征集过家庭教育中的教养难题，大部分家长的注意力集中在学习问题上。有的孩子时时需要家长的陪伴和监督，有的做作业要以玩手机做交易，有的拖延到很晚还完不成学习任务，有的学习三心二意静不下心来、半天也写不出一个字。这些问题归根结底就是孩子学习不主动，缺乏学习动力。

学习动力是孩子内心的一种力量，能让孩子积极投入学习活动，勇于克服学习过程中的困难，坚持学习某些特定领域的知识和技能，从而取得较好的学习效果。孩子有了学习动力，就能攻坚克难、主动成长。德国教育家第斯多惠在《德国教师培养指南》中说："教学艺术的本质不在于传授本领，而在于激励、唤醒和鼓舞。"那么家长怎样才能激发孩子的学习动力呢？

一、激发孩子学习动力

1. 珍视自然学习动力

苏霍姆林斯基说：要相信孩子，坚信每个孩子天性都是要求上进的。孩子对世界进行自由探索时总是充满着好奇，好奇心就是学习动力的原点。哪怕是对学习没有兴趣的孩子，也有自己好奇的领域。孔子说"知之者不如好之者，好之者不如乐之者"，父母要善于捕捉孩子的好奇心，并有技巧地点燃他的兴趣。我的孩子五岁的时候，看到小哥哥拉小提琴得到大家的夸奖，就会跃跃欲试。我们没有立即满足他的想法，而是和他一起观看小提琴演奏会，孩子流露出非常向往羡慕的神情，我们又谈起伟大的科学家爱因斯坦也是高水平的小提琴手，孩子的兴趣就更加高昂了。这时候我们才带他到琴行，挑选一把心爱的小提琴回来。当孩子对一件事情感兴趣时，家长要巧妙地向他展示其中最有故事性和趣味性的部分，使他短暂的好奇变成兴趣延续下来。

建立在新奇感基础上的兴趣总是容易减退。琴买回来之后，我们就带着他向优秀的老师拜师学艺，因为小提琴本身就很难学，练习量比较多，孩子的身体也很累，在学习过程中就产生了厌倦情绪。为了孩子坚持下去，我采用了很多办法，但他的兴趣还是时起时伏，升入初中学习内容增加后，学琴就搁置了。那么如何在学习初始阶段继续保持孩子的兴趣呢？有一件事情给我的启示是要让孩子觉得这件事情很有乐趣，而且不是随时可以做的，每天都是限量的，就能激发他更大的兴趣。在进小学前的那个暑假，我和孩子一起观摩学生们字迹优美的作业，并且啧啧赞叹。孩子说他也要学写字，还能写得更好。我就买了一套入门的凹凸字板回来，同意他每天模仿练习一页，写完后跟他一起品评他哪个字写得好，笔画是多么舒展，结构是多么美观，并且给写得最好的字画上红圈。每天这个时候孩子都特别开心，强烈要求每天写两页。考虑到孩子还小，我们还是保持每天写一页的限量，这种稀缺感让他特别珍惜这一页的写字机会，写字成了他最喜欢的事情，开始用心琢磨每个笔画如何写得更好，甚至有时候还会偷偷多写一页，送给爷爷奶奶品评。进入高年级后，我有一次开玩笑说给他买一个写作业的机器人回来，他说："妈妈，你难道不知道写作业是我最喜欢的事情吗？"这种效果的持久性可见一斑。

2. 培养成长型思维

美国心理学家卡罗尔·德韦克系统研究了篮球巨星乔丹的成长史后，揭示了那些最卓越的学习者身上的一个秘密：人的天赋是不断发展的，不管早期的天赋如何，人终将不断超越自己。她还研究了众多天赋惊人的成功人士，总结出一条让人振奋的学习理论：思维方式决定了学习成功与否。学习优秀者和落后者之间的差别在于，是否相信自己在努力以后能力和天赋会提高，这种信念决定了他的学习动力是否能够持续。德韦克认为有两种思维模式，一种是固定型思维模式，认为天赋不能改变。对于自己做不好的事情，认为是因为没有天赋而放弃，做得好的也害怕因为失败了而证明自己没有天赋，不敢再多尝试。可想而知，有固定型思维模式的人，学习动力会受到负面影响。另一种是成长型思维，认为任何天赋都是可以练习的，努力的目的是不断成长和超越自己。有成长型思维模式的人成功时会继续追求更大的进步，失败时更能激发斗志，因为这意味着他的能力还没有被完全开发出来。

对学习结果进行正确的归因，是培养成长型思维的关键方法。当孩子取得进步时，我们要引导他认识到，进步是因为他足够努力，让他努力探索新知，努力克服困难，努力突破自我。当孩子失败时，我们要与他一起冷静客观地分析，是因为投入不多、方法不当，还是因为基础不够，下次有什么改进的办法。与此同时，还要充分认识到失败的积极意义。爱迪生尝试了1000多种材料来做灯丝，没有找到合适的，他都没有觉得是失败，而是说"我又成功地证明了这种材料不适合做灯丝"。失败是成功之母，失败只是表面的结果，在探索的过程中已经积累了新的经验和成果，成功也就不远了。有成长型思维的孩子，不管面对什么样的情况，都能动力充足，继续前行。

3. 制订正确目标计划

制订目标和计划会让我们更加有实现目标的欲望，能起到激发大脑潜力的功效。我们要帮助孩子制订目标，可以从"晚上吃什么"这样的小决定开始练习，然后让他学会制订中期目标，比如要在一个月后的运动会上拿到跑步比赛的名次，需要孩子列出理由，理由越充分动力越强大，还要讨论会遇到什么困难，最后让孩子自己决定怎样选择。如果跟孩子讨论更大的目标，比如职业选择、人生理想，就会要聊到这个职业对社会有什么影响，能给身边人带来什么好处，甚至给世界带来什么改变。心理学研究发现，把自己的目标融入更广阔、更有意义的事业中去，能获得更大的幸福感，动力能持续更长的时间。如果在谈理想的阶段，激发出了孩子的学习热情，我们就可以开始制订目标了。首先我们要把一个宏伟的大目标化成一个一个相互联系的小目标。小目标要求具体清晰、可衡量、可达到、有时限、能与其他目标相关联。比如在一个月后的运动会上拿到100米短跑比赛名次这个目标，就要弄清楚要达到什么水平，以自己现有的水平能否通过努力达到目标。

目标明确后就可以制订具体的计划了。我们经常看到一些大人物的日程表清单，都是些非常好的计划，我们可以照着做。一是减少其他事情的压力干扰，让孩子可以在专属的时间里专注地完成任务，能达到"心流"状态；二是可以把重要的事情尽量安排在一天中早一些的时候；三是促使孩子学会把目标进行任务分解；四是让孩子拒绝一些不在规划之内的邀请，更有时间专注于当前的任务。在做计划时，注意要留有弹性时间，不要排得太满。执行计划时要进行评估，看是不是高估了孩子自己的能力或者低估了事情的复杂程度，还要考虑到意外情况和身体、情绪因素。刚开始的时候，目标不要定得太高，时间要按预估的1.5倍预留，因为只有实现目标才是对孩子信心更好的保护。当孩子能完成每天的清单时，内心就会很有成就感，从而强化其动力。

孩子的学习动力被激发出来后，还会随着时间的推移、学习的进展、面临的困难等原因而衰退减弱，接下来我们来讨论如何保持学习动力。

二、保持孩子学习动力

1. 运用奖励保持动力

美国临床神经心理学家威廉·斯迪克斯鲁德认为：奖励有助于孩子改变行为，实现短期目标，有助于培养孩子形成好习惯，可以让孩子大脑保持活跃，完成无聊的任务。奖励能让孩子有合作的行为，而非激发孩子持久的动力，属于"外部动机策略"。

有个四年级的女孩到我办公室来练习朗诵准备登台表演，我问她你为什么这么认真地练习，她说："因为老师只选了我们这一组，这是一种荣誉，我要好好表现。"但这样隆重的奖励毕竟有限，我们可以对每一个小学低中年级的孩子进行个人的积分奖励。第一步，约定积分规则，规定做什么事情可以积多少分，多少分可以用来兑换什么。注意每天兑换的分数不能超过所得分数的三分之二，其他的可以存起来兑换更大的愿望。第二步，父母和孩子一起列一张孩子需要完成的学习任务或家务以及希望孩子增加的一些目标行为，比如社交行为。第三步，坚持执行，并根据孩子情况进行微调，让孩子保持获得感。其实最大的奖励还是让孩子体会事情本身的乐趣。

2. 发挥群体影响力量

父母们会发现，随着孩子慢慢长大，他们身边的伙伴对他们的影响会越来越大。好朋友玩什么游戏他也会去钻研，同桌的数学题解得快他就会想超越，得到同学的鼓励和帮助会高兴很久。很多父母也会有意识地寻找适合孩子个性化发展的伙伴群体，以提升孩子发展个性特长的动力。美国心理学家埃里克·韦纳的研究表明，良好的社会关系是让我们感到幸福的最重要因素，每个人都渴望进入到充满互动、交流的情境中。与大家一起完成一个共同的任务，对团队成员来说，就是一种高级的奖励。社交动力是学习动力的一个重要引擎。

天台小学很好地运用了社交动力这一引擎，十余年来坚持进行小组合作学习。按照异质分组原则把全班同学分成十几个四人学习小组。小组长负责总体协调，其他同学各司其职，各组有学习委员、生活委员、纪律委员或者噪声控制员等，每个人都有存在的价值。老师以组为单位对孩子们进行评价，每个人的努力都很重要。班队课上全组上场表演节目，课堂上一起讨论学习任务并一起上台展示学习成果，生活中互相关心，学习上互相帮助。自评班会上每个孩子的表现都能得到具体情境中的准确反馈，使其能及时进行自我调整。优秀的孩子可以锻炼其管理能力和领袖气质，学习暂时有困难的孩子组员们会热情帮扶，真正让优秀者更优秀，让平凡者不平凡。家长们反馈，孩子原来拖拖拉拉不爱学习，现在每天回来就先完成作业。因为担心会拖小组的后腿，孩子会力争表现得更好。以前学习不好只是自己的事情，有时还会被同学轻视，现在组员都在努力帮助自己，觉得再不加油就不行了。孩子在合作学习小组中获得归属感和价值感，极大地催生了内在的学习动力。

3. 尊重孩子学习风格

教育心理学家尼尔·弗莱明设计的VARK量表，将学习风格分成四种：视觉学习型、听觉学习型、阅读和写作学习型、动觉学习型。它可以让人们了解自己的学习偏好。视觉学习者最好的学习工具是讲义、视频、图表、插图等；听觉学习者更喜欢听老师讲课，通过听音频和讲座汲取知识；阅读和写作学习者喜欢基于文字材料来学习，通过笔记、书写等形式来显示信息；动觉学习者通过动手触摸来积累经验，通过练习和操作来学习。有的人是某种典型的类型，也有的是混合型的，我们依据不同风格采取相应的学习方法就能事半功倍。

我们曾听过伟人以在闹市读书来锻炼自己专注力的故事，可以推测他是在阅读和写作学习方面比较有优势的，而这种锻炼方法对于听觉学习者是不合适的。动觉学习型孩子往往成为现行教育方式中的弱势者。我曾经带过一个班，四年级接班时就听闻班上有"四大金刚"，很不好管理。后来经过观察，发现他们个头很高，力气很大，好动，喜爱体育，课堂上坐不住。其中有个同学不听课、不写作业还不接受批评，老师们感到特别棘手。为了让他感受在集体中的价值感，我和他妈妈商量让他担任班级的"水班长"，每天负责把饮用水从一楼搬到三楼教室。然后父母积极支持他参加校篮球队，很快他就成了球场上的主力，体育上的成功给了他良好的心态。妈妈又送他参加科学航模小组，在那些需要动手的学习中他很投入，学得也很快，当他的航模飞到操场上空的时候，全班同学都为他鼓掌欢呼。他妈妈指导他把科学学习动手操作的方法迁移到别的学科，他各方面的学习情况都慢慢好起来了。动觉学习者只要明确了适合自己的学习方式，一样可以学得很好。父母要克服比较的心理，尊重自己孩子的特点，因材施教，孩子就会有学习的信心和动力。

以上方法和策略能够激发和保持孩子学习动力，引导孩子爱上学习。希望每一位父母都能尊重和理解孩子的心理需求，对孩子的情绪感同身受，坚持以孩子为本，呵护孩子丰富的心灵，成为孩子成长路上坚定的支持者和温暖的陪伴者。

（本文为株洲市家庭教育讲师团公益课程讲稿）

运用焦点解决技术改进孩子的问题行为

——在株洲交通广播"家长服务热线"的直播课堂

焦点解决技术是指以寻找解决问题的方法为核心的咨询技术。焦点解决技术强调寻找解决问题的方法，而非发现问题原因；并以正向的、朝向未来的、朝向目标的积极态度促使改变的发生。焦点解决技术的基本态度就是始终将视线聚焦正向的、积极的方面，以积极的视角，关注学生身上的"正向"的资源，帮助学生寻找自己的成功经验，成为解决自己问题的专家。那么如何通过家校共育，在学生的具体生活中运用这一技术解决问题呢？通过以下这个案例可以略窥一二。此案例为本人参加株洲市教育局和984株洲交通广播联合推出的"家长服务热线"特别节目的要点整理。

一、案例概况

主持人好！各位家长朋友们，大家好！首先，我来与大家分享一个案例。小林是个12岁的六年级男生，上课睡觉，作业敷衍，课后争分夺秒打篮球。回家总是因为玩手机的问题跟父母闹矛盾，他将大部分精力放在刷视频上。他每天都会与同学发生冲突，经常与同学打架，家长对此束手无策，班主任也很头疼，做了大量的工作，但收效不大。

经过了解，该生父亲忙于工作，很少陪伴孩子，急了就打孩子。母亲望子成龙，面对孩子众多的问题行为，尤其是被班主任请到学校解决孩子打架的问题时比较焦虑，恨铁不成钢，经常指责孩子，但是又有点怕招惹孩子的愤怒。我们认为，父母对孩子从小包办过多，导致他既依赖家长又渴望独立，时间管理能力和自控力较差，在学业上找不到成就感，与同伴关系比较紧张。

青春期早期这类学生比较常见。虽然家长要求不高，也愿意与老师合作，但是苦于与孩子的沟通不顺畅，亲子关系比较紧张。

二、运用焦点技术解决过程

从学生的问题以及年龄阶段来看，孩子正处于青春期早期，还有很多发展的资源和可能性，可以用焦点解决技术挖掘他原有的成功经验，引导他自己找到办法解决问题。

焦点解决技术认为，有时我们不需要过于执着地寻找问题出现的原因，而应聚焦于解决问题的方法。问题的背后，隐藏着学生的正向动机，这就是改变的机会。比如小林，经常与同学发生冲突，他的正向期待是想跟同学交朋友，只是方法不当。焦点解决技术认为，学生是解决自身问题的专家。老师和家长要做的就是发现学生身上的资源，发掘他已有的经验，协助他找到解决问题的方法。

在此过程中，老师和家长需要看到并引导孩子发现例外，和孩子一起研究在没有问题或者问题很少的时候，他做了什么而使例外情景发生，然后创造机会让例外再次发生，引导学生确定一个又一个合理的小目标并付诸行动。以小改变带动大改变，让孩子拥有更多的成功经验，从而帮助孩子逐步纠正行为问题。

基于焦点解决技术的原理，我们采用了以下具体方法。

1. 正向解释

正向新解释是焦点解决的起点，是从积极的视角重新描述并解释学生的问题，使师生看到更多的可能。以前以问题导向看小林的表现是这样的：①长时间玩手机、打篮球，不加节制。从积极的角度可以重新解释为：头脑聪明，喜欢综艺节目，爱好运动，精力充沛，喜欢群体活动。②在校期间违反校规，经常不交作业，中午擅自离校——正向解释是比较重视学习，虽然经常忘带作业，但每次都能回家取作业。③每天都会与同学发生冲突，多次咬伤同学，每周都会因打架被请家长，多次受到班主任和年级组长的批评——正向解释是乐于与人交流，希望与同学建立良好的人际关系，只是不知如何结交朋友。有了对小林动机的正向解释，我们对帮助小林有了基本的信心。

2. 奇迹谈话

奇迹谈话，是为了了解孩子内心的美好愿景，并且以这个愿景作为牵引动力，激发孩子的内驱力。同时让他看到，老师和家长是信任他的，相信他能实现愿望，并愿意协助他去一步步去实现。

我问他，假如奇迹发生，你会做什么，周围人会怎么样？他说：假如奇迹发生，我希望能够成为校篮球队的队长，带领团队获得全市冠军，我能成为篮球明星，同学们会很尊重我，觉得我很有能力，会和我做朋友。这是非常有正向意义的愿景，那么我们怎么去实现呢？下面进入到第三步。

3. 寻找例外

寻找例外，帮助孩子发现自己的有效经验，让孩子从觉得无能为力转化为认为自己曾经有力量且做到过，相信自己有能力可以做出改变，提升自我价值感，从而更有希望。

接下来，班主任老师和家长以及他本人开始寻找他的例外行为，结果竟有许多收获。首先，班主任发现的例外是：①有时作业能带齐并认真完成；②能参加学校运动会，为班级争光做贡献，并为此非常开心；③英语成绩不错；④面对批评能坦诚接受，不逃避责任。其次，家长的例外发现是：①有时愿意接受老师和家长的建议，争取进步，希望能控制住自己不打架；②有时能接受家长对学习内容的检查；③偶尔能合理使用手机。最后，他本人发现的例外有：①考试之前能将注意力放在复习上，不玩手机不刷视频；②离开冲突现场能控制住自己不动手打人；③有时上课能发言，每天都能写作业，只是经常忘带。

如此看来，小林还是有不少优点的，大家对他取得进步的信心越来越大，于是请他自己设定一周想达到的小目标。他制订的目标是：①每节课上发言1—2次；②本周至少带齐3次作业；③一周与同学吵架不超过3次，最多打1次架，争取不咬人；④跟家长协商使用手机，每天使用手机时间控制在一个小时之内，用完主动将手机交给家长。

如果能完成这些小目标，可以申请一次奖励。他希望能奖励自己与爸爸一起打一场游戏，而且妈妈不在旁边看管他。

4. 目标考量

焦点解决技术认为，每个人都是解决自己的问题的专家，所以家长在对孩子提出要求的时候，一定要听听孩子的意见和想法。因为只有孩子参与了过程的讨论并且认可目标，才会感到这个目标是自己定的，这个目标和自己有关。这样可以让孩子对自己的生活和学习有更强的自我导向意识。

家长与孩子商量后由孩子确定目标并让孩子用自己的方式如文字、表格、图画的形式呈现出来。需要注意的是，制订的目标一定要基于孩子原有的基础，目标要比较合理，也容易达到。这样当孩子达到目标后，也更容易体会到自己是有能力的。更重要的是，这样可以让孩子逐渐发展出自我管理、自我导向的能力。

设定最糟糕的情况打1分，最好的状态打10分，我们一起分析进步了多少，离目标还有多远，等等。他提出希望获得来自老师的帮助，我答应会和他一起做小的改变。小林觉得自己目前是1分，希望一周后到3分，并提出以下希望：①班主任老师能接受自己，因为每个人都难免犯错；②希望班主任每天课上至少对自己提问一次；③希望爸爸妈妈对自己宽容些，妈妈不要总是讲他这不好那不好，爸爸不能打人；④希望担任班上的"水班长"，为同学们服务；⑤如果有进步，希望老师们能及时表扬自己，并及时跟家长反馈。

我根据他的表现，认为目前他是2分，希望一周后到3分，并根据他提出的希望做了如下的沟通：①提醒各科老师每节课至少对他提问一次，并给他做记录。如果他表现好，随时告诉班主任，及时肯定他的努力，当晚向家长反馈其良好表现。②建议孩子每做完一科作业，马上收拾进书包，避免忘带。③建议孩子在与同学交往过程中，学会用语言表达自己的想法和需求，宽容谅解同学的不当言行。如果发生冲突，做五次深呼吸，告诉自己打架不能解决问题，反而会造成恶劣结果，及时离开现场让自己冷静一下。④建议家长发现孩子问题背后的积极意义，关注问题解决的方法。希望爸爸做孩子文明沟通的榜样，不打孩子。每周谈话时，交流其在校、在家的表现，研究他进步的原因，强化这些因素。⑤确定下一步干预措施。

一周之后，我继续对他的行为进行评估。这周他只在体育课上打了一次架，而且没咬人，只有两次忘带作业。另外，语文老师和英语老师都表扬他听课认真，得到老师的表扬，他的心情非常好。最让他高兴的是，这周妈妈说话态度和语气更温和了，很少指责他，爸爸也没有打他。妈妈反馈，这周他能按手机使用协议，将每天使用手机时间控制在一个小时之内。而且他还克服拉肚子的病痛，坚持上学。他写作业认真了，作业质量提高了。爸爸反馈，这周有三个晚上家里气氛很好，感觉家里很平静、舒服。由于完成了小目标，爸爸兑现承诺，陪他打了一场电子游戏，全家都很开心。之后，我和一家三口设定共同目标，继续提出希望，并循序渐进做小的改变。

不到一个月，小林进步显著。首先，他使用手机有所控制，在家能做到在规定时间内使用手机，而且只用手机处理与学习和社团活动相关的事情，用完之后立即交给家长。其次，作业大多时候都能高质量完成，每周只有一两次忘带作业。甚至能在老师布置的作业之外，自主安排复习计划，每周小测成绩稳中有升。再次，能接受家长对学习内容的检查，跟家长的关系更加融洽。此外，他有几次差点与同学发生冲突，当时不计较同学的态度，及时躲开了，没再打架。他还协助班主任做好"水班长"的工作，赢得了老师和同学们的信任，在班里也有几个好朋友，学习的热情比以前高，看上去精神焕发。

三、案例反思

从这个案例中，我们可以发现，焦点解决技术相信孩子出现问题行为只是暂时受困，孩子本身就具备解决问题的资源和智慧，不应把有问题行为的孩子看作一个要解决的问题，而是要看到这个完整的人。焦点解决技术是比较直接又温暖的方法，符合人性的需求，很受孩子和家长喜欢，而且事半功倍。

1. 焦点解决技术与传统的聚焦问题的解决办法差别在哪里呢?

焦点解决技术鼓励孩子着眼于已有的经验和资源，在他的美好愿景和已有资源中寻找到一条路径，引导他按照这个路径去一点点进步。而传统的聚焦问题的解决办法，是分析你现在有什么问题、是什么导致的、要改变哪些负面行为等，会让孩子产生羞愧感。焦点解决技术像是站在他的愿景的终点，以美好愿景作为牵引，让他自己在已有经验中寻找解决问题的方法，成为自己生活的专家，让孩子充满信心，充满希望，主动地发现自己的能力，能大大化解孩子的心理压力和家长的焦虑情绪。

2. 焦点解决技术操作要点

一般是四步法：正向解释—奇迹谈话—寻找例外—小步前进。

一是正向解释，重新解释孩子行为背后的正向动机，可以让家长和老师排除对孩子的偏见。当师长对孩子表达对他的正面看法时，孩子能感受到父母、老师的信任，这有助于融洽亲子关系和师生关系，是解决问题的起点。

二是奇迹谈话，这一步是撬动孩子内驱力的关键环节。让孩子用语言描绘出自己的美好愿景，用光明的前途牵引他为此做出改变。

三是寻找例外，让孩子回忆什么时候出现的问题较少，或者是没有出现问题的时候，他做了什么才有这么好的效果。这样强化了孩子的正向意识和行为，对自己更有信心，从中寻找到解决问题的成功的办法。

四是小步前进。有了美好愿景的驱动以及一些成功经验的发现，就要让孩子确定自己现在的起点是什么，再确定近期内比如说一周内可以做些什么达到什么程度，改变一小步，然后积少成多。这样一个小周期一个小周期推进下去，慢慢就把小的成功滚成了大成功，孩子就在这个过程中进步越来越大，人也会越来越自信、越来越积极，直到最后问题得到解决。这个环节要注意的是要立足孩子本来的情况循序渐进，从前进一小步开始。另外还要注意，因为孩子是未成年人，他身边的父母、老师、同学都可能对他造成一些影响，这些力量也要一起来配合，这就是我们天台小学提倡建设家校教育伙伴关系的重要原因。

焦点解决技术认为正向改进比关注问题更容易发生改变，建议家长将注意力和关注点放在孩子的进步和努力上。家长可以采用直接赞美的方法，如"你比昨天坚持时间延长了5分钟，妈妈看到了你的努力！"，也可以使用引发孩子自我赞美的方法，如看到孩子作业完成的速度提高了，可以问问孩子是怎么做到的，让孩子回忆自己应用的有效的方法。这样的做法可以让孩子感到自己的努力是被看到的，能够提升他的价值感。同时也有助于家庭成员的共同成长，有助于亲子之间的有效沟通，能有效地改进孩子的问题行为。最终，实现孩子成长、家庭和睦、家校和谐。

希望我们每个孩子都能成为解决自己问题的专家，每个家长都能成为幸福的家长。

做一个从容智慧的家长

家长朋友们：

大家好！感谢大家今天来参加新生家长会，我非常高兴，欢迎大家的到来！

恭喜孩子们进入小学，开启全新的生命体验，恭喜各位爸爸妈妈晋级成为银海学校家长！欢迎您和孩子成为银海校园的重要一分子，从今天起我们就成了最天然、最亲密的同盟军！让我们心往一处想、劲往一处使，给孩子提供最合适的成长环境，为孩子的成长保驾护航！

首先，我来向大家介绍学校的愿景和培养目标。

一、我们的愿景

我们的愿景是建设学习型组织，成就师生幸福人生。

一是学生持续热爱学习，二是教师成为教育教学专家，三是家长支持和参与协同学习。

我们希望办成一所充满温情的学校，在这里，每一个人都能与大家和谐相处。在这里，每一个学生都能持续热爱学习，每一位教师都能成为教育专家，每一位家长都能科学育儿，这就是我们追求的幸福境界。

二、培养目标

总体培养目标：让每一个孩子都成长为乐学、善思、温情、健美的阳光少年。

（1）"五自"培养课程：生活自理、学习自主、健康自强、行为自律、安全自护课程。

（2）"八个一"（一颗阳光心、一个好习惯、一手好书法、一副好口才、一篇好文章、一种创新力、一项体艺特长、一种大视野）的课程目标。

孩子们进入了小学，家长们的心情会很复杂，会感到高兴、新奇、满含期待，可能又有点忐忑不安，生怕错过什么。孩子要学习好，说简单也简单，主要的就是五个因素；说复杂也复杂，因为这五个因素涵盖方方面面，培养学习能力的过程也是整个生命成长的过程。

三、影响学习的五个因素

影响学生学习的五个因素是：情绪状态、知识结构、思维方式、行为习惯、自我管理。这五个因素是相互影响、相互作用的。由于这五个因素存在于一个人的整个系统中，要想实现整个系统的完善与发展，需要同时控制这五个因素。

1. 情绪状态影响学习

从脑科学的角度来说，大脑作为一个脑资源整体，将资源供给情绪、思维两个神经通路，如果情绪占据的脑资源多了，思维占据的脑资源自然就减少了。从心理学的角度来讲，知识和情绪是心理结构的两大变量，情绪会干扰知识的加工、提取、运用（思维）。人的大脑是在短时记忆中完成信息加工处理的，如果情绪占据了脑资源，会使得思维过程中短时记忆容量变小，进而造成不能解决问题的状况，甚至以前能够解决的问题都可能出现错误。

2. 知识结构制约思维过程

学习的过程是利用大脑中的旧知识解释新知识，早期原有知识的埋藏是未来学习的关键。学生听课的过程就是努力利用大脑中的旧知识，来对接老师教授的新知识，如果学生无法顺利提取大脑中的信息与老师所讲的内容对接，那么听课就会出现障碍，进而引发学生出现消极情绪，消极情绪反过来又干扰思维对知识的加工，形成恶性循环。

3. 思维方式影响学习状态

对孩子来说，养成自主、合作、探究式的思维方式很重要。家庭教育中，如果父母能够积极地引导孩子，经常推动孩子思考，培养其自主解决问题的能力，孩子便可以获得良好的思维方式。

4. 行为习惯影响学习效率

行为习惯可以说是思维的外显表现，比如有的孩子把父母、老师的话当耳边风，或者经常不听管教、不遵守纪律，这其实是孩子思维方式中没有权威意识、规则意识的表现。当然也有一些学习习惯是学习策略的体现，例如在应用题解题的过程中，经常要将"问题情境"中复杂的数量关系用线段来表示，这种习惯就非常好，能将复杂的信息简单化，减小占据短时记忆的空间，促使学生顿悟。学习习惯的规范性能大大提高学习效率。

5. 自我管理是最重要的调节因素

自我管理会对学习系统中的情绪状态、知识结构、思维方式、行为习惯进行反思和调节，使系统中的每一个变量得到和谐发展。

自我管理的发展，往往是早期教育中被成年人所忽视的，因为在早期的学习过程中很难看到它对学习成绩的帮助。恰恰相反的是，那些父母管理得很好的孩子，在早期教育中更容易体现出成绩的优秀。例如一些家长让孩子早期参加大量的辅导班，由于这个阶段的知识比较简单，这些学生可以单纯依靠不断地重复和学习时间的延长来获得好的成绩，而好的成绩反过来又进一步地强化了这种学习方式。因此，父母很难看到孩子自我管理的作用，只是看到了完成大量的学习任务带来的效果。多数的家长非常关注眼前的学习成绩，由于找不到科学的学习方法，多数选择课外辅导的方式。在多年之后，一部分家长才发现这种补课的方式对孩子带来的负面影响，但是孩子的许多学习习惯、思维方式等都已经来不及改变了。

只有少数的家长，能够认识到单一、重复的学习方式给孩子带来的负面影响，以及父母的替代管理给孩子的未来发展带来的危机，并且能够放下眼前的利益，关注孩子一生的发展。很多孩子在父母与老师的监督下学习，带来的很可能是父母和老师所期望的结果，考上一所理想的大学。但是由于这些孩子缺乏自我管理能力，在上大学甚至在步入社会后，就会出现这样那样的问题。

总而言之，教育的过程，是以知识为载体，不断改造和优化学生的思维方式、行为习惯、自我管理能力，进而不断完善学生人格的过程。那么，我们家长该注意些什么呢？

四、家长的正确管理方式

1. 放下焦虑，关注孩子的情绪

一部分孩子由于家庭环境、家长的教养方式等因素，比如分数至上、相互攀比、控制干扰等，产生焦虑情绪和对学习的厌烦情绪。焦虑是对孩子的诅咒，孩子会感觉到并受到干扰，家长的焦虑也会传染给老师，对老师也是压力与干扰。我们只要整体把握以上影响学习的五个因素，以积极、乐观的心态去应对，孩子的能力就能不断优化。你要想，父母是原件，孩子是复印件，一般不出差错孩子不会比我们差。而且社会发展的红利，会让下一代比我们更优秀。要孩子优于我们，父母的自我成长应该先于对孩子的说教。当孩子遇到困难的时候，只要我们冷静地分析，就能找到问题和对策。在孩子克服困难的过程中，父母的正确指引、耐心鼓励，能给孩子最大的能量。

2. 端正家风，养成正确的思维方式

要以建设良好家风的方式积蓄能量，培养孩子正确的价值观和思维方式。能处理好家校关系，也是家长的正确思维方式的表现。良好家风是家长不断自我提升、自我优化的成果。我们来看看1505班唐思齐家的家风：以善为本，以德立身，宽厚平和，勤俭养德，自强不息，担当尽责，遵纪守法。

3. 放手锻炼，培养自主管理的意识和能力

积极实践"五自"课程，让孩子成为成长的主人。

4. 坚持习惯的养成，让良好习惯自动化

养成良好的行为习惯、作息习惯、学习习惯。习惯成自然，就能为将来高强度的学习和工作提供加速度。

5. 坚持亲子阅读，帮助孩子储备知识

阅读是最好的自主学习方式，而且小学也是最有时间进行大量阅读的时期。

最后祝愿每一个孩子都能健康成长，每一个家庭都能幸福甜蜜！再次感谢各位的参与和支持！

（本文为2020年9月新生家长会发言稿）

教育伙伴　携手同行

尊敬的家长朋友们、老师们：

大家晚上好！首先我代表天台小学，对各位家长从百忙之中抽出时间来参加家长会，表示最热烈的欢迎和最诚挚的感谢！感谢家长朋友们对学校工作的大力支持！

首先我邀请大家一起来分享天台小学一年来学校、老师和同学们获得的成长和进步！

一、学校一年来的成果

一年来，天台小学在各位家长的大力支持下取得了长足的进步。学校获评湖南省教育信息化创新试点项目单位、省集体备课一等奖、株洲市首批游泳试点校、市"平安校园"、市"劳动示范校"、市教育创新案例一等奖、市中小学阳光体育大课间视频比赛一等奖、区"优秀少先队大队"、区"文明校园"、区优秀教培单位、区三笔字比赛优秀单位。省级课题"小组合作学习的研究与实践""数字化教学工具在教育教学中的创新应用研究""小学数学不同版本教材'你知道吗'板块教学案例研究"成功立项。

二、学校特点和优势

这些成果的取得，离不开老师们的敬业奉献，也离不开各位家长的鼎力支持。天台小学历经17年的创造和沉淀，已经形成了独具优势的教育特色，正向着同心天台、质量天台、现代天台、幸福天台的目标不断迈进！

1. 学校办学理念先进，制度科学

我们秉承"珍爱生命、高扬生命"的校训，"博学善导、以心育心"的教风，"乐学善思、合作共生"的学风，以培养健康、文明、聪慧、担当的新时代好少年为己任，让每个生命都幸福绽放。

2. 教师队伍成熟稳定，敬业爱生

所有天台老师秉承着"生荣我荣"的信念，潜心教学教研，一心都在学生身上，以生命影响生命，使整个校园焕发着生命成长的气息。

3. 引导学生主动学习

学校采取自主探究、小组合作的学习方式，增加学生在课堂上的参与感，使学生从"学会"到"会学"到"会讲"，让孩子们主动学习、爱上学习。

4. 课程丰富深入

天台小学的课程分为基础课程、拓展课程和个性化课程。学校开发了丰富多彩的校本课程，满足孩子们发展的需要。尤其是我们的书香课程，为校园铺就书香文化底色；数学游戏课程、探究课程，将数学文化和数学知识融为一体；英语趣配音课程提升口语技能；音体美教学和相关社团活动激发孩子们的艺体兴趣，培养艺体才能；劳动教育课程从自理、家务到社会劳动都有涉及，我们希望天台小学的毕业生都能做出一桌年夜饭来；科学实验、STEAM项目学习，更是为孩子们打开了通往科技的大门。今年，天台小学非常荣幸地成为中国教育科学研究院STEAM项目研究校，天台学子有机会在全国顶流专家的引导下参与科学探究，这是多么好的机会！这些课程，能促进天台学子在德智体美劳等方面全面发展、各展其能。

5. 天台家长素质高，家校关系好

我们的家长都非常知书明理、关爱孩子、配合老师、支持学校，这是非常难得的，我们的老师都为此感到幸运。

在这里，我向大家隆重介绍今年的校级家委会会长，他们是会长李双女士，副会长李友林先生、谭瑶女士、黄泽旭先生、李建设先生、游慧女士、李萍女士。他们秉着爱心、公心、责任心，不求回报，用具体行动团结家长、支持老师。在这里特别感谢他们的无私付出！家长们有什么事情需要沟通，可以通过班级家委会会长联系他们，学校也把每周五定为家长接待日。我们希望通过有效沟通，学校能敏锐地了解家长的需求，家长也能理解学校的做法，构建老师和家长之间、家长和家长之间的教育伙伴关系。家长朋友们，你们是我们学校一支非常重要的教育力量，让我们以孩子健康快乐成长为中心，成为最亲密的教育伙伴吧！

三、家校共育基本设想

下面我向大家介绍今年建设家校教育伙伴关系的基本构想。

1. 商定共育目标

我们每个班都要制订出家校共育目标，包括班级学生整体的思想行为目标、学习目标、家校合作氛围目标。

2. 明确家校职责

校长的主要职责为：有效地把教育政策付诸实践；通过加强家长、校友和社会各方的联系，建立一个支援团体；创建一个适合师生学习、成长的环境，与家长和学生交流教育理念。

教师的主要职责为：激发学生对国家的热爱；身体力行地关心学生的个性与品德发展；培养学生的团队精神、进取意识和改革创新的能力；帮助他们挑战自我、发挥潜能、不断学习、实现发展。

家长的主要职责为：尽自己所能支持学校的教育工作；承担抚养孩子的基本责任，并为孩子树立良好的榜样；培养孩子的责任感，帮助他们成为优秀的公民；对孩子所做的事情充满兴趣，并表达对他们的关心和关注。

校友会主要职责为：身体力行做出榜样，以供在校生效仿。企业可以向学生提供实践机会，为教师的专业发展提供机会，为学生和教师提供奖学金和助学金。这些我们可以根据实际情况去完善。

3. 开展家校活动

今年学校的大型活动丰富多彩，2月份有期初考试、家长会、生活自理活动竞赛；3月份有数学节、趣味运动会；4月份有快乐跳蚤市场、小组自评会展示；5月份有艺术节、十岁成长礼、六一活动；6月份有少先队入队仪式、低年级乐学嘉年华、六年级毕业典礼、期末考试等。学校的课堂观摩、展示活动、成长仪式都将尽可能地邀请家长参与。

4. 推广优秀经验

在培养学生的人格品质、学习能力、劳动能力、艺体素养等方面，学校筛选成功经验，录制"家长里手""发光教师""学生说"等视频，让家长、老师、学生取长补短，相知相爱，合作共赢。

5. 建设家长小组

依托学生的四人学习小组，建立家长互助小组，让家长们互帮互学，使家长们建立友谊，抱团成长。让我们的家长在为学校、学生尽职尽责的同时，也能感受到友谊与成就。

四、家庭教育案例分享

最后我给大家分享一个家庭教育的案例，请大家判断这个家长的做法好不好。

我有一个同学，他事业有成，人到中年喜得二胎，现在这个孩子上一年级。因为工作繁忙，在家时间不多（我们家长中就有很多这样的爸爸），孩子有什么事情总找妈妈说，爸爸就觉得没有参与感。他就利用春节前后相对清闲的时间，每周末抽一天陪孩子上超市买她喜欢的商品。这样坚持了三个星期，然后他就对孩子说："现在爸爸给你一个机会，你每天把你生活中认为好的事情说给我听，如果我也觉得是好事，每一件好事就可以在周末兑换一件商品，如果我觉得不是好事就不能兑换。"这下好了，孩子每天回家就找着爸爸说她认为的好事，爸爸不在家就打电话说，总要找好几件事情来说。孩子说"今天老师表扬我发言积极""今天我把牛奶给哥哥喝了"，凡此种种，周末就兑现。我同学说的时候眉飞色舞，特别开心。大家说这个做法好不好？

我们来看看，他这样做至少达成了三个效果：一是养成了亲子沟通的习惯，孩子会与家长分享，让家长参与她的生活，使工作繁忙的爸爸也能做到这一点；二是教给孩子正向积极的思维方式，她每天努力伸出她思维和感受的触角，去寻找生活中的美好；三是实现了家长对孩子价值观的引领，让孩子有了什么是好事、什么不算好事这样的判断，潜移默化成为孩子的价值选择。最重要的是他做得很巧妙，前三周21天不提要求，只养成一个一起购物的习惯，这是创造用户需求，后面才能水到渠成。而且他采用了延迟满足法，让孩子学会等待，学会通过长时间努力达成目标。从中我们可以看到家长的智慧，看到家长对孩子成长的参与、陪伴、引导、鼓励、发现，这就是润物无声的家庭教育。

我们有老师反映，"双减"后有少数家长以为真的什么都不要管了，其实不然，"双减"是减去学生过重的作业压力和校外培训压力。那种以学习分数为显性目标、以学习成绩为抓手来带动孩子其他方面发展的方式，经过事实证明有很多弊端，很可能造成高分低能、人格畸形。"双减"是希望我们回归到素质教育的原点，关注孩子德智体美劳全面发展，让这五个方面相互促进，使孩子在某个领域的经验能迁移到别的领域。我们现在还是要陪伴、引导、鼓励、发现，从孩子的长处入手，培养孩子真诚、善良、勤奋、勇敢、坚强、有同理心等优秀人格品质，培养孩子良好的生活习惯和学习习惯，让孩子掌握基本的知识和技能。这些成长任务都是不能减少的。

再来讲一个家长经常会有的心态，如果孩子活泼好动，我们就希望他能沉静一些；如果孩子稳重温和，家长就希望他活跃强势一些；佛系的孩子让家长着急，太要强的孩子家长又希望他能放松一点；孩子语文好我们就羡慕孩子数学好的，孩子音体美好的家长就希望他文化课成绩也拔尖，家长永远都不能满足。其实人无完人，性格也无所谓好坏，每个人是都以自己的长处立足这个世界的，我们只要好好守护孩子的长处，让他们健康快乐成长就好。家长永远充满希望，永远支持鼓励孩子，孩子就会对自己有信心，就有能力去开创自己健康快乐的人生。

最后，祝福天台学子在新的一年健康快乐成长，祝愿天台小学家校教育伙伴关系更加亲密！感谢各位家长的参与！祝大家身体健康、工作顺利、家庭幸福、万事如意！

（本文为2023年3月全校家长会发言稿）

"幸福书屋"幸福千万家

——记天台小学家校读书班之"幸福书屋"蜕变之路

家校共读是学校书香建设最重要的、最富有创意，也最难落实的一种共读形式。它不仅关系到家校阅读的联动，还体现了学校阅读对社会阅读的推动。我校有力实施家校读书班，构建了以学校老师为核心的，将班级共读、亲子共读、家校共读有效统整起来的网状互动"悦读圈"，为孩子成长构建良好的教育生态环境，巩固家校教育伙伴关系。2023年全国教育工作会议上，教育部部长怀进鹏强调"要把开展读书活动作为一件大事来抓，引导学生爱读书、读好书、善读书"。为落实"推进教育数字化，建设全民终身学习的学习型社会、学习型大国"要求，教育部决定广泛开展全民终身学习活动。朱永新呼吁将全民阅读作为国家战略，致力于让更多家庭热爱阅读、投身阅读。如何通过家校共读构建最佳阅读生态，打造儿童生命成长的"悦读圈"呢？

我校经常组织师生家长在学校芳菲园开展家校读书班活动。家长和孩子们特别喜欢，于是将芳菲园称作天台小学家校读书班的"幸福书屋"。2020年疫情期间，校园"幸福书屋"活动不能如期开展。于是"幸福书屋"进驻黄山路边的小店，学校组织志愿者老师定期在这里免费为家长和孩子举办《论语》共读会，读书会吸引了周边小区更多家庭来书屋共读。为了带动更多家庭、更多人群加入"悦读圈"，"幸福书屋"先后进驻泰西社区、株洲市融合公益事业发展中心。至此，"幸福书屋"由教师带动班级家庭阅读模式全面升级为以天台小学为核心组织的家、校、社、企志愿者协同共建的社会公益书香品牌项目，营造了家校社协同育人、全民阅读的良好氛围，促进学习型社区建设，服务于全民终身学习。

一、公益"悦读"，引领时代新风尚

"幸福书屋"是纯公益课堂，组织健全，志愿队伍精良。天台小学高度重视书屋建设，累计为书屋添置书籍近3000册。高素质队伍领读，确保了读书活动高质量。我作为天台小学校长首先发起并大力推进，与株洲市语文学科带头人、天台小学语文学科导师刘利平一起引领语文教师团队领读，汇聚来自株洲市融合公益事业发展中心的精英、泰西社区的基层工作者、热心公益的学校优秀志愿者家长代表，组成力量雄厚的领读队伍，精心提供服务保障，吸引广大家长和社区民众自动自发加入书屋志愿者活动。课程资源丰富，引领时代风尚。其中高段《论语》共读、低段"绘本共享"课堂深受家长和孩子们的喜爱。书屋读本内容丰富，有《论语》《阅读儿童文学》《平凡的世界》《什么是最好的教育》《解码青春期》《蛤蟆先生去看心理医生》《自驱型成长》《党的二十大报告辅导读本》等。书香浸润千家万户，读书成为百姓生活新风尚。

二、数字赋能，创建"悦读"新模式

充分利用现代信息技术，建设数字化学习平台，建立了电子书库，创新阅读模式。一是开展线上线下结合的读书活动，实现读书时空自由，适合不同群体自由参与学习；二是室内、户外阅读相结合，听、说、读、写、演、练、画多形式分享；三是多元化阅读活动吸引人们积极参与。如网上读书会、讲座、研讨会、家庭亲子朗诵会等促进了市民交流互动，增强社区凝聚力，积极引领社区家庭投入全民阅读、父母高质量陪伴孩子成长。

三、社企牵手，"悦读"城乡一体化

"幸福书屋"最大优势在于与泰西社区、株洲市融合公益事业发展中心携手，校、社、企资源共享互补，为社会开展公益爱心活动。2023年7月1日，"幸福书屋"与株洲市融合公益事业发展中心携手逸仙电商为天元区农村学校长岭中心小学送去爱心大礼包。暑假，"幸福书屋"开展天台长岭手拉手读书公益活动，切实帮扶指导农村家庭读书，让读书从校园走进社区、企业、农村，以"悦读"促进城乡一体化均衡发展。

四、品牌凸显，"悦读"幸福千万家

　　"幸福书屋"是纯公益课堂，四个站点屡次开展线上读书活动60余次，线下已举办了50余次活动，超过7000名市民受益，惠及上千个家庭，很好地打造了"幸福书屋"特色品牌。"幸福书屋"的故事也得到华声在线、株洲晚报等媒体宣传报道。"幸福书屋"荣获2022年株洲市天元区妇女联合会"最美她课堂"称号，我获得天元区幸福教育基金会"优秀志愿者"称号，刘利平老师荣获株洲市2022年度"最美阅读推广人"称号。2023年5月15日，我校在区妇联喜庆"世界家庭日"上宣讲"幸福书屋"的故事，得到社会好评。湖南工业大学教师杨徽墨带着孩子期期参加《论语》共读，她动情地说："小小书屋读出大大的幸福！"2023年5月18日，株洲市妇联主席漆帅花、天元区妇联主席刘赛等领导莅临"幸福书屋"指导读书工作，希望"幸福书屋"做大做强书香品牌，让更多家庭和孩子受益。

　　接下来，我们将依托中国社会福利基金会暖流计划基金会和民非组织株洲市融合公益事业发展中心，让"幸福书屋"成为贫困边远山区家庭孩子的书屋！

　　学校将不断开发书香课程，让"幸福书屋"遍布全国，引领更多的家庭多读书、读好书、好读书，让"悦读圈"不断壮大，让每个家庭都拥有属于自己的"幸福书屋"！让全民阅读成为一种社会新风尚，为打造终身学习型家庭、社区贡献力量！